北京建筑大学市属高校基本科研业务费专项资金资助（Supported by “The Funda-mental Research Funds for Beijing University of Civil Engineering and Architecture”）
“北京传统村落乡村景观遗产保护现状及法律对策”（项目编号：X20101）

北京建筑大学校设科研基金“整体性原则视野下京郊历史文化保护区法律保护制度研究”（项目编号：ZF16083）资助

历史文化名城
法治保护论丛

北京传统村落乡村景观遗产法律保护

Legal Protection of Rural Landscape Heritage in Traditional Villages in Beijing

石磊◎著

中国经济出版社
CHINA ECONOMIC PUBLISHING HOUSE
北京

图书在版编目（CIP）数据

北京传统村落乡村景观遗产法律保护 / 石磊著. --
北京：中国经济出版社，2022.2
ISBN 978-7-5136-6809-5

Ⅰ. ①北… Ⅱ. ①石… Ⅲ. 村落-文化遗产-保护
-法律-研究-北京 Ⅳ. ①D927.102.164

中国版本图书馆 CIP 数据核字（2022）第 011333 号

策划编辑 赵静宜
责任编辑 焦晓云
责任印制 马小宾
封面设计 久品轩

出版发行 中国经济出版社
印 刷 者 北京艾普海德印刷有限公司
经 销 者 各地新华书店
开 本 710mm×1000mm 1/16
印 张 17.25
字 数 290 千字
版 次 2022 年 2 月第 1 版
印 次 2022 年 2 月第 1 次
定 价 88.00 元
广告经营许可证 京西工商广字第 8179 号

中国经济出版社 网址 www.economyph.com 社址 北京市东城区安定门外大街 58 号 邮编 100011
本版图书如存在印装质量问题，请与本社销售中心联系调换（联系电话：010-57512564）

序　言

依法保护传统村落　守望重构文脉之源

2012年，“传统村落”这个概念第一次进入我国法律体系，以政府行政规范性文件的方式提出了一种新的文化遗产形式。在2012年4月16日发布的《住房城乡建设部 文化部 国家文物局 财政部关于开展传统村落调查的通知》（建村〔2012〕58号）正式开启了传统村落的法律保护进程。农村是我国传统文化的根基，随着工业化、城镇化进程的加快，其与城市日益趋同。传统村落作为我国几千年农耕文化积淀的优秀文化遗产形式，责无旁贷地成为保存中华优秀传统文化文脉之根的重要载体。村落既有传统村落，也有现代村落，需要保护的是承载了大量中华民族传统文明的传统村落。传统村落不仅包含风貌完整的传统建筑、特色鲜明的传统格局，更包含以软文化形式存在的活态非物质文化遗产以及与村落演变息息相关的周边自然与人文环境。保护传统村落一定要坚持整体性保护的基本原则，这样才能更好地保存乡村优秀文化遗产，从而助力乡村振兴的加速实现。

“乡村振兴战略”强调，农业、农村、农民问题是关系国计民生的根本性问题。《乡村振兴战略规划（2018—2022年）》中明确“乡村是具有自然、社会、经济特征的地域综合体，兼具生产、生活、生态、文化等多重功能，与城镇互促互进、共生共荣，共同构成人类活动的主要空间”，并开宗明义地提出“乡村兴则国家兴，乡村衰则国家衰”的重要历史意义。2021年，《中华人民共和国乡村振兴促进法》（简称《乡村振兴促进法》）公布施行，其中明确提到“本法所称乡村，是指城市建成区以外具有自然、社会、经济特征和生产、生活、生态、文化等多重功能的地域综合体，包括乡镇和村庄等”。“乡村”这个概念在国家基本国策和法律中均得到了明确的界定。《乡村振兴促进法》第四章“文化繁荣”的第三十二条明确提出，“各级人民政府应当采取措施保护农业文化遗产和非物质文化遗产，挖掘优秀农业文化深厚内涵，弘扬红色文化，传承和发展优秀传统文化”，“加强对历史文化名镇名村、传统村落和乡村风貌、少数民族特色村寨的保护”。这是我国第一次从法律层面对“传统村落”及相关文化遗产的法定地位进行明确，也为乡村整体性发展提供了坚实的法治基础。

“活化利用”传统村落已有的物质与非物质文化遗产资源是实现乡村振兴、巩固脱贫攻坚工作成果的重要路径。从2012年住房城乡建设部主导开展保护传统村落工作到2019年，我国共计登录保护6819个传统村落，每年还有若干批次中央财政支持传统村落以及地方级传统村落的登录工作，拥有良好文化发展潜质的传统村落越来越受到重视。但在此过程中，我们也不能忽视经济大潮给传统村落保护工作带来的障碍和困难。

“大都市具备做好传统村落保护和开发的经济基础和市场需求，所以更应充分认识到传统村落对于大都市的文化意义和经济意义，着力解决当前保护工作中最突出的问题，保护好城市的文化历史记忆，延续都市的历史文脉。”[①] 在这篇《大都市周边传统村落保护与开发的困境和对策——基于上海五个传统村落的实地调查》中，作者基于上海五个传统村落的实地调查，对现代化进程中传统文化遗产保护与发展的问题进行反思，刊文时间为2018年，距今三年有余。文中涉及的大都市周边传统村落的现状对北京、广州、西安、成都、杭州、南京等大都市均有借鉴价值。李立敏、郭依奇、宋鹏在《运用Citespace综述国内近十年建筑学传统村落研究》[②]一文中明确提到，2012年在国家关于传统村落的政策正式发布之后，关于传统村落的学术论文数量呈井喷状态，且不仅仅局限在建筑学领域，形成交叉学科指日可待。2018年，《求实》杂志发表《新型城镇化建设背景下传统村落的法治化保护探析》[③] 一文，对贵州地区传统村落的保护情况进行了精准分析，提出依法保护传统村落应提上日程。保护传统村落受到了

---

① 谈佳洁，王晓静. 大都市周边传统村落保护与开发的困境和对策：基于上海五个传统村落的实地调查［J］. 城市，2018（4）：58-63.

② 李立敏，郭依奇，宋鹏. 运用Citespace综述国内近十年建筑学传统村落研究［J］. 南方建筑，2020（1）：35-40.

③ 文永辉. 新型城镇化建设背景下传统村落的法治化保护探析［J］. 求实，2018（1）：87-89.

前所未有的关注。在经济发展的进程中，能否保留有价值的村落文化成为新的热点问题。

提到“保护传统村落”，我们应该溯源自己究竟想要表达什么。人类的任何行为都具有功利性，非农民身份的主体在谈到保护传统村落这个问题时，更应该回答这几个问题——“为谁而保护”“为何而保护”“保护什么”。传统村落，首先是村落，在中国现有语境中有“农村”“乡村”“村落”“自然村”“行政村”的含义。其中，“农村”是较为广泛的政治概念，是对应“城市”最常使用的词语，表达了城乡差别中城市和农村两大领域；“乡村”更多的是人类学、社会学和历史学中使用的概念，还会与“乡土”等概念混用，表达了融入传统伦理情感的城市以外的区域；“村落”“自然村”“行政村”更强调聚落本身的特征，是行政管理中有重要区别的形态。村寨聚落和城市聚落是古代聚落的两种重要形式。

2018 年 10 月 28 日，中国古迹遗址保护协会 2018 年度会员代表大会在上海革命历史博物馆召开。在此次会议中，中国古迹遗址保护协会第四届理事会召开全体会议，审议了“乡村遗产酒店”首批示范项目遴选活动实施情况汇报，最终确定北京瓦厂乡村精品酒店、山东荣成海草房唐乡酒店、广西阳朔秘密花园、四川丹巴罕额庄园、安徽猪栏酒吧乡村客栈（碧山店）5 个项目入选首批示范项目名单。自此，“乡村遗产酒店”这样一个时髦的旅游概念正式进入大众视野。

此次活动是《关于加强文物保护利用改革的若干意见》贯彻落实的主要体现，也是推动传统村落、民居保护利用，促进遗产保护与乡村经济协调、可持续发展的重要举措。位于北京怀柔慕田峪长城脚下北沟村的北京瓦厂乡村精品酒店是北京入选的唯一的乡村遗产酒店。2020 年 11 月，在第二届“乡村遗产酒店”评选活动中，没有北京的乡村酒店入选。乡村遗产以一种整体景观的形式成为了消费产品，这样一种运营模式悄然走红，并且逐渐满足了人们日益提高的对乡村旅游的审美需求，从某种程度上说，也充分体现了消费者个体的精神需求。

乡村遗产酒店的发展模式充分体现了乡村旅游前期“自下而上”的生成过程与后期政府“自上而下”推进的完美结合。这种新型旅游模式在促进文化遗产保护、推动文旅融合、践行乡村振兴成果方面发挥了重要作用；对于文化旅游产业如何更好地推动经济复苏，响应中央提出的“国内大循环”的重大部署，也给出了一条新的路径。2016年国务院发布的《关于进一步加强文物工作的指导意见》，2018年中共中央办公厅、国务院办公厅印发的《关于加强文物保护利用改革的若干意见》，以及中共中央、国务院印发的《乡村振兴战略规划（2018—2022年）》均强调要分类推进乡村发展，并指出要合理利用村庄特色资源，发展乡村旅游和特色产业，形成特色资源保护与村庄发展的良性互促机制。这些政策、措施为未来开展乡村遗产酒店示范项目，探索传统村落古民居利用新途径提供了有力的制度保障，为进一步促进乡村振兴，发展农业、农村，实现农业现代化提供了新的路径。

“乡村遗产”作为一个外来语被赋予了新的中国式的含义，它为中国传统村落的去留问题设置了新的视角和考量范围。发展农业一定会与本土自有有效资源产生关联，而当传统村落作为一种物质与非物质高度结合的产物时，保留这样一种有效的中介载体将为发展农业、发展农村创造更广阔的空间。保护村落、留住村落文化自然就成了要考虑的问题。当“李子柒”现象绕过国人的目光，在国外社交平台红得发紫之后再“杀回”本土社交空间时，如何保护传统村落的物质性文化遗产（格局、风貌、肌理、民居、街巷）和非物质性文化遗产（方言、艺术、民风、民间传说、生活方式），并将其包装成可以被国内外市场接受的对象，就不仅仅是一个经济问题了，而是一个在“大历史观”下涉及经济学、人类学、历史学、艺术和法学的综合性问题。

2017年底，ICOMOS（国际古迹遗址理事会）第十九届大会通过了《国际古迹遗址理事会与国际景观设计师联盟关于乡村景观遗产的准则》（又称2017《关于乡村景观遗产的准则》），其中明确提出乡村景观是人类遗产的重要组成部分，并定义“一切乡村地区皆是景观”，乡村地区的物质及非物质文化遗产就是乡村景观遗产。乡村，国内处处皆有，乡村景观也是丰富多样。在过去漫长的历史长河中，先人们以自己的方式留下的关于乡村的一切文化性的痕迹均可看作乡村景观遗产，这样的定义为乡村景观遗产赋予了天然的静态与动态混合的意蕴。从法学概念“遗产”本身来说，乡村景观遗产一定要有权利和责任的承继者，这些承继者就是我们每一位处在历史长河中的人。整体性保护传统村落与保护乡村景观遗产可看作对同一个问题的不同形式的表达。从全球范围来看，后者更具前瞻性和综合性，强调了人与自然的融合与和谐，这与中国传统文化中“天人合一”的理念不谋而合，也是今日中国提出的“人类命运共同体”理念的直接体现。

北京，作为首善之都，在经济大潮中也面临着乡村的存与废问题。哪些村落该作为“传统村落”保留下来并得到应有的保护，又该如何进行保护，对于北京这座人口超过2000万的现代大都市来说是现实而急迫的问题。北京的优势就是政府“自上而下”的主导力量强大，能够充分发挥优势建立健全大都市圈传统村落保护机制，形成更为有效的北京传统村落乡村景观遗产法律保护制度，探索客观的政策保护措施及具体工作的推进。作为一个较为具有代表性的研究实例，北京的做法可以为其他大都市圈传统村落保护工作提供参考和借鉴。

2018年底，北京市委、市政府出台了《北京市乡村振兴战略规划（2018—2022年）》，其中明确指出：

“保护复兴传统村落。加快开展传统村落资源调查，完善传统村落名录，实行挂牌保护，加强动态管理。加强生态环境及山水林田湖格局保护，维护好与传统村落相互依存的自然景观和环境。开展历史环境要素认定和保护工作，挖掘、保护、开发和利用传统文化脉络，把传统古村落打造成历史文化脉络的承载地。实施‘一村一策’，开展传统村落规划和项目实施，加强传统建筑保护。统筹开展传统村落的基础设施和公共服务设施建设，整村推进，分步实施，改善传统村落生产生活条件，提升防灾减灾能力。深入挖掘传统村落资源禀赋优势，推进‘一村一品’，培育特色产业。拍摄留存传统村落影像资料并有序利用。

“重塑乡村文化生态。紧密结合特色小城镇、美丽乡村建设，深入挖掘乡村历史记忆和特色文化符号。以形神兼备为导向，把民族民间文化元素融入乡村建设，深挖历史古韵，弘扬人文之美，重塑诗意闲适的人文环境和田绿草青的居住环境，重现原生田园风光和原本乡情乡愁。兼顾文化传承与乡村发展，引导企业家、文化工作者、退休人员、文化志愿者等投身乡村文化建设，丰富农村文化业态。发展乡村文化组织，引导农民保护、传承和开发乡村文化。开展农村文化进城工程，深化中小学学农教育，开展农村优秀传统文化进城市社区、进学校、上舞台等‘结对子、种文化’活动，提升农村文化自信，促进城乡文化互知、互融，构建新型城乡文化关系。”

2021年3月，《北京历史文化名城保护条例》修订版正式施行，这是自2005年3月25日该条例通过并施行以来的首次修订。这是对《北京城市总体规划（2016年—2035年）》第四章内容的回应，也是北京历史文化名城整体性保护的时代要求，其中第五十五条强调“加强名镇名村、传统村落保护与发展”。《北京历史文化名城保护条例》修订版正式将“传统村落”列入历史文化名城保护体系，对传统村落保护工作来说无疑是利好。在《北京历史文化名城保护条例》修订版中，确立了“一城三带”的历史文化名城体系格局：北京传统村落大量存在于西山永定河文化带，以门头沟区和房山区为主，多为一般古村落型；长城文化带沿线的传统村落多为古城堡型村落，在长城文化遗产整体性保护的语境下，这类村落数量较多且保护性需求大；大运河文化带同样散落着以漕运文化为主的村落，但现有入选的只有漷县张庄村，且保护现状不乐观。如何结合三条文化带的发展使散落的古村落形成乡村景观是本书探讨的主要内容，希望通过对16个较为典型的北京传统村落在保护现状及法律制度建构等方面的探索，为传统村落找到更有效的保护路径。

在利好的法律政策背景下，北京传统村落若能抓住时机，深入挖掘自身所特有的历史、文化、艺术、科学和经济价值，一定能成为北京乡村振兴的发展载体，复兴北京乡土聚落特有的文化底蕴，依托乡村景观遗产走出一条有“大北京”特色的乡村旅游发展之路，为农村产业的多元化发展开辟新路径，为北京实现农业、农村现代化，全面推进乡村振兴贡献力量！

石　磊

2021年6月于北京

目　录

第一章　北京传统村落乡村景观遗产概述 …… 001
第一节　北京传统村落简介 …… 001
一、传统村落概念的缘起 …… 001
二、传统村落相关概念 …… 002
三、传统村落调查摸底 …… 007
四、北京传统村落概况 …… 017
第二节　北京传统村落乡村景观遗产 …… 029
一、乡村景观 …… 029
二、乡村景观遗产 …… 032
三、北京乡村景观遗产的价值 …… 043
第二章　北京传统村落乡村景观遗产现状 …… 045
第一节　西山永定河文化带沿线传统村落 …… 045
一、门头沟区斋堂镇爨底下村 …… 046
二、门头沟区斋堂镇黄岭西村 …… 059
三、门头沟区斋堂镇灵水村 …… 062
四、门头沟区龙泉镇三家店村 …… 064
五、门头沟区斋堂镇马栏村 …… 068
六、门头沟区王平镇大台街道千军台村 …… 071
七、门头沟区王平镇东石古岩村 …… 073
八、房山区南窖乡水峪村 …… 074
九、房山区佛子庄乡黑龙关村 …… 077
第二节　长城文化带沿线传统村落 …… 087

一、延庆区八达岭镇岔道村 …… 087
二、延庆区康庄镇榆林堡村 …… 091
三、密云区古北口镇古北口村 …… 094
四、密云区新城子镇遥桥峪村和小口村 …… 098
五、昌平区流村镇长峪城村 …… 101
第三节　大运河文化带沿线及其他传统村落 …… 103
一、通州区漷县镇张庄村 …… 103
二、顺义区龙湾屯镇焦庄户村 …… 106
第四节　北京传统村落乡村景观遗产保护利用中存在的问题及原因分析 …… 108
一、存在的问题 …… 108
二、原因分析 …… 111

第三章　乡村景观遗产可持续发展的先进经验 …… 114

第一节　松阳“拯救老屋行动”模式 …… 114
一、松阳县传统村落概述 …… 114
二、“拯救老屋行动”模式 …… 119
第二节　江南水乡古镇景观模式 …… 121
一、周庄模式 …… 121
二、新场古镇的“原生态”活化模式 …… 125
第三节　袁家村“集体合作”模式与古北水镇“再造景区”模式 …… 129
一、袁家村“集体合作”模式 …… 129
二、古北水镇“再造景区”模式 …… 133
第四节　乡村景观遗产发展中文化法治经验的借鉴 …… 138
一、法律文化现代化理论 …… 138
二、国内传统村落乡村景观遗产保护的法治共性 …… 140
三、国外文化法治政策借鉴的本土思考 …… 142

第四章　传统村落乡村景观遗产保护的时代背景及相关法律政策 …… 146

第一节　传统村落乡村景观遗产保护的时代背景 …… 146

一、我国乡村振兴战略规划 …… 146
二、北京市乡村振兴战略规划 …… 148
三、北京传统村落乡村景观遗产可持续发展路径规划 …… 149
第二节 传统村落乡村景观遗产保护相关法律政策 …… 168
一、我国传统村落乡村景观遗产保护现有法律体系 …… 168
二、北京传统村落乡村景观遗产保护相关政策及举措 …… 172

第五章 北京传统村落乡村景观遗产可持续发展的法治路径设计 …… 188

第一节 建构完善有效的地区传统村落法律体系 …… 190
一、《北京历史文化名城保护条例》的引领作用 …… 190
二、深入实施北京传统村落保护发展的各项政策文件 …… 192
三、谨慎编写各类技术性导则 …… 192
四、借鉴其他地区传统村落保护立法经验 …… 193
第二节 充分履行地方政府的文化保护职能 …… 195
一、加强地方基层治理能力 …… 195
二、保护规划的强制实施 …… 198
第三节 大力引入社会力量参与乡村振兴 …… 198
一、引入社会资本大力发展乡村旅游事业 …… 198
二、吸纳社会贤士振兴乡村事业 …… 199
第四节 有效增强村落保护的公众参与机制 …… 200
一、加强农村思想道德建设 …… 201
二、传承农村优秀传统文化 …… 201
三、加强农村公共文化建设 …… 202
四、开展移风易俗行动 …… 202

第六章 结束语 …… 203

参考文献 …… 208

附录A 依法护城、一路同行
——高校师生推动公众参与文化遗产法律保护创新实践纪实 …… 215

附录 B　国际古迹遗址理事会与国际风景园林师联合会
关于乡村景观遗产的准则 …… 222
附录 C　北京历史文化名城保护条例 …… 230
附录 D　北京市生态涵养区生态保护和绿色发展条例 …… 247
重要术语索引 …… 257
后记 …… 259

第一章

北京传统村落乡村景观遗产概述

第一节　北京传统村落简介

一、传统村落概念的缘起

传统村落概念的提出要追溯到2011年9月6日中央文史研究馆成立60周年座谈会。在座谈会上，冯骥才先生指出，每座古村落都是一部厚重的书，在城市化和城镇化的大潮中很快就要消失不见了。古村落已进入消亡的加速期。他为古村落的消失而着急，认为一些地方打着新农村和城镇化的幌子唯利是图，并提出如何使中华文化的传承在城镇化建设中不受损害是一个重大的文化问题。

早在2001年11月23日的"中国民俗学学科建设及人才培养"专题研讨会上，冯骥才先生就提出对"中国民间文化情况不妙"的忧虑①。"我们国家正在从农耕文明向工业文明转化。在这个转化的过程中，原来的文化要大量地失散和瓦解，整体地瓦解，乃至毁灭。《寻找远去的家园》用电视采访方式对中国民居进行考察，这个摄制组由南方向北方穿过南北诸省的古村落。摄影家李玉祥那个曾经二十多岁的小伙子现在已经四十岁了，也没结婚，背个相机，整天在中国这些古老的村落里穿行。他比较早地用文化的眼光、文化的视角来看中国的民居。他是一个先行的人。这次他重新再走这些古村落时，不断跟我通电话，唏嘘不已，感慨万端，很多地方的民居都已经变成了水泥的、简易的、玻璃幕墙的小洋楼，一个个非常有韵味、有特色、历史深厚的村落和大片的民居正在成片地瓦解，或者已经消失。"

---

① 冯骥才．不能拒绝的神圣使命：冯骥才演讲集（2001—2016）［M］．郑州：大象出版社，2017：2-5.

古村落，素来被称为触摸历史的“活化石”，是中国乡村社会与景观的缩影。数据显示，我国现有约60万个村庄，其中古村落大约有5000个，占比不足1%，而且正在急剧减少。在城镇化势头迅猛的时代背景下，开发变成破坏，拆真建假不断上演。就古村落而言，它们凝聚了不同地域的历史信息与文化积淀，承载着原住民的风俗习惯，更是农民土地的依附载体，不仅具有研究与审美价值，更有切实具体的经济效益，是城镇化与新农村建设和发展中的重要资源。

保护与发展其实并不矛盾，保护也是为了发展。保护并不是保护落后，而是保护老祖宗留下来的优秀的历史文化传统。地方政府应正确看待保护和发展之间的关系。归根结底，保护与发展之间的矛盾是历史建筑与风貌的保护和村民迫切希望改善居住环境与生活方式之间矛盾的具体体现，也是社会主义新农村建设、城镇化建设、发展旅游经济三者与历史文化村落保护之间持续冲突的必然结果。在推进城镇化与新农村建设的过程中，各地应该吸取过去城市建设中的经验和教训，审慎地对待历史遗存，采用渐进方式，仔细调查研究，鉴别哪些是好的、哪些是要留的、哪些是要拆的，采取适当措施把好的留下来，并且在新建的过程中继承和发扬优秀历史文化传统。更重要的是，对于优秀的历史遗存，要让人生活在其中，不能做成花瓶来摆放，对破旧的地方要整旧如旧，而不是改造和拆旧建新，要避免拆真建假，使开发演变成破坏。

2002年，冯骥才在政协第九届全国委员会第五次会议提交“关于紧急抢救民间文化遗产的提案”，同年国家社科基金特别委托项目“中国民间文化遗产抢救工程”获批，正式实施。[①]“古村落”这个重要的话题正式进入大众及文化学者的视野，备受关注。2005年11月7日，在江西婺源召开的“2005婺源·中国乡村文化旅游节”上，冯骥才先生做了题为“古村落是中华文化的箱底”的讲话[②]。

二、传统村落相关概念

1. 古村落

“古村落”是最早使用的概念，是文化意义上的概念，建立在“自然村”

① 马知遥．冯骥才文化观念研究：行走田野的智慧［M］．天津：天津出版社，2015：143-151.

② 冯骥才．不能拒绝的神圣使命：冯骥才演讲集（2001—2016）［M］．郑州：大象出版社，2017：2-5.

的基础上。古村落是指由古代先民在农耕文明进程中，在群族部落的基础模式上，因“聚族而居”的生产生活需求建造的具有相当规模、相对稳定的基本社会单元。在“古村落”这一概念中，村落文化较为突出，这里的“古村落”与“乡村聚落”是同一个范畴，与“城市聚落”相对应，共同构成“聚落”的语阈。2012 年 9 月 25 日，在住房城乡建设部、文化部、国家文物局、财政部四部委联合召开的传统村落保护和发展专家委员会第一次全体会议上，正式将“古村落”改为“传统村落”。

2. 历史文化名村

“历史文化名村”是一个明确的法律概念，2008 年 4 月 2 日，国务院第三次常务会议通过《历史文化名城名镇名村保护条例》，“历史文化名村”是其中的法律概念之一。早在 2003 年 10 月 8 日，《关于公布中国历史文化名镇（村）（第一批）的通知》中就指出：“为了更好地保护、继承和发展我国优秀建筑历史文化遗产，弘扬民族传统和地方特色，建设部、国家文物局决定，从今年起在全国选择一些保存文物特别丰富并且具有重大历史价值或革命纪念意义，能较完整地反映一些历史时期的传统风貌和地方民族特色的镇（村），分期分批公布为中国历史文化名镇和中国历史文化名村，并制定《中国历史文化名镇（村）评选办法》。”北京市门头沟区斋堂镇爨底下村、山西省临县碛口镇西湾村、浙江省武义县俞源乡俞源村、浙江省武义县武阳镇郭洞村、安徽省黟县西递镇西递村、安徽省黟县宏村镇宏村、江西省乐安县牛田镇流坑村、福建省南靖县书洋镇田螺坑村、湖南省岳阳县张谷英镇张谷英村、广东省佛山市三水区乐平镇大旗头村、广东省深圳市龙岗区大鹏镇鹏城村、陕西省韩城市西庄镇党家村均入选第一批中国历史文化名村。

《中国历史文化名镇（村）评选办法》（以下简称《办法》）中明确提出，历史文化名镇（村）应当具备下列条件之一：

（1）在一定历史时期内对推动全国或某一地区的社会经济发展起到过重要作用，具有全国或地区范围的影响；或系当地水陆交通中心，成为闻名遐迩的客流、货流、物流集散地；在一定历史时期内建设过重大工程，并对保障当地人民生命财产安全、保护和改善生态环境有过显著效益且延续至今；在革命历史上发生过重大事件，或曾为革命政权机关驻地而闻名于世；历史上发生过抗击外来侵略或经历过改变战局的重大战役，以及曾为著名战役军事指挥机关驻地；能体现我国传统的选址和规划布局经典理论，或反映经典营造法式和精湛的建造技艺；或能集中反映某一地区特色和风情，民族特色传统建造技术。

（2）建筑遗产、文物古迹和传统文化比较集中，能较完整地反映某一历史时期的传统风貌、地方特色和民族风情，具有较高的历史、文化、艺术和科学价值，现存有清代以前建造或在中国革命历史中有重大影响的成片历史传统建筑群、纪念物、遗址等，基本风貌保持完好。同时，要求镇（村）内历史传统建筑群、建筑物及其建筑细部乃至周边环境基本上原貌保存完好；或因年代久远，原建筑群、建筑物及其周边环境虽曾倒塌破坏，但已按原貌整修恢复；或原建筑群及其周边环境虽部分倒塌破坏，但“骨架”尚存，部分建筑细部也保存完好，依据保存实物的结构、构造和样式可以整体修复原貌。在历史价值与风貌特色以及原状保持程度均符合条件基础上，历史文化名村的现存历史传统建筑的建筑面积须在2500平方米以上。中国历史文化名镇（村）申报表见表1-1。

表1-1 中国历史文化名镇（村）申报表

<table>
<tr><td>申报单位名称</td><td colspan="5"></td></tr>
<tr><td colspan="6">传统格局和特色简介：</td></tr>
<tr><td rowspan="2">各级文物保护单位数量</td><td rowspan="2"></td><td>国家级</td><td colspan="2">省级</td><td>县（市）级</td></tr>
<tr><td></td><td colspan="2"></td><td></td></tr>
<tr><td rowspan="2">已公布登记不可移动文物数量</td><td rowspan="2"></td><td colspan="2">不可移动文物规模（m^2）</td><td colspan="2">不可移动文物完好比率%</td></tr>
<tr><td colspan="2"></td><td colspan="2"></td></tr>
<tr><td rowspan="2">已公布历史建筑数量</td><td rowspan="2"></td><td colspan="2">历史建筑规模（m^2）</td><td colspan="2">历史建筑完好比率%</td></tr>
<tr><td colspan="2"></td><td colspan="2"></td></tr>
<tr><td rowspan="2">镇（村）保护范围（hm^2）</td><td rowspan="2"></td><td colspan="2">核心保护范围（hm^2）</td><td colspan="2">建筑控制范围（hm^2）</td></tr>
<tr><td colspan="2"></td><td colspan="2"></td></tr>
<tr><td rowspan="2">非物质文化遗产数量</td><td rowspan="2"></td><td>国家级</td><td colspan="2">省级</td><td>县（市）级</td></tr>
<tr><td></td><td colspan="2"></td><td></td></tr>
<tr><td>县级建设部门文物部门意见</td><td colspan="5">（签章）</td></tr>
<tr><td>省级建设、文物主管部门推荐意见</td><td colspan="5">（签章）</td></tr>
<tr><td>备　注</td><td colspan="5"></td></tr>
</table>

截至 2021 年，北京共有 5 个古村落入选中国历史文化名村，这 5 个中国历史文化名村均于 2012 年入选第一批国家级传统村落，见表 1-2。第四批、第七批中国历史文化名村没有北京古村落入选，但是密云古北口镇入选第四批中国历史文化名镇。与其他省（区、市）相比，北京入选中国历史文化名村的数量少之又少，这与北京经济发展速度快、城镇化水平高有直接关系。水峪村、爨底下村、灵水村均距离市区遥远，受经济大潮的波及较晚；琉璃渠村和焦庄户村分别以非物质文化遗产和特殊的历史意义著称，入选中国历史文化名村具有典例性。

表 1-2　北京入选中国历史文化名村汇总

村落名称	入选中国历史文化名村批次	入选中国传统村落批次	所属文化带
房山区南窖乡水峪村	第六批 （2014 年 2 月 19 日）	第一批（2012 年）	西山永定河文化带
顺义区龙湾屯镇焦庄户村	第五批 （2010 年 7 月 22 日）	第一批（2012 年）	无
门头沟区龙泉镇琉璃渠村	第三批 （2007 年 5 月 31 日）	第一批（2012 年）	西山永定河文化带
门头沟区斋堂镇灵水村	第二批 （2005 年 9 月 16 日）	第一批（2012 年）	西山永定河文化带
门头沟区斋堂镇爨底下村	第一批 （2003 年 10 月 8 日）	第一批（2012 年）	西山永定河文化带

资料来源：住建部官网，表格为自制。

3. 历史文化保护区

1986 年，国务院批转建设部、文化部关于请示公布第二批国家历史文化名城名单报告的通知中指出："对一些文物古迹比较集中，或能较完整地体现某一历史时期的传统风貌和民族地方特色的街区、建筑群、小镇、村寨等，要作为历史文化区加以保护。"1990 年 11 月 23 日，北京市人民政府公布第一批历史文化保护区，共 25 片，均在北京旧城。2002 年，《北京历史文化名城保护规划》中确定了第二批 15 片历史文化保护区，其中郊区包括 10 片，"海淀区西郊清代皇家园林，丰台区卢沟桥宛平城，石景山区模式口，门头沟三家店、爨底下村，延庆县岔道城、榆林堡，密云县古北口老城、遥桥峪和小口城堡，顺义区焦庄户"。北京郊区这 10 片历史文化保护区大多本身就是具有历史、文化、地方特色的村落，比如"爨底下村、三家店、岔道城、榆林堡、古北口、遥桥峪村和小口城堡、焦庄户"，这些村落本身就属北京地区的古村落范畴，爨底下村后期即进入中国历史文化名村名单，也进入第一批中国传统村落名单。

在北京，既是中国历史文化名村又是中国传统村落，还入选历史文化保护区的，只有爨底下村和焦庄户村。这两个地方的“传统格局”“历史风貌”“集中连片”“非物质文化遗产”特征均非常明显，才会作为三种文化遗产形式的交集成为典例。

综上所述，古村落的概念外延最大，包括大量传统聚落中的“乡村聚落”，传统村落的外延次之。笔者认为，随着行政性指令及政策的不断出现，传统村落概念外延均落入古村落外延，而历史文化名村，由于是法律概念，入选登录的标准又较高，是三个概念中外延最小的。不可否认，“古村落”“传统村落”“历史文化名村”三者重合的部分是存在的，比如爨底下村，这样就会使大量的古村落无法进入历史文化名村或者传统村落的名录范围，但这些村落依然具有较高的历史、文化、艺术价值，如果不能及时获得法律的规范性保护，其受到破坏甚至消失的速度会加快。

传统村落是传统文化、传统建筑、传统格局的载体，是保持传统农业循环经济特征的有效载体，是发展农业和农民庭院经济的基础，是国家的一种社会资本。与普通村落相比，传统村落最大的特点在于它体现着当地的传统文化、建筑艺术和村镇空间格局，反映着村落与周边自然环境的和谐关系，同时传统村落往往是连接家族血脉、传承族群文化的重要载体，对推动农业现代化及生态文明建设具有重要的时代意义。

中国地大物博，各地传统民间文化特色不一，这也决定了传统村落一定会带有丰富多彩的地方特色。例如，湖南省的湘西土家族苗族自治州花垣县的十八洞村，是“精准扶贫”政策生发地。十八洞村地处湘西土家族苗族自治州，该州是湖南省唯一的少数民族自治州，地处湘、鄂、黔、渝四省（市）交界处。1952 年 8 月成立湘西苗族自治区，1955 年改为湘西苗族自治州，1957 年 9 月成立湘西土家族苗族自治州。该州历史悠久，文化灿烂，辖区内有首批国家历史文化名城凤凰县，2015 年入选首批国家全域旅游示范区，州内人文古迹众多，老司城及其周边有大量的自然及人文景观遗迹。湘西也是武陵文化的发源地之一。湘西辖区内的十八洞村有婺源乡村建筑模式，又有兔耳岭的自然景观。地处素有花垣“南大门”之称的排碧乡西南部，紧临吉茶高速、209 国道和 319 国道，距县城 34 公里，距州府 38 公里，距矮寨大桥 8 公里，距高速公路出口 5 公里，全村辖 4 个自然寨、6 个村民小组、225 户 939 人，属纯苗族聚居区，苗族风情浓郁，苗族原生态文化保存完好。

2013 年 11 月，“精准扶贫”重要思想首次在十八洞村提出，“实事求是、因地制宜、分类指导、精准扶贫”成为乡村振兴的重要指导。经过两年多的时间，十八洞村铺上了沥青路，修起了游道和护栏，村里的房屋修缮一新，265 人脱贫，换上了新面貌。电影《十八洞村》以写实、朴素的手法真实再现了这项重要指示所开启的扶贫攻坚工程的实际过程。开场航拍镜头和宏观外景的展示，层叠的梯田，望不到边的绿色，甚为震撼。这里有最原汁原味的苗寨风土，几乎看不到任何现代化气息，是一座与世隔绝的村落，好似陶渊明笔下那个世人神往的“桃花源”。2016 年 12 月 9 日，湖南省湘西土家族苗族自治州花垣县十八洞村被列入第四批中国传统村落名录。十八洞村不仅有丰富的村落物质景观，还有丰富的文化景观。

云南普洱景迈山古茶林位于澜沧拉祜族自治县，是中国西南地区居民延续至今的“林下茶种植”传统的典型物质遗存，是中国乃至世界茶种植方式的早期样本，可称为茶种植的“活化石”。2012 年 9 月，普洱古茶园和茶文化系统被联合国粮农组织公布为全球重要农业文化遗产保护试点。2012 年 11 月，普洱景迈山古茶林成功入选《中国世界文化遗产预备名单》。2013 年，普洱景迈山古茶林被国务院公布为第七批全国重点文物保护单位。2020 年，普洱景迈山古茶林文化景观正式开启申遗程序，并于 2021 年 2 月被国务院批准为 2022 年正式申报世界文化遗产项目，已正式向联合国教科文组织交送申遗的相关文本，有望成为世界上第一处茶文化主题的世界遗产。

以乡土聚落为典型代表的安徽黄山古村落群、山西晋南古村落群、浙江古村落群等均以其独具特色的“乡村景观”博得世界的关注与喝彩。遍布大江南北的村落又何止现在已被普查登记的这些，悠久的古代传统文化遗留的乡村景观遗产有待我们不断地去探索、加快步伐去保护它们。

三、传统村落调查摸底

2012 年，住建部、文化部、国家文物局、财政局四单位联合开展传统村落调查摸底工作，并于 2012 年 4 月 16 日正式发出《住房城乡建设部、文化部、国家文物局、财政部关于开展传统村落调查的通知》①，其中明确指出，该次调查摸底工作的初衷和目标是“为贯彻落实温家宝总理在中央文史馆成立60周年座谈会关于‘古村落的保护就是工业化、城镇化过程中对于物质遗产、非物质遗产以及传统文化的保护’的讲话精神和加强保护工作的指示，摸清我国传统村落底数，加强传统村落保护和改善”。

该文件共包括六部分内容。

第一部分涉及本次传统村落调查的目的和意义。

我国传统文化的根基在农村，传统村落保留着丰富多彩的文化遗产，是承载和体现中华民族传统文明的重要载体。随着工业化、城镇化和农业现代化的快速发展，一些传统村落逐渐消失或遭到破坏，保护传统村落迫在眉睫。开展传统村落调查，全面掌握我国传统村落的数量、种类、分布、价值及其生存状态，是认定传统村落保护名录的重要基础，是构建科学有效的保护体系的重要依据，是摸清并记录我国传统文化家底的重要工作。

第二部分是对调查对象“传统村落”的定义和相关规定。

传统村落是指村落形成较早，拥有较丰富的传统资源，具有一定历史、文化、科学、艺术、社会、经济价值，应予以保护的村落。对于传统村落能否列为调查对象，该文件也给出了具体的标准：①传统建筑风貌完整。历史建筑、乡土建筑、文物古迹等建筑集中连片分布或总量超过村庄建筑总量的1/3，较完整体现一定历史时期的传统风貌。②选址和格局保持传统特色。村落选址具有传统特色和地方代表性，利用自然环境条件，与维系生产生活密切相关，反映特定历史文化背景。村落格局鲜明体现有代表性的传统文化，鲜明体现有代表性的传统生产和生活方式，且村落整体格局保存良好。③非物质文化遗产活态传承。该传统村落中拥有较为丰富的非物质文化遗产资源、民族或地域特色鲜明，或拥有省级以上非物质文化遗产代表性项目，传承形式良好，至今仍以活态延续。

上述定义给出了“传统村落”的基本构成要素：形成时间较早，拥有较丰富的传统资源，具有历史、文化、科学、艺术、社会以及经济价值。在定义的最后，用“应予以保护”的语句表达了对该类村落所采取的保护措施的必要性。该定义作为住建部发出的规范性文件，具有一定的法律效力，可以

① 中华人民共和国住房和城乡建设部，中华人民共和国文化部，国家文物局，等．住房和城乡建设部　文化部　国家文物局　财政部关于开展传统村落调查的通知［EB/OL］．（2012-04-16）［2021-05-06］．http://www.mohurd.gov.cn/wjfb/201204/t20120423_209619.html.

理解为对“传统村落”这个概念进行了法律意义上的界定，该定义为后期地方各级政府制定相应的传统村落法律文件做了基本的示范和铺垫，各地方对本地传统村落的定义均建立在该定义的语词及逻辑特征基础上。

该规范性文件同时强调传统村落调查不搞村村普查，要依据上述条件，充分利用全国第三次文物普查、第一次非物质文化遗产调查、历史文化名村和特色景观旅游名村的申报材料等现有资料，确定需要调查的村落。要积极发动社会团体、学校院所、专家学者等社会各方面力量提供符合条件的村落信息。最初的传统村落普查摸底工作没有经验可循，故可以在已有的具有更强烈法律明确性的范畴内先筛选具有鲜明特征的“传统村落”范例，以便后续普查工作可以进一步顺利开展。

第三部分则是对调查内容的详细规定。

调查内容包括村落基本信息、村落传统建筑、村落选址和格局、村落承载的非物质文化遗产、村落人居环境现状等，具体见《中国传统村落调查登记表》（见表 1-3）。调查对象原则上以行政村为单元，根据条件也可以自然村（Village）为单元。

这里需要说明的是行政村与自然村的区别和联系。

行政村是指政府为了便于管理而确定的在乡镇下边一级的管理机构所管辖的区域，它由若干个自然村组成。两者的关系：自然村一般小于行政村，也就是说，几个相邻的小村可以构成一个大的行政村。这个行政村由一套领导班子（党支部、村委会）管理，但可以把几个自然村分成几个组，每组设一个组长，这些自然村都要受行政村村委会和村党支部的管理和领导。

自然村是由村民经过长时间聚居而自然形成的村落。它受地理条件、生活方式等的影响，也有以家族、户族、氏族或其他原因自然形成的居民聚居的村落称自然村，是与行政村相对而言的。比如，在山里头，可能几户在路边居住几代后就会形成一个小村落，这就叫自然村。中国有些地方习惯上将自然村称作“庄”或“屯”，是乡村聚落最基本的组成部分。通常由一个大自然村或几个自然村联合组成一个行政村。自然村的分布、形态、规模和建筑结构深受所处地区自然地理条件（水源、气候、地形及建筑材料特性等）、经济条件、风俗习惯等社会因素的影响。自然村数量大、分布广、规模大小不一，有的是仅有个别住户居住的孤村（如在山区），也有的是拥有数百人口的大村（如在人口稠密的平原地区）。自然村经济结构较单一，一般由主要从事农（林、牧、副、渔）业的人口居住。20 世纪 80 年代以来，由于我国乡村产业结构的调整和商品经济的发展，不少自然村除了经营农牧业，还建起了小型工业企业、零售商业和服务业设施，有的还发展成了经营非农产业的专业村。

行政村是国家按照法律规定设立的农村基层管理单位，其组织形式是村民委员会，是农村村民自治组织（不是行政单位），下设若干个村民小组，村民小组通常以自然村划分。一般情况下，一个行政村管理若干个自然村，也有一个自然村（规模较大）为了管理方便，被划分为几个行政村的，还有一个自然村就是一个行政村的。

第四部分对调查组织进行了相应规定。

这部分规定，传统村落可以分为国家级传统村落和地方传统村落。住房城乡建设部会同文化部、国家文物局、财政部负责全国传统村落调查的组织、指导和监督。建立全国传统村落信息管理系统，组织调查质量抽查，汇总全国调查结果。省级住房城乡建设部门会同文化、文物、财政部门对本行政区的传统村落调查负总责。制定本行政区的调查实施工作方案，汇总本省（自治区、直辖市）登记表文本，成立调查质量检查小组进行质量审核和验收。

在执行过程中，县级住房城乡建设会同文化、文物、财政部门负责组织进行入村调查，按“一村一表”要求如实完整填写登记表，拍摄相应照片和提供有关图件，提出传统村落保护意见，并将登记表信息录入全国传统村落管理信息系统（该系统现名为“中国传统村落档案管理与项目监管系统”[①]）。

第五部分规定了调查时间。

县级住房城乡建设等部门应于2012年6月30日之前完成调查登记表的填写、录入全国传统村落管理信息系统，并将登记表文本报省级住房城乡建设等部门汇总；省级住房城乡建设等部门在2012年7月15日之前完成质量审核和验收工作，并将汇总结果报住房城乡建设部、文化部、国家文物局、财政部。

第六部分为其他事宜。主要强调了此次传统村落调查经费原则上由地方解决。

---

① 中国传统村落档案管理与项目监管系统（http://115.28.77.49/account/login?msg=login）为清华同衡技术创新中心设计的一套专为中国传统村落保护发展项目服务的在线申报、审核、监管子系统，是实现项目在线申请、审核、立项、监管的一套完整的网络办公业务流程。通过中国传统村落档案管理与项目监管系统的建设，为中国传统村落的管理提供精确的、科学的、及时的数据支撑和合理的决策建议，更进一步为中国传统村落旅游业的发展提供了指导。

表 1-3　中国传统村落调查登记表（2012 年版）

传统村落调查登记表

村落名称：　　　　　　（本村属于：自然村、行政村）
所属镇（乡）：
所属县（区、市、旗）：
所属市（地区、州、盟）：
所属省（自治区、直辖市）：
调查负责单位（盖章）：
调查负责人签字：
调查负责人联系电话：
填表日期：　　　　年　　月　　日

（一）村落基本信息

村落形成年代	□元代以前 □明代 □清代 □民国时期 □新中国成立以后	村落形成原因	
村域面积	平方公里	村庄占地面积	亩
户籍人口	人	地形地貌特征	
常住人口	人		
村集体年收入	万元	村民人均年收入	元
主要民族	族	列出产值较高的 2~3 个主要产业	
村落是否列入各级保护或示范名录	列入历史文化名村：□国家级　□省级 列入特色景观旅游名村：□国家级　□省级 列入少数民族特色村寨试点示范：□是　□否 其他，请注明名称及由哪一级认定公布： --		
保护规划及保护利用状况	保护规划	□有，规划名称是：-------------------- 规划批准单位是：-------------------- □无规划	
	保护利用状况（可多选）	□闲置废弃 □照常使用，没有特别的保护措施 □发展旅游和服务业 □以博物馆的方式进行保护 □其他，具体为：--------------------	

续表

（二）村落传统建筑

注：传统建筑是指历史建筑、乡土建筑、文物古迹等类建筑。
如村落无传统建筑可不填写此栏。

<table>
<tr><td rowspan="8">基本信息</td><td>建筑名称
（见注释）</td><td>建筑年代</td><td>建筑规模
（平方米）</td><td>各级文物保护单位
及数量</td><td>认定为历史
建筑的数量</td></tr>
<tr><td></td><td></td><td></td><td rowspan="6">国家级：　　处
省级：　　处
市级：　　处
县级：　　处
第三次全国文物普查新发现不可移动文物数量：　　处
文保单位是否为古建筑群：□是
□否</td><td rowspan="6">市级政府认定：
处
县级政府认定：
处</td></tr>
<tr><td></td><td></td><td></td></tr>
<tr><td></td><td></td><td></td></tr>
<tr><td></td><td></td><td></td></tr>
<tr><td></td><td></td><td></td></tr>
<tr><td colspan="3">注：建筑名称填写民居、祠堂、庙宇、书院、牌坊等，以及乡土建筑名称，如徽派民居、××故居，吊脚楼、土楼、窑洞等。如传统建筑较多，可按表格内容另加附页。</td></tr>
<tr><td colspan="5">全部传统建筑占村庄建筑总面积的比例：　　　　（%）</td></tr>
<tr><td>村落简介</td><td colspan="5">内容要求：简述村落整体风貌特征，传统建筑集中连片分布和保存的情况，主要传统建筑建造工艺特点和文化内涵。（空白不足可另加附页）</td></tr>
<tr><td>图纸及照片</td><td colspan="5">要求：提供村落平面布置图，并标明传统建筑位置，提供反映村落整体风貌保持情况的照片，提供传统建筑集中连片分布照片，提供各类重要代表性建筑主体和细部（如建筑材料和工艺）照片，作为本栏附页。每张照片需注明拍摄对象和时间。</td></tr>
</table>

（三）村落选址和格局

注：如村落无保持传统特色的选址和格局可不填此栏。

<table>
<tr><td colspan="3">对村落选址、格局有重要影响的历史环境要素及数量</td><td rowspan="6">注：历史环境要素名称填写古河道、古树、古井、传统公共空间等</td></tr>
<tr><td>名称：</td><td>数量：</td><td>处（个、座）</td></tr>
<tr><td>名称：</td><td>数量：</td><td>处（个、座）</td></tr>
<tr><td>名称：</td><td>数量：</td><td>处（个、座）</td></tr>
<tr><td>名称：</td><td>数量：</td><td>处（个、座）</td></tr>
<tr><td>名称：</td><td>数量：</td><td>处（个、座）</td></tr>
<tr><td>选址和格局简介</td><td colspan="3">要求：概述村落选址特色和形成背景，村落格局特征（如空间、路网、水系、寨墙等），重要历史环境要素分布，以及村落整体风貌保存情况。</td></tr>
<tr><td>照片及图纸</td><td colspan="3">要求：提供反映村落与周边环境协调性、体现村落选址特色和文化的照片或图纸，提供反映街巷格局和公共空间布局的照片或图纸，提供各类重要历史环境要素照片，作为本栏附页。每张照片要注明拍摄对象和时间。</td></tr>
</table>

续表

（四）村落承载的非物质文化遗产

注：如村落无非物质文化遗产可不填写此栏。
如有多项非物质文化遗产，可复制本表，作为续表，逐项登记。

基本信息	名称	
	级别	□国家级　□省级
	类型	□民间文学　□传统音乐　□传统舞蹈　□传统戏剧　□曲艺　□民俗 □传统体育　□游艺与杂技□传统美术　□传统技艺　□传统医药
	是否确定传承人	□是　□否
	项目存续情况	□传承良好　□传承一般，无专门管理　□濒危状态
	与村落依存程度	□必须依托村落存在　□不需依托村落存在
	活动规模	□10 人以下　□10 至 30 人　□30 人以上　□全村参与
	传承时间	□连续 100 年以上　□连续 50 年以上
非物质文化遗产简介	要求：概述非物质文化遗产的产生和发展，至今是否仍以活态方式传承，与村落的密切关系，传承活动内容与形式。	
照片	要求：提供反映活动场景和活动空间的照片，提供重要传承活动器具、传承人照片，作为本栏附页。每张照片需注明拍摄对象和时间。	

（五）村落人居环境现状

<table>
<tr><td rowspan="9">基础资料</td><td colspan="5">居住在传统建筑的居民数量：　　　　人</td></tr>
<tr><td>现有设施状况
（有即可勾选）</td><td colspan="4">□入户自来水　□垃圾收集设施　□排水设施　□入户煤气
□公交站点　□卫生室　□有线电视　□消防设施　□已改造电网</td></tr>
<tr><td rowspan="3">村内道路</td><td>已建成　　　　年</td><td rowspan="3">公共照明</td><td rowspan="3" colspan="2">□全村有
□局部地段有
□无</td></tr>
<tr><td>上次维修为　　　年前</td></tr>
<tr><td>路面：□沥青或水泥路　□土路
□传统石、砖路　□其他</td></tr>
<tr><td rowspan="2">污水处理设施</td><td rowspan="2">□村内集中处理
□单户或多户分散处理
□无处理</td><td rowspan="2">厕所</td><td colspan="2">□公用　□分户</td></tr>
<tr><td colspan="2">□旱厕　□水冲厕所</td></tr>
<tr><td>垃圾处理方式</td><td colspan="4">□卫生填埋　□简易填埋　□直接焚烧　□送往镇（县）处理</td></tr>
<tr><td colspan="5"></td></tr>
<tr><td>村落环境状况简介</td><td colspan="5">要求：简介村庄内部和周边环境现状。</td></tr>
<tr><td>照片</td><td colspan="5">要求：对村落自然环境、居民居住条件、给水、排水、道路、垃圾收集处理和污水处理设施等现状拍照记录，作为本栏附页，并注明拍摄对象和拍摄时间。</td></tr>
</table>

续表

（六）传统村落保护意见

村民保护意见	村委会盖章：　　日期：　年　月　日
县级保护意见	盖章：　　日期：　年　月　日
省级意见	盖章：　　日期：　年　月　日
专家意见	专家组长签名：　　日期：　年　月　日

资料来源：住建部官网。

从表 1-3 中可以看出，2012 年开展的普查、登记、摸底传统村落的工作主要从物质文化遗产（村落传统建筑、村落格局及整体风貌）、非物质文化遗产和村落的人居环境（村落内部及周边环境）三方面推动对传统村落的保护工作，这项工作正式开启了保护中国本土村落聚落优秀文化遗产的进程，是对中国自有乡土文化如何在城镇化大潮中安然保存下来的实践性探索。

安徽省黄山市黟县宏村是我国 2012 年第一批入选中国传统村落的行政村（如图 1-1、图 1-2 所示）。该村始建于南宋绍兴年间（1131—1162），整体景观为“牛形村落”，完好地保存了明清民居 140 余栋。2000 年，宏村就以皖南古村落被联合国教科文组织列入世界文化遗产名录。2001 年 6 月 25 日，宏村古建筑群被国务院公布为第五批全国重点文物保护单位。2003 年 10 月，宏村被原建设部、国家文物局公布为第一批中国历史文化名村。2011 年 5 月 5 日，宏村景区被国家旅游局正式授予“国家 AAAAA 级旅游景区”称号。作为传统村落的宏村是兼具物质文化遗产（古建筑、古民居、古树、古村落等）

和非物质文化遗产（木雕、砖雕、石雕、彩绘壁画、楹联匾额、竹雕、村志族谱以及方言等）的珍贵文化遗产，传承了优秀的传统文化基因，是后世了解皖南古村落发展的“活化石”。

图 1-1　2012 年宏村入选第一批中国传统村落（作者拍摄于 2013 年）

图 1-2　宏村乐叙堂（汪氏宗祠）（作者拍摄于 2013 年）

从 2012 年 12 月 17 日第一批中国传统村落名单公布开始，到 2019 年 6 月 6 日第五批中国传统村落名单公布，全国共有 6819 个古村落入选中国传统村落，见表 1-4。

表 1-4　2012 年 12 月 17 日至 2019 年 6 月 6 日中国传统村落各省入选数量

单位：个

省（区、市）	第一批 2012-12-17	第二批 2013-06-26	第三批 2014-11-07	第四批 2016-12-09	第五批 2019-06-06	总计	数量排名
北京	9	4	3	5	1	22	24
天津	1			2	1	4	30
河北	32	7	18	88	61	206	12
山西	48	22	59	150	271	550	5
内蒙古	3	5	16	20	2	46	20
辽宁			8	9	13	30	23
吉林		2	4	3	2	11	27
黑龙江	2	1	2	1	8	14	26
上海	5					5	29
江苏	3	13	10	2	5	33	22
浙江	43	47	86	225	235	636	4
安徽	25	40	46	52	237	400	7
福建	48	25	52	104	265	494	6
江西	33	56	36	50	168	343	8
山东	10	6	21	38	50	125	14
河南	16	46	37	25	81	205	13
湖北	28	15	46	29	88	206	12
湖南	30	42	19	166	401	658	3
广东	40	51	35	34	103	263	11
广西	39	30	20	72	119	280	10
海南	7		12	28	17	64	18
重庆	14	2	47	11	36	110	17
四川	20	42	22	141	108	333	9
贵州	90	202	134	119	179	724	1
云南	62	232	208	113	93	708	2
西藏	5	1	5	8	16	35	21
陕西	5	8	17	41	42	113	16
甘肃	7	6	2	21	18	54	19
青海	13	7	21	38	44	123	15
宁夏	4			1	1	6	28
新疆	4	3	8	2	1	18	25
总计	646	915	994	1598	2666	6819	

资料来源：住建部官网，表格为自制。

在中华文化的历史长河中，这6819个传统村落只是众多古村落的凤毛麟角，可见“传统村落”并不是普通村落，也不是所有的古村落，更强调古村落所包含的历史、文化、科学、艺术、社会以及经济价值。乡村聚落虽然不具有城市建筑遗产的显著特征，但由于其具有独特的“乡土性”，也被看作一种独特的“建成遗产”。陈志华教授于21世纪初在《由〈关于乡土建筑遗产的宪章〉引起的话》（2000）中，用平实白描的手法对传统村落建设性破坏的现状进行了深刻的描述，“我们的乡土建筑面临着更加紧迫的危机，处处都在大拆大毁，有些地方几天之内就可以消灭掉一座积累了几百年文化的村落或小城镇”。[①] 已故学者何重义教授在其《古村探源——中国聚落文化与环境艺术》一书中也发出感慨：“发展中的农村一切向城市看齐，受到城市文明的影响，对建筑和环境的价值观也随之而变，把城市的一切看成现代化文明的标志，建小楼已变成农村每户追求向往的目标。”[②] 这些学者的发声距离现在近二十年，传统村落的发展仍然堪忧。

现实中没有入选国家级传统村落的古村落数量巨大，很多具有保护价值的古村落还没有进入政策保护的范畴，大量古村落不断被破坏甚至消失，亟须有效的保护与发展措施提供有效的建设指导。为此，每年均有“中央财政支持范围中国传统村落名单”公布。该项措施是住房城乡建设部、文化和旅游部、国家文物局、财政部、自然资源部、农业农村部共同推出的，每项入选项目可获得300万元人民币进行传统村落保护。

四、北京传统村落概况

（一）北京传统村落简述

根据《住房城乡建设部、文化部、财政部关于加强传统村落保护发展工作的指导意见》（建村〔2012〕184号）（以下简称《指导意见》）的要求，由北京市历史文化名城保护委员会办公室（以下简称“北京市名城委办”）统筹，市农委、市规划委等相关部门共同参与，开展了北京市级传统村落的评审认定工作。2016年3月15日，北京市名城委办、市规划委、市农委和7位传统村落保护领域的专家共同召开了“北京第一批市级传统村落专家评审

① 陈志华．由《关于乡土建筑遗产的宪章》引起的话［J］．时代建筑，2000（3）：20-24.

② 何重义．古村探源：中国聚落文化与环境艺术［M］．北京：中国建筑工业出版社，2011：4-2.

会"，会上对各区推荐的 54 个村落逐一进行了评审。按照《指导意见》要求，计划 4 月组织召开部门联审会，并按照程序将最终评审结果上报市政府。

2017 年，第五批中国传统村落全国普查是最后一批国家级传统村落筛选，因此对调查对象需符合的条件做了进一步细化，与 2012 年《指导意见》中的条件相比，更为具象化：历史文化积淀较为深厚，村落在历史上曾经作为政治、经济、文化、交通中心或者军事要地；或与重要历史名人以及曾经发生过的重要历史事件有关；村落蕴含深厚的儒家思想、道家思想、宗亲文化、传统美德和人文精神等，能够集中反映本地区的地域或民族特色。选址格局肌理保存较完整，村落延续传统选址，顺应自然山水，延续历史文脉，具有传统特色和地方代表性。村落空间结构、格局肌理融入自然环境，延续传统格局，整体风貌协调。村落格局与生产生活密切相关，反映特定历史文化背景。传统建筑具有一定保护价值。村落中文物古迹、历史建筑、传统建筑分布集中连片，或数量超过村庄建筑总量的 1/3，能较完整体现一定历史时期的传统风貌。历史建筑、传统建筑历史悠久、建筑精美、保存完整。非物质文化遗产传承良好，村落中拥有较为丰富的非物质文化遗产资源，拥有省级以上非物质文化遗产代表性项目，传承良好，至今仍以活态延续，与村庄依存度较高。村落经常举办民俗活动，内容丰富。村落活态保护基础好，村落中仍有大量的村民居住，村民知晓传统村落推荐事宜，村两委能够在村落日常管理中发挥作用。

2018 年 3 月 9 日，北京市人民政府办公厅发文《北京市人民政府办公厅关于加强传统村落保护发展的指导意见》（京政办发〔2018〕7 号），正式公布北京第一批市级传统村落共计 44 个。文件包括总体要求、重点任务和保障措施三部分内容，并没有单独罗列传统村落的定义。由此可以推知，北京市此次对传统村落的认定以 2012 年《指导意见》中"传统村落"的概念为基础，并参考了 2017 年《住房城乡建设部办公厅关于做好第五批中国传统村落调查推荐工作的通知》中对"传统村落"的界定："传统村落是指村落形成较早，拥有较丰富的传统资源，现存比较完整，具有较高历史、文化、科学、艺术、社会、经济价值的村落。调查对象原则上为行政村，现存比较完整，具有重要保护价值、村落户数不少于 30 户、相对独立的自然村也可作为调查对象。"

基于这些参考标准，2018 年第一批入选北京市传统村落的共有 44 个村，见表 1–5。

表 1-5　2018 年北京传统村落汇总

区域	第一批中国传统村落	第二批中国传统村落	第三批中国传统村落	第四批中国传统村落	第五批中国传统村落	其他
门头沟	龙泉镇琉璃渠村、三家店村，斋堂镇爨底下村、黄岭西村、灵水村，雁翅镇苇子水村	斋堂镇马栏村、王平镇大台街道千军台村	雁翅镇碣石村、斋堂镇沿河城村	斋堂镇西胡林村、王平镇东石古岩村		清水镇张家庄村、燕家台村
密云		新城子镇吉家营村	古北口镇古北口村	太师屯镇令公村		古北口镇潮关村、河西村，新城子镇遥桥峪村、小口村，冯家峪镇白马关村，石城镇黄峪口村
房山	南窖乡水峪村			南窖乡南窖村、蒲洼乡宝水村	佛子庄乡黑龙关村	史家营乡柳林水村、佛子庄乡大石窝镇石窝村
昌平		流村镇长峪城村				十三陵镇万娘坟村、德陵村、康陵村、茂陵村
延庆	八达岭镇岔道村					张山营镇东门营村、柳沟村，珍珠泉乡南天门村，康庄镇榆林堡村
通州						漷县镇张庄村
顺义	龙湾屯镇焦庄户村					
平谷						大华山镇西牛峪村
怀柔						琉璃庙镇杨树底下村
海淀						苏家坨镇车耳营村
数量合计	9	4	3	5	1	22

资料来源：住建部官网，表格为自制。

《北京城市总体规划（2016 年—2035 年）》第四章“加强历史文化名城保护，强化首都风范、古都风韵、时代风貌的城市特色”第五十五条提出“拓展和丰富历史文化名城保护内容”，第二款提出“加强三条文化带整体保护利用”，三条文化带指大运河文化带、长城文化带和西山永定河文化带。现有的延庆和昌平区的 10 个传统村落基本在长城文化带上，门头沟区 14 个传统村落均在西山永定河文化带上。第六十三条提到“进行特色风貌分区”，第二款提出“中心城区以外地区分别建设具有平原特色、山前特色与山区特色的三类风貌区”，顺义属于平原风貌区，房山、昌平、海淀山后属于山前风貌区，而门头沟、平谷、怀柔、密云、延庆则都被列入山区风貌区。第六十四条要求“构建绿水青山、两轴十片多点的城市整体景观格局”，十片重点景观区域中“长城文化景观区域（长城北京段）、大运河文化景观区域（中国大运河北京段）、京西文化景观区域（京西古道）、燕山文化景观区域（明十三陵、银山塔林、汤泉行宫等）、房山文化景观区域（房山文化线路）”均包括 44 个传统村落中的部分村落区域。

2021 年 1 月公布的修订后的《北京历史文化名城保护条例》调整了北京历史文化名城的保护内容，规定“北京历史文化名城涵盖本市全部行政区域，主要包括老城和三山五园地区两大重点区域以及大运河文化带、长城文化带、西山永定河文化带等。北京历史文化名城的保护对象包括世界遗产和文物，历史建筑和革命史迹，历史文化街区、特色地区和地下文物埋藏区，名镇、名村和传统村落，历史河湖水系和水文化遗产，山水格局和城址遗存，历史街巷和传统地名，风景名胜区、历史名园和古树名木，非物质文化遗产和法律、法规规定的其他保护对象”。这是一个全新的历史文化名城保护体系，体现了“应保尽保”的原则，同时扩大了历史文化名城的保护区域，使传统村落进入地方性法规的保护体系。虽然条例中并未对传统村落的类别进行进一步分析，但在北京历史文化名城保护体系中，可以参照三条文化带进行类别细化，为进一步做好保护和活化利用的工作奠定了基础。

《北京城市总体规划（2016 年—2035 年）》第五十五条第四款要求“因地制宜探索名镇名村、传统村落保护利用新途径、新机制、新模式”。在北京传统村落的分类问题上，同样可以“因地制宜”地进行分类，以更好地探索保护利用的新途径、新机制、新模式。大运河文化带的传统村落为通州区漷县镇张庄村，长城文化带的传统村落主要有延庆区岔道城村、榆林堡村等，西山永定河文化带的传统村落则主要包含门头沟地区的 14 个村落。

从学理研究上看，现今还没有对北京传统村落进行细致划分的统一标准。有学者认为，北方传统村落按照空间形成类型划分，主要分为自然聚落类、交通要道沿线类和长城沿线堡寨类[①]；也有学者按照传统村落形成过程中的因素，将北方传统村落划分为“规整形态”和“有机形态”两大类[②]。

2004 年版的《北京编制第二批历史文化保护区保护蓝本》将北京郊区历史文化保护区分为四类[③]：①古村落类，以民居为主体保存完好的古村落，村落格局完整，四至边界自由，与周围环境融为一体，在历史上都曾经有过一段经济繁荣时期。这类保护区主要包括门头沟爨底下村、三家店村。②城堡类，多由军事设施演变为民居村落，具有明确的城墙作为四至边界，格局严谨，布局方正。这类保护区包括密云遥桥峪和小口城堡、延庆岔道城和榆林堡。③特殊类，主要指具有特殊的周边环境（关隘）和历史文化背景的保护区。这类传统村落包括密云古北口村、顺义焦庄户村。北京房山佛子庄乡黑龙关村属于典型的因特殊的周边环境（关隘）形成的传统村落。④皇家园林类，特指当时入选的清代皇家园林历史文化保护区，大致范围即今日所说的“三山五园地区”。这些历史保护区正好是现在我们谈到的北京古村落、历史文化名村或传统村落的区域。这种分类标准可供参考。古村落类、城堡类、特殊类传统村落可以在研究北京传统村落时作为基本的类型参考。

（二）北京传统村落的保护重点

2017 年公布的《北京城市总体规划（2016 年—2035 年）》将传统村落列入第四章，强调“名镇名村和传统村落”“非物质文化遗产”的“保护传承与合理利用”。2018 年 3 月 9 日，北京市人民政府办公厅发布《北京市人民政府办公厅关于加强传统村落保护发展的指导意见》（京政办发〔2018〕7 号），着重从保护北京传统村落的具体可操作工作入手进行规范和布置。这是目前针对北京传统村落的较为细致具体的规范性文件。

1. 总体要求

（1）指导思想。全面深入学习贯彻党的十九大精神，以习近平新时代中

---

① 张大玉，甘振坤．北京地区传统村落风貌特征概述［J］．古建园林技术，2018（3）：82-89.

② 张杰，吴淞楠．中国传统村落形态的量化研究［J］．世界建筑，2010（1）：118-121.

③ 宋晓龙，吕海虹．北京编制第二批历史文化保护区保护蓝本：上［J］．北京规划建设，2004（4）：118-122.

国特色社会主义思想为指导，坚定不移贯彻新发展理念，牢牢把握首都城市战略定位，严格落实《北京城市总体规划（2016 年—2035 年）》，充分保护传统村落的完整性、真实性和延续性，进一步改善人居环境，深度挖掘和传承优秀传统文化，实现传统村落的可持续发展。

（2）基本原则。①保护优先，合理利用。深入开展传统村落资源调查，将更多具有保护价值的村落纳入保护范围，做到应保尽保。在做好保护的前提下，合理利用传统村落资源，培育发展特色产业。②规划先行，有序修复。立足传统村落长远发展，综合考虑现状、历史文化价值等因素，根据建筑特色、文化特色和生态资源禀赋，科学编制传统村落保护发展规划、保护修缮设计方案和实施方案，有序开展保护修缮工作。③政府主导，村民主体。充分发挥政府主导作用，将传统村落保护发展工作纳入各级政府经济社会发展规划；注重发挥村民主体作用，保障村民的知情权、参与权、决策权和监督权，调动村民参与保护发展的积极性、主动性和创造性。同时，积极鼓励和引导社会力量参与。

（3）主要目标。经过各方努力，使传统村落及其文化遗产得到有效保护，具备较好的生产生活条件、较为全面的防灾减灾设施、较为完善的保护管理机制，保持好传统风貌和地域文化特色，成为宜居、宜业、宜游的美丽乡村。

2. 重点任务

（1）完善传统村落名录。加快传统村落资源调查工作，摸清传统村落底数，“一村一档”组织编制传统村落档案，编纂传统村落志。建立完善传统村落名录，并及时向社会公布。统一设置传统村落保护标志，实行挂牌保护，加强动态管理。

（2）加强生态环境及山水格局保护。保护传统村落内自然植被、山体绿化、河流水系及河塘沟渠，维护好与传统村落相互依存的自然景观和环境，管控好传统村落周边视线通廊。依法严禁开山、采石、伐木、填湖等一切破坏山水格局的工程建设活动。

（3）加强传统建筑保护。全面调查传统村落内传统建筑分布情况，广泛收集建设年代、材料结构、建筑风格、使用功能、资料照片等基础资料。组织开展历史建筑认定和挂牌工作，制订历史建筑保护修缮计划。加强历史建筑保护技术研究，提炼历史建筑传统要素，推动建筑技术传承。加快传统村落内文物建筑修缮修复工作，2020 年底前，完成存在严重安全隐患的不可移动文物抢险修缮工作。

（4）加强历史环境要素保护。对传统村落内城墙、城（堡、寨）门、牌坊、古塔、园林、古桥、古井、古树、古道水渠（道）、排水沟及其附属物等重要历史环境要素进行认定，并实行挂牌保护。制订历史环境要素保护修缮计划，保护和利用好乡村历史文化文脉。保护修缮应采用传统技术、传统材料，并在专家指导下组织实施。

（5）加强传统村落规划和项目组织实施。各区要组织专业力量对传统村落进行实地踏勘，“一村一策”组织编制传统村落保护发展规划，并按程序报送审查批准，为实施各类保护项目提供依据。保护发展规划未经批准前，严禁撤并列入名录的传统村落。严禁各类不符合保护发展规划的建设行为，严禁以保护利用为由将村民全部迁出、实施房地产开发。选择条件成熟、群众意愿迫切的传统村落开展整村保护修缮试点，积极探索保护修缮的有效模式，并适时在全市推广。对拟实施整村保护修缮的传统村落，区政府要依据传统村落保护发展规划，组织编制设计方案和实施方案，经审查同意后组织实施。市相关部门要制定传统村落保护监督管理办法和保护修缮技术导则。

（6）提升基础设施和公共服务设施水平。依据传统村落保护发展规划、保护修缮设计方案和实施方案，在最大限度发挥传统村落内现有各类设施功能的前提下，统筹开展基础设施和公共服务设施建设，整村推进，分步实施，改善传统村落生产生活条件，提升防灾减灾能力。

（7）拓展发展空间和改善居住条件。①探索盘活传统村落宅基地使用权政策。②在保持传统风貌和建筑形式不变的前提下，依据传统村落保护修缮技术导则，推进房屋抗震节能改造。③对无法纳入整村保护修缮的传统村落中传统民居单体建筑进行修缮，并加强长效管护，保障群众生命财产安全。

（8）培育特色产业。深入挖掘传统村落资源禀赋优势，“一村一品”培育特色产业。编制传统村落旅游发展规划，完善旅游设施，提升服务水平，推出一批特色鲜明的旅游线路，促进旅游业态提档升级。积极发展特色农业、健康养老、文化创意、户外运动、民俗展示等产业，激发传统村落活力，促进农民增收。

（9）加强展示利用和弘扬传统文化。推动传统村落乡情村史陈列室和数字博物馆建设，使其成为展示本市优秀传统村落的平台。建立乡村文化专家队伍，系统整理民间文学、传统技艺、民俗等各类非物质文化资源，深入挖掘内涵，讲好村落故事，促进文化传承。

3. 保障措施

（1）加强组织领导。建立健全由市农委、市规划国土委、市文物局、市住房城乡建设委牵头，相关部门参加的市传统村落保护发展联席会议制度，统筹研究部署传统村落保护发展工作；联席会议办公室设在市农委。建立市级传统村落保护发展专家组，专家实行聘任制，聘任期为5年。

（2）狠抓责任落实。区政府作为传统村落保护发展工作的责任主体，负责传统村落保护项目的具体实施，要将其列入重要议事日程，制订年度保护修缮计划，细化工作任务，明确时限和要求，完善政策措施，加强督促检查，确保传统村落保护发展各项任务落实到位。

（3）加大资金投入。建立传统村落保护资金筹措机制，统筹农村环境整治资金、农村综合改革资金、文物及历史文化名城保护资金和美丽乡村建设、"煤改清洁能源"、农民住宅抗震节能改造等现有政策，支持传统村落保护发展。对列入整村保护修缮试点的传统村落，市财政按照院落房屋修缮最高审定金额的50%给予补助，市政府固定资产投资加大对基础设施和公共服务设施建设的支持力度。各区要安排一定规模资金，支持传统村落保护修缮。鼓励社会力量通过捐资捐赠、投资、入股、租赁等方式，参与传统村落保护发展。发挥村民主体作用，动员村民自筹部分资金，投入本村保护发展。市有关部门和区政府要制定资金管理使用办法，加强对财政资金使用的监督管理，提高使用效益。

（4）加强人员培训。加强对相关干部的专业培训，提高其对传统村落保护发展的认识，增强其做好传统村落保护发展的能力。加强对农民的培训，使其成为有文化、懂管理、会经营的新型职业农民、农业职业经理人。培养乡村传统建筑工匠，促进优秀传统建筑技艺传承与创新。

（5）做好宣传引导。通过电视、广播、网络等多种形式，大力宣传传统村落保护利用成效，充分展示传统村落和优秀传统文化魅力；加强政策解读和舆情监测，及时回应社会关切，营造全社会支持、参与传统村落保护发展的良好氛围。

（6）强化监督管理。严格按照传统村落保护发展规划实施各类建设项目。规划范围内的建设项目必须严格履行法定程序，及时公开项目信息。市相关部门和区政府要认真履行职责，加强监督指导。对保护不力导致传统村落的传统建筑、整体格局、历史风貌遭到破坏的，依纪依规追究相关人员责任；涉嫌职务犯罪的，移送监察机关依法处理。

（三）整体性保护北京传统村落进入地方性法规

2020 年 9 月，《北京历史文化名城保护条例》修订工作正式启动，北京市政府网站与北京市规划和自然资源委员会网站均公布了《北京历史文化名城保护条例》修订（征集意见稿），这是自 2005 年 3 月 25 日该条例施行以来的首次修订。

《北京历史文化名城保护条例》于 2005 年 3 月 25 日通过，2005 年 5 月 1 日起施行。该条例属法律体系中的地方性法规，对北京历史文化名城保护工作发挥着重要的指导作用。原条例第十条规定："北京历史文化名城的保护内容包括：旧城的整体保护、历史文化街区的保护、文物保护单位的保护、具有保护价值的建筑的保护。"

此次修订的历史性意义在于条例征集意见稿中提到"北京历史文化名城涵盖本市全部行政区域，主要包括老城和三山五园地区两大重点区域和大运河文化带、长城文化带、西山永定河文化带三条文化带等"。同时，确定了北京历史文化名城的保护对象包括世界遗产和文物，历史建筑和革命史迹，历史文化街区、特色地区和地下文物埋藏区，名镇、名村和传统村落，历史河湖水系和水文化遗产，山水格局和城址遗存，历史街巷和传统地名，风景名胜区、历史名园和古树名木，非物质文化遗产和法律、法规规定的其他保护对象。此次修订的《北京历史文化名城保护条例》，正式将"传统村落"列入历史文化名城保护体系，这是对《北京城市总体规划（2016 年—2035 年）》第四章第五十四条"加强名镇名村和传统村落文化遗产保护传承与合理利用"内容的立法回应，也是北京历史文化名城整体性保护的时代要求，对传统村落保护工作来说无疑是利好的法治保障。

对于传统村落而言，只有保护好自身的悠久文化历史底蕴，才能为农村产业发展奠定更好的基础。大多数乡村的第一产业为农业，随着城镇化的发展，乡村中的年轻人大多选择迁移到城镇工作、生活，农村土地被荒置的现象非常普遍。如何通过加强第二产业、第三产业的融合，使乡村更适合年轻人就近发展，使乡村空心化现象得以缓解，是个世纪性的挑战。传统村落的魅力来自村落世世代代流传下来的生活方式，以及沉淀下来的历史意蕴。近年来，随着工业化和城镇化进程的加快，自然毁损、人为拆建、村落的撤并及破坏性开发等导致了传统村落的大面积消失、破败毁损、空心化、商业化等现象，传统村落的历史、文化、艺术价值受到前所未有的冲击，乡村的发展也受到较大影响。

实施乡村振兴战略，是党的十九大作出的重大决策部署，是新时代做好“三农”工作的总抓手。农业、农村、农民问题是关系国计民生的根本性问题。没有农业、农村的现代化，就没有国家的现代化。在中国特色社会主义新时代，乡村是一个可以大有作为的广阔天地，将迎来难得的发展机遇。

《乡村振兴战略规划（2018—2022 年）》第九章“分类推进乡村发展”第三节“特色保护类村庄”中指出，“历史文化名村、传统村落、少数民族特色村寨、特色景观旅游名村等自然历史文化特色资源丰富的村庄，是彰显和传承中华优秀传统文化的重要载体。统筹保护、利用与发展的关系，努力保持村庄的完整性、真实性和延续性。切实保护村庄的传统选址、格局、风貌以及自然和田园景观等整体空间形态和环境，全面保护文物古迹、历史建筑、传统民居等传统建筑。尊重原住居民生活形态和传统习惯，加快改善村庄基础设施和公共环境，合理利用村庄特色资源，发展乡村旅游和特色产业，形成特色资源保护与村庄发展的良性互促机制。”第二十三章“弘扬中华优秀传统文化”第一节“保护利用乡村传统文化”指出，“实施农耕文化传承保护工程，深入挖掘农耕文化中蕴含的优秀思想观念、人文精神、道德规范，充分发挥其在凝聚人心、教化群众、淳化民风中的重要作用。划定乡村建设的历史文化保护线，保护好文物古迹、传统村落、民族村寨、传统建筑、农业遗迹、灌溉工程遗产。传承传统建筑文化，使历史记忆、地域特色、民族特点融入乡村建设与维护。支持农村地区优秀戏曲曲艺、少数民族文化、民间文化等传承发展。完善非物质文化遗产保护制度，实施非物质文化遗产传承发展工程。实施乡村经济社会变迁物证征藏工程，鼓励乡村史志修编。”

2014 年以来，国家文物局选取了 270 个全国重点文物保护单位和省级文物保护单位集中成片的中国传统村落，开展整体保护利用工作。2018 年评估结果显示，51 处传统村落文物保护项目完工率达 84%，有效确保了文物安全，并带动当地农民增收，一半受保护村落的收入高于所在县平均水平，70% 村落的旅游收入实现近 40% 的增长。

2021 年 1 月 5 日，北京市政府召开常务会议，传达学习中央农村工作会议精神，研究制定《北京市关于建立健全城乡融合发展体制机制和政策体系的若干措施》。该文件指出，要深入实施乡村振兴战略，加快推进首都农业农村现代化。要牢牢守住耕地红线和粮食安全底线，严格落实“米袋子”“菜篮子”责任制。要着力推动城乡融合发展，强化以工补农、以城带乡，推动形成工农互促、城乡互补、协调发展、共同繁荣的新型工农城乡关系。要着力推动农业农村与科技和服务业融合发展，加强农业基础设施改造提升，发挥首都科技优势，促进农业高质高效，提高都市型现代农业发展水平；发挥文旅服务业带动作用，统筹抓好精品民宿建设，因地制宜加强人员培训，提高服务品质。健全政策体系，完善工作机制，推动农村集体经济发展壮大，促进农民增收，生活富裕富足。聚焦重点地区和薄弱环节，加快补齐基础设施和公共服务短板，促进乡村宜居宜业。

从全国来看，北京传统村落的数量并不是很多，入选中国传统村落的共计 22 个。自 2018 年公布北京市传统村落名单以来，北京也在积极推进通过大力发展乡村旅游、民宿产业带动农村经济的快速发展。此项事业的推进首先要保证乡村景观及乡村景观遗产的完整性、可观赏性和可转换经济效益性。整体性保护北京传统村落乡村景观更具有重要的时代意义。北京作为全国的政治中心、文化中心，在文化事业的发展上具有得天独厚的优势，应吸收优秀的传统村落保护经验，努力做好乡村景观保护工作，切实推动乡村振兴战略的具体落实。

（四）依法护村为发展乡村景观遗产旅游事业提供保障

依法治国是我国当前的基本国策之一，在文化发展事业上，法治也是必不可少的重要保障。目前，我国法律体系中还没有明确的针对传统村落及其景观保护的规定，这就更需要国家加强这方面的立法。在考虑立法成本暂时不能进入切实的立法环节的情况下，各地纷纷加强地方传统村落法规政策体系的建设。北京传统村落应在乡村振兴的利好形势下，大力发展乡村旅游事业，保护好村落整体风貌、整体景观遗产，加大政府扶持力度，适时出台传统村落地方性法规及政策，这是保护传统村落乡村景观必不可少的制胜法宝。

2019 年 6 月 13 日，文化和旅游部办公厅、国家发展改革委办公厅发布《关于开展全国乡村旅游重点村名录建设工作的通知》，提出乡村旅游重点村应符合以下标准：①文化和旅游资源富集，观赏游憩价值较高，乡村旅游开发主题定位明确。②自然生态和传统文化保护较好，对自然生态、田园风光、传统村落、历史文化、民族文化等资源的保护较好。③乡村民宿发展较好，能够依托当地自然和文化资源禀赋发展特色乡村民宿，民宿产品能在特色餐饮、文化体验、休闲娱乐等方面满足游客需要。④旅游产品体系成熟、质量较高。已开发乡村民宿、观光度假、农事体验、乡土美食或文创产品等具有独特风格的成熟旅游产品。能够结合本地文化和旅游资源条件，创造性地开发旅游产品。⑤基础设施和公共服务较完善。可进入性好，交通设施完善，有信息咨询、智慧旅游、游客游憩、便民服务等游客服务设施，村内公共厕所布局合理，标识醒目美观，乡村社会文明程度较高。⑥就业致富带动效益明显，能较好吸纳本地村民就业，旅游收入利益联结机制科学。通知中明确，县（市、区、旗、农场）人民政府作为申报单位，组织填写申报表，市级文化和旅游部门会同同级发展改革部门向省级部门提出申请。推荐名单应适度向“三区三州”等深度贫困地区倾斜。省级部门择优确定推荐名单，以适当方式进行公示后上报文化和旅游部、国家发展改革委。

文化和旅游部会同国家发展改革委根据各省推荐情况，采取召开专家评审会评价论证等形式，确定进入全国乡村旅游重点村名录的名单。列入名录的全国乡村旅游重点村，由文化和旅游部、国家发展改革委联合发文确认，优先享受国家有关支持政策。文化和旅游部将依托旅游规划建设单位、创意设计机构等各方资源，在旅游规划、创意下乡等方面对全国乡村旅游重点村和精品项目予以支持。鼓励各地利用各类资金渠道对全国乡村旅游重点村进行支持。

2020 年 7 月 29 日，由北京市文化和旅游局、门头沟区人民政府共同主办的“2020 北京精品民宿发展论坛暨门头沟小院推介活动”成功举办。会上发布了《“门头沟小院+”田园综合体实施方案》《“门头沟小院”精品民宿扶持办法》等最新政策，启动了“门头沟小院”品牌系列推广活动。门头沟区将以“六四一”发展模式为基础，以“门头沟小院”精品民宿建设为载体，用 3 年到 5 年时间，在全区 138 个美丽乡村中打造一批独具特色的“门头沟小院+”田园综合体。

近年来，越来越多的游客走进门头沟，也让更多创业者看到了商机。不少走出大山的孩子又回到了家乡，通过经营管理民宿找到了实现梦想的舞台。依托传统村落风貌，将屋内打造为中西结合风格，既有高端酒店的品质，又有中国传统字画、摆件搭配，展现了北方农村文旅业从农家乐集群到高端民宿的转变，走出了一条保持传统风貌、留住乡愁的绿色道路，让更多城里人到这里享受田园时光。

当下发展乡村旅游事业、大力推广民宿产业已成为国家推进农业现代化、振兴乡村不可或缺的手段，但单纯依靠政府自上而下的行动推进远远不够。

如何将客观有效的经验推而广之，避免资源、人力的浪费，需要从制度及规则上进行更好的探索，力争从众多较为成功的实例中提取可行的法治经验并予以确立，成为乡村振兴事业有力的助推器。在文化事业的发展中，法治依然不能缺席，依法护村、依法发展新时代文化旅游事业是实现乡村振兴战略的重要保障。

第二节　北京传统村落乡村景观遗产

一、乡村景观

“乡村景观”是一个外来概念，是《保护世界文化和自然遗产公约》（以下简称《世界遗产公约》）中文化遗产类别中“文化景观”的子类别。

文化景观是1992年《世界遗产公约》中提出的新的文化遗产形式，主要指人类活动中因文化的参与而形成的新的遗产形式。1995年，文化景观进入我国遗产保护研究领域。“文化景观”一词最早出现于1992年版《世界遗产公约操作指南》，在2013年被定义为“代表自然与人联合作品的文化遗产”，主要分为以下三类：①人类主动设计和创造的景观（园林、花园等）；②有机演变的景观（可为遗址或仍持续演变）；③关联性文化景观。2016年7月15日，在土耳其伊斯坦布尔举行的联合国教科文组织世界遗产委员会第40届会议上，中国世界文化遗产申报项目“左江花山岩画文化景观”以符合世界遗产第ⅲ、第ⅵ标准，顺利列入《世界遗产名录》。在此之前，我国已有庐山、五台山、杭州西湖景区、红河哈尼梯田入选世界文化景观遗产。云南普洱市景迈山传统村落①以其“景迈古茶园”著称，景迈山古茶林文化景观的申遗工作长期以来一直稳步推进。

2020年9月10日，在《普洱日报》发表的《国家文物局和教育部中国联合国教科文组织全国委员会秘书处调研组赴普洱调研普洱景迈山古茶林文化景观申遗工作》一文中，普洱市市长刘勇明确提到，普洱市将按照2021年2月1日前正式递交申报文本、2021年6月至9月接受国际古迹遗址理事会

① 云南景迈山传统村落保护工作可参阅：崔芳芳，等．云南景迈山传统村落的保护与修缮［J］．林业调查规划，2017（5）：115-164。

(ICOMOS）现场考察评估的时间节点，全力以赴做好迎检准备。这对传统村落整体性景观保护来说是一个里程碑式的开端。整体性保护传统村落是当下中国文化遗产保护工作面临的新挑战。

2011 年，国际古迹遗址理事会文化景观委员会（ISCCL）发起了“全球乡村景观倡议”，其目的是为乡村景观遗产建立全面而系统的保护准则。经过长时间的努力和发展，国际风景园林师联合会（IFLA）于 2017 年 12 月通过了《关于乡村景观遗产的准则》（以下简称《准则》），并且在同月举行的 ICOMOS 大会上通过并采纳。《准则》是在《威尼斯宪章》《奈良真实性文件》《巴拉宪章》等国际文献的基础上产生的，也是这一系列国际文件的延伸和发展。《准则》的产生代表了国际遗产保护方向的变化，不仅能够整合乡村景观遗产的内容，更能扩展与之相关的研究方向。更进一步说，它与历史进程中的其他保护文件一起构成了关于乡村景观遗产的评判准则和行动标准。

2017 年，ICOMOS-IFLA《关于乡村景观遗产的准则》中提到，“乡村景观是人类遗产的重要组成部分，也是延续性文化景观中最常见的类型之一。全世界的乡村景观丰富多样，它们也代表了多样的文化和文化传统。乡村景观为人类社会提供多种经济和社会效益、多样化的功能、文化支持和生态系统服务。本文件旨在从国际到地方管理各级和涉及的各个层面，就乡村景观系统的伦理、文化、环境和可持续转化，鼓励深入思考并提供指导”。该文件正式提出了乡村景观的概念：乡村景观指在人与自然的相互作用下形成的陆地及水生区域，通过农业、畜牧业、游牧业、渔业、水产业、林业、野生食物采集、狩猎和其他资源开采（如盐），生产食物和其他可再生自然资源。乡村景观是多功能资源。同时，生活在这些乡村地区的人和社区还赋予其文化意义：一切乡村地区皆是景观。乡村景观是变化着的活态体系，包括使用传统方法、技术、累积的知识、文化习俗等生产并管理的地区，以及那些传统生产方式业已改变的地区。乡村景观系统包括乡村元素、其内部及与更广泛背景的功能、生产、空间、视觉、象征和环境的关系。乡村景观包括管理良好的、已退化或废弃但仍可再利用或开垦还原的区域，如广阔的乡村空间、城市边缘以及建成区域内的小型空间等。乡村景观涵盖地面、亚表土及资源、土地上空以及水域。

“乡村景观是构成乡村地域综合体的最基本的单元，是指在乡村具有一致的自然地形基础，人类利用程度和发展过程相似，形态结构及功能相似或共轭，各构成质料相互联系、相互制约的协调统一的综合体。由于乡村是以从事农业生产为主的人们聚居地，而农业生产又以经济再生产和自然再生产过程相互交错为主要特征，故乡村景观预示着自然景观向人文景观过渡的不断变化的趋势，据此可以认为乡村景观是属于不同程度上带有自然景观特色的人文景观（或文化景观）。”①

乡村景观被看作文化景观中有机演变的景观中的持续演变类型（有机演进 b 类），强调了乡村景观在发展的过程中自身有机更新的特征，以及与周边环境不断适应所产生的特有文化遗产类别。

《中华人民共和国文物保护法》（简称《文物保护法》）于 1982 年 11 月 19 日第五届全国人大常委会第二十五次会议通过，1991 年 6 月 29 日第一次修正，2002 年 10 月 28 日第二次修订，2007 年 12 月 29 日第三次修正，2013 年 6 月 29 日第四次修正，2017 年 11 月 4 日第五次修正。2019 年 8 月，国家文物局下发了《文物保护法》修订征求意见的文件。经济社会的发展对文化事业提出了更高的要求，文化自信必然要建立在充实的文物保护制度基础上。2020 年 11 月，国家文物局公布《文物保护法》修订意见稿，此次修订力度大、范围广，条文从 80 条增加到 107 条，首次对文物的概念进行了明确的定义，并在第二条以列举的方式对文物的种类进行了明确的罗列，使文物概念的内涵和外延均有了更充分的界定。其中，“（四）代表性文化景观”是此次征求意见稿新列入的文物类别（新增内容见表 1-6）。

这是我国第一次从法律层面提出“文化景观”这一概念，文化景观也会因《文物保护法》的修订而正式进入我国文物保护法律体系，成为一项新的保护对象。但是，从立法技术上来说，全文除第二条中出现“文化景观”概念之外，其他条文均未见对“文化景观”事项做进一步界定与明确，对“文化景观”概念的理解还要回溯到《世界遗产公约》。尽管如此，可以肯定的是，在我国的文物保护法律体系中，“文化景观”这类特殊的文化遗产类别具有了法律地位，作为“文化景观”子类别的“乡村景观”也可以理解为进入了法律保护的范围。

① 董新．乡村景观类型划分的意义、原则及指标体系［J］．人文地理，1990（2）：49-52.

表 1-6　2020 年修订意见稿与 2017 年《文物保护法》第二条内容对比

2020 年修订意见稿	2017 年《文物保护法》正文	新增内容
第二条　本法所称文物，是指人类创造的或者与人类活动有关的，具有历史、艺术、科学价值的物质文化遗产。 在中华人民共和国境内，下列文物受国家保护： （一）古文化遗址、古墓葬、古建筑和古代的石窟寺、石刻、壁画； （二）与重大历史事件、革命运动或者著名人物有关的，或者具有重要纪念意义、教育意义或者史料价值的近代现代重要史迹、实物、代表性建筑； （三）与中国共产党史、中华人民共和国史、改革开放史、社会主义发展史有关的重要史迹、实物、代表性建筑； （四）代表性文化景观； （五）历史上各时代珍贵的艺术品、工艺美术品； （六）历史上各时代重要的文献资料、手稿、图书资料、视听资料等； （七）反映历史上各时代、各民族社会制度、社会生产、社会生活以及反映历史上中外交流的代表性实物； （八）其他一百年以上的实物。 文物认定办法由国务院文物主管部门制定，并报国务院批准。 具有科学价值的古脊椎动物化石和古人类化石同文物一样受国家保护	第二条　在中华人民共和国境内，下列文物受国家保护： （一）具有历史、艺术、科学价值的古文化遗址、古墓葬、古建筑、石窟寺和石刻、壁画； （二）与重大历史事件、革命运动或者著名人物有关的以及具有重要纪念意义、教育意义或者史料价值的近代现代重要史迹、实物、代表性建筑； （三）历史上各时代珍贵的艺术品、工艺美术品； （四）历史上各时代重要的文献资料以及具有历史、艺术、科学价值的手稿和图书资料等； （五）反映历史上各时代、各民族社会制度、社会生产、社会生活的代表性实物。 文物认定的标准和办法由国务院文物行政部门制定，并报国务院批准。 具有科学价值的古脊椎动物化石和古人类化石同文物一样受国家保护	一、文物的概念 本法所称文物，是指人类创造的或者与人类活动有关的，具有历史、艺术、科学价值的物质文化遗产。 二、新增文物类别 （三）与中国共产党史、中华人民共和国史、改革开放史、社会主义发展史有关的重要史迹、实物、代表性建筑； （四）代表性文化景观； （五）历史上各时代重要的文献资料、手稿、图书资料、视听资料等； （七）反映历史上各时代、各民族社会制度、社会生产、社会生活以及反映历史上中外交流的代表性实物； （八）其他一百年以上的实物

资料来源：国家文物局官网，表格为自制。

二、乡村景观遗产

2017 年，《关于乡村景观遗产的准则》正式提出“乡村景观遗产”的概念，乡村景观遗产指的是乡村地区的物质及非物质遗产。乡村景观遗产的物理特征包括生产性土地本身、结构形态、水、基础设施、植被、聚落、乡村建筑和中心区、本土建筑、交通和贸易网络等，以及更广阔的物理、文化与环境关系及背景。乡村景观遗产还包括相关的文化知识、传统、习俗、当地社区身份与归属感的表达、过去和现代族群及社区赋予景观的文化价值和含义。乡村景观遗产包含涉及人与自然关系的技术、科学及实践知识。乡村景观遗产反映了社会结构及功能组织，及其在过去和现在的形成、使用和变革。乡村景观遗产包括文化、精神和自然属性，这些都对生物文化多样性的延续意义重大。乡村景观历经数千年得以形成，是地球上人类和环境发展史、生活方式及遗产的重要组成部分。世界许多地区对当地社区、原住民和参观者都是重要的食物、可再生自然资源、相应的世界观与福祉的源泉。用于生产和/或收获包括可食用资源的动植物资源的乡村景观，反映出广阔区域内人类与其他物种间的复杂关系。农业、林业、畜牧业、渔业和水产业、野生动植物资源以及其他资源活动的多样性对人类未来的适应力和复原力至关重要。

此前，1999 年 10 月，ICOMOS 第十二届全体大会在墨西哥召开，通过了《关于乡土建筑遗产的宪章》。这部宪章是对《威尼斯宪章》的补充，被称作《墨西哥宪章》。这是国际上第一次专门召开关于乡土建筑遗产保护的会议，发表的第一份关于乡土建筑遗产保护的宪章。这部宪章第一次正式认可了农村环境中普通老百姓的建筑的价值——乡土建筑的价值；首次引入“乡土建筑遗产”的概念，并建立了相应的管理与保护原则。这部宪章中提到，“乡土建筑遗产在人类的情感和自豪中占有重要的地位。它已经被公认为有特征和有魅力的社会产物；它看起来是不拘于形式的，但却是有秩序的；它是功利的，同时又是美丽和有趣味的；它是那个时代生活的聚焦点，同时又是对社会史的记录。它是人类的作品，也是时代的创造物。如果不重视保存这些组成人类自身生活核心的传统和谐，将无法体现人类遗产的价值”，同时指出，“乡土建筑遗产是重要的，它是一个社会的文化的基本表现，是社会与它所处地区的基本表现，同时也是世界文化多样性的表现”。但是，2017 年的《关于乡村景观遗产的准则》并未将 1999 年的《关于乡土建筑遗产的宪章》作为其产生的基础重新提及，这让人略感遗憾。

国家文物局在 2007 年 4 月 13 日发布了《国家文物局关于加强乡土建筑保护的通知》（文物保发〔2007〕19 号），开篇明确提到，“乡土建筑作为我国文化遗产的重要组成部分，不仅是传统杰出建筑工艺的结晶，也是探寻中华文明发展历程不可或缺的宝贵实物资料，蕴藏着极其丰富的历史信息和文化内涵。乡土建筑以其鲜明的地域性、民族性和丰富多彩的形制风格，成为反映和构成文化多样性的重要元素”。

2014年4月25日发布的《住房城乡建设部 文化部 国家文物局 财政部关于切实加强中国传统村落保护的指导意见》（建村〔2014〕61号）（简称“2014年《指导意见》”）与2014年9月5日发布的《住房城乡建设部 文化部 国家文物局关于做好中国传统村落保护项目实施工作的意见》（建村〔2014〕135号），在传统村落保护过程中被看作最具有实际操作意义的行政规范性文件。2014年《指导意见》中明确提到，要“保持传统村落的完整性、真实性、延续性”，要求注重村落空间的完整性，保持建筑、村落以及周边环境的整体空间形态和内在关系，避免“插花”混建和新旧村不协调。注重村落历史的完整性，保护各个时期的历史记忆，防止盲目塑造特定时期的风貌。注重村落价值的完整性，挖掘和保护传统村落的历史、文化、艺术、科学、经济、社会等价值，防止片面追求经济价值。注重文化遗产存在的真实性，杜绝无中生有、照搬抄袭。注重文化遗产形态的真实性，避免填塘、拉直道路等改变历史格局和风貌的行为，禁止没有依据的重建和仿制。注重文化遗产内涵的真实性，防止一味娱乐化等现象。注重村民生产生活的真实性，合理控制商业开发面积比例，严禁以保护利用为由将村民全部迁出。注重经济发展的延续性，提高村民收入，让村民享受现代文明成果，实现安居乐业。注重传统文化的延续性，传承优秀的传统价值观、传统习俗和传统技艺。注重生态环境的延续性，尊重人与自然和谐相处的生产生活方式，严禁以牺牲生态环境为代价过度开发。

这两项关于传统村落的规范性文件均指出，在保护传统村落过程中，不仅要保护村落已有的文物保护单位，更要保护村落赖以存在的周边环境，这是“整体性保护传统村落”基本要求的具体表现。

第五批传统村落调查对传统村落与周边环境的整体性要求有所提高，推荐表格中增加了“周围环境”和“选址格局”，同时对“历史环境要素”进行了详尽的登记，对非物质文化遗产要素中的“民俗文化”“村志族谱”的内容予以细化，且列有“生产生活表”，对特色物产、商业集市、服装服饰、美味美食等都要进行详细的评估，见表1-7。

表 1-7　第五批传统村落调查推荐表（2017 年版）

编号：××××××（县级行政区域代码）-×××号

第五批传统村落调查推荐表

村落名称：
所属镇（乡）：
所属县（区、市、旗）：
所属市（地区、州、盟）：
所属省（自治区、直辖市）：

制作单位（盖章）：

制作负责人签字：

填表日期：　　　年　　月　　日

一、村落概况

村落概况表

<table>
<tr><td>村落名称</td><td colspan="3">省　　　市　　　县（市）　　　镇（乡）　　　村</td></tr>
<tr><td>村落属性</td><td>□行政村　□自然村</td><td>村落形成年代</td><td>□元代以前　□明代
□清代　□民国时期
□新中国成立以后</td></tr>
<tr><td rowspan="3">地理信息</td><td>经度：</td><td rowspan="3">地形地貌特征</td><td rowspan="3">□高原　□山地　□平原
□丘陵　□河网地区</td></tr>
<tr><td>纬度：</td></tr>
<tr><td>海拔：</td></tr>
<tr><td>村域面积</td><td>平方公里</td><td>村庄占地面积</td><td>亩</td></tr>
<tr><td>户籍人口</td><td>人</td><td>常住人口</td><td>人</td></tr>
<tr><td>村集体年收入</td><td>万元</td><td>村民人均年收入</td><td>元</td></tr>
<tr><td>主要民族</td><td>族</td><td>主要产业</td><td></td></tr>
<tr><td>村民对传统村落是否了解</td><td colspan="3">□不了解　□了解
村民了解方式：□村民大会　□张贴通知　□其他方式：________</td></tr>
<tr><td>本行政村是否已有中国传统村落</td><td colspan="3">□无　　□有：　村名：________</td></tr>
<tr><td>村落是否列入各级保护或示范名录</td><td colspan="3">传统村落保护名录：　□省级　□市级　□县级
列入历史文化名村：　□国家级　□省级
列入特色景观旅游名村：　□国家级　□省级
列入少数民族特色村寨试点示范：□是　□否
其他，请注明名称及由哪一级认定公布：____________</td></tr>
</table>

续表

村落简介	一句话（10个字以内）概括村落特点：
	描述村落地理环境：地理位置、行政管属、自然条件（气候、地貌、地质、水文、土壤、植被、动物、主要灾害等）、村落面积、布局等。
	描述村落宗族、分布、人口、户数等。
	描述村落产业、村民收入、经济状况。
村落历史	描述村落迁徙历史。
	描述村落建村历史过程。
	描述村落建制变迁史。
重要历史人物	描述主要历史人物的生卒年、重要事迹、依据等。
重要历史事件	描述主要历史事件的发生时间、经过、出处等。
掌故逸事	简要讲述村庄历史上发生的趣事逸闻等。

二、周围环境

周围环境表

项目	内容
自然环境	描述村域范围内的山川水系、地质地貌、植被动物等自然环境要素。
风景名胜	描述村落周边的风景名胜的位置、级别、类别、环境和主要内容介绍。
文物古迹	描述村落内现存的文物古迹的建造年代、发生的故事、保存状况。

续表

三、选址格局

选址格局表

项目	内容
村落选址	描述村落选址特点、形成背景等。
村落格局	描述聚落形态、格局、分布、主要街巷，描述民居、祠堂、庙宇、书院、鼓楼、花桥等分布情况。
村落风貌	描述村庄风貌特征，包括村落自然风貌、环境风貌、建筑风貌、重要节点特征等。
建村智慧	描述最早先人落户于此，至今建村过程中的精彩智慧。

四、传统建筑

1. 传统建筑总表

<table>
<tr><td rowspan="6">基本信息</td><td>编号</td><td>建筑名称</td><td>保护级别</td></tr>
<tr><td>JZ-001</td><td></td><td></td></tr>
<tr><td>JZ-002</td><td></td><td></td></tr>
<tr><td>JZ-003</td><td></td><td></td></tr>
<tr><td>……</td><td></td><td></td></tr>
<tr><td colspan="3">注：JZ-001 为分布图编号，各栋建筑编号从 JZ-002 开始。建筑名称与后续建筑表一致。以院落的形式存在的，可以院落为单位编号、填表、提交资料</td></tr>
<tr><td>传统建筑分布情况简介</td><td colspan="3">图示传统建筑分布情况，简介传统建筑整体上的主要特点和文化内涵等。</td></tr>
</table>

2. 重要传统建筑及图照表（每栋建筑一个表）

<table>
<tr><td rowspan="11">权属信息</td><td>编号</td><td colspan="5">JZ-＊＊＊</td></tr>
<tr><td>产权归属</td><td colspan="5">□个人　□集体　□政府
（如归个人，需填写以下其他家庭信息）</td></tr>
<tr><td>户主姓名</td><td></td><td>户籍人口</td><td></td><td>常住人口</td><td></td></tr>
<tr><td>始建时间</td><td colspan="5">□元代以前　□明代　□清代　□民国时期
□建国以后</td></tr>
<tr><td>建筑是否列入各级保护名录</td><td colspan="5">如是，请注明：</td></tr>
<tr><td>保护状况</td><td colspan="5">□保护状况良好　□保护状况一般　□保护状况差、损毁严重</td></tr>
<tr><td>是否列入农村危房改造范围</td><td colspan="5">□是　□否</td></tr>
<tr><td>利用状况</td><td colspan="5">□闲置　□居住　□利用，用途：________</td></tr>
<tr><td>总占地面积</td><td>平方米</td><td colspan="2">建筑面积</td><td colspan="2">平方米</td></tr>
<tr><td>建筑层数</td><td>层</td><td colspan="2">房屋间数</td><td colspan="2">间</td></tr>
</table>

续表

建筑概述	总体描述建筑概况，包括：建筑外观、朝向、色彩、层数、屋顶形式等建筑特征，建筑材料、门窗、装饰、功能空间设置以及精神信仰空间等。
建筑图照	提交建筑的鸟瞰、正面、侧面、背面、室内、重要装饰等照片。
重要的改建历史	请将有记录的重大改建和重修时间，改建、重建原因等信息按时间顺序排列。
建筑中的故事	描述建筑中发生的各种有意义、有趣的故事。

五、历史环境要素

1. 历史环境要素总表

<table>
<tr><td rowspan="7">基本信息</td><td>编号</td><td>历史环境要素名称</td><td>保护级别</td></tr>
<tr><td>HJ-002</td><td></td><td></td></tr>
<tr><td>HJ-003</td><td></td><td></td></tr>
<tr><td>HJ-004</td><td></td><td></td></tr>
<tr><td>HJ-005</td><td></td><td></td></tr>
<tr><td>……</td><td></td><td></td></tr>
<tr><td colspan="3">注：历史环境要素名称与各分表中需一致。</td></tr>
<tr><td>历史环境要素分布情况及简介</td><td colspan="3">图示历史环境要素的分布情况，简要介绍历史环境要素种类、分布、数量、年代、功能、特点和文化内涵等。</td></tr>
</table>

2. 历史环境要素及图照表（每项一个表）

<table>
<tr><td>名称</td><td colspan="3"></td><td>编号</td><td></td></tr>
<tr><td>类型</td><td></td><td>规模</td><td></td><td>年代</td><td></td></tr>
<tr><td>功能用途</td><td colspan="3"></td><td>保存状况</td><td></td></tr>
<tr><td>简介</td><td colspan="5">简要介绍历史环境要素的形成年代、功能、特点和文化内涵等。</td></tr>
<tr><td>历史环境要素图照</td><td colspan="5">提供三张照片：与周围环境的关系、全貌、细节。</td></tr>
</table>

续表

六、民俗文化

1. 民俗文化总表

基本信息	序号	非物质文化遗产、 特色民俗项目名称	保护级别
	MS-001		
	MS-002		
	MS-003		
	MS-004		
	……		

2. 非遗项目表（每个项目一个表，可复制）

编号	
名称	
非遗级别	□国家级　□省级　□市级　□县级（如果是非遗，请填选这项）
类型	□民间文学　□传统音乐　□传统舞蹈　□传统戏剧　□曲艺 □民俗　□传统体育　□游艺与杂技　□传统美术　□传统技艺 □传统医药
是否确定传承人	□是　□否
项目存续情况	□传承良好　□传承一般，无专门管理　□濒危状态
与村落依存程度	□必须依托村落存在　□不需依托村落存在
活动规模	□10 人以下　□10 至 30 人　□30 人以上　□全村参与
传承时间	□连续 100 年以上　□连续 50 年以上
非遗项目简介	要求：概述民俗文化产生和发展，至今是否仍以活态方式传承，与村落的密切关系，传承活动内容与形式。 附照片：

3. 其他民俗文化项目

节庆活动	给出节庆项目名称，描述活动内容、时间、规模、参加人数等。 附照片：

续表

祭祀崇礼	给出祭祀活动名称，描述祭祀对象、祭品种类、祭祀场所、祭祀活动内容等。 附照片：
婚丧嫁娶	描述村落婚丧嫁娶习俗，包括习俗过程、内容、主要参加人等。 附照片：
其他项目	主要描述村内除非遗以外的特色民俗项目，如音乐、舞蹈、诗歌、书画、剪纸、杂技、体育等。 附照片：

七、生产生活

生产生活表

项目	内容描述（并附照片）
特色物产	描述本村农作物的种植、生长、收获、产量、价值等，描述有特点的农副产品、手工艺品以及各种村落生产的特色产品。 附照片：
商业集市	描述商业或集市的分布、形态、规模、辐射范围、主要交易商品内容、参与人群等情况，以及集市的举办周期等。 附照片：
服装服饰	描述村落服饰样式、不同性别年龄人群穿着的款式、配饰、制作方式等。 附照片：

续表

美味美食	制成品的制作过程、式样、分哪些具体品种、有无特定食用时间、保存方式等信息。 附照片：

八、村志族谱

1. 村志族谱总表

基本信息	序号	资料类型	资料名称
	CZ-001		
	CZ-002		
	……		

2. 村志族谱表

项目	描述内容
村志	描述村志的版本信息、编撰过程、主要内容等。 附照片：
族谱	描述族谱的编撰历史、版本信息、主要内容等。 附照片：
村规民约	将村内历史上比较重要的村规民约内容全文录入此栏。 附照片：

续表

九、推荐意见表

推荐意见表

单位	意见（盖章）		
县级人民政府	推荐意见： （盖章） 日期：		
县级联系人		电话（手机）	
省级住房城乡建设部门	初审意见： （盖章） 日期：		
省级住房城乡建设部门负责人		电话（手机）	
文件制作单位		单位地址	
邮编		E-mail	
负责人		电话（手机）	
联系人		电话（手机）	

资料来源：住建部官网。

从表1-7中可以看出，在确定传统村落备选对象的过程中，更加注重村落与周边环境、村落自身持续性发展变化所积淀的文化发展的痕迹，这表明我国已有的传统村落整体性保护政策与世界遗产公约体系中的乡村景观和乡村景观遗产概念体系的内涵是一致的，均强调不仅要保护乡村中的物质文化遗产，更要保护与乡村发展有关的一切环境和非物质文化遗产。尽管有学者提出，中国在“文化景观遗产”领域需要更贴近《世界遗产公约》的标准来推进工作，但从我国现有的传统村落的概念界定来看，它与“乡村景观”和“乡村景观遗产”有异曲同工之处，目标均指向“乡村”发展中物质与非物质文化遗产及其赖以生存环境的保护。

乡村景观遗产的存在会促生甚至激励乡村景观遗产旅游事业的发展，这项事业在中国刚刚起步。在这类新型消费性服务业中，“美”“独特”“乡土”

等特征都会表现为一种“升级消费”的具体目标，“乡土旅游模式”日渐受到青睐。在乡村旅游初级阶段，“农家乐”占据了大量市场，短平快的急功近利忽视了对文化遗产的保护，更多追求经济利益。随着人们审美水平、生活水平的提高，对乡村景观遗产旅游目的地也会有越来越高的文化意义的考量和评价，对政府及遗产管理者而言，加强对乡村景观遗产的保护和活化利用管理，才是可持续发展之道。乡村景观遗产旅游也面临着急迫的转型需求。

三、北京乡村景观遗产的价值

北京自西周开始留下历史的“痕迹”。北京在金朝正式建都，称为中都，元朝定为元大都，明清均为都城，所辖州县也处于不断变化中。北京位于华北平原西北，偏居中国北方，远离中国地理中心，自古以来就是中原汉族和少数民族的杂居地带，主要通过太行山、燕山阻断北部和西部的威胁，同时沿着这些山脉，修筑用于防御的长城和关城①。北京的传统村落大抵依这样的地理背景“生发”，或是以防御功能的城堡围建而成的聚落，或是地域迁徙交易买卖发展而形成的居民聚落，或是建立关隘所设置的特殊类型的聚落。这些聚落就是今日的“乡村”，具有独特的历史、艺术、文化、科学和社会价值。

中国的传统村落是中华民族优秀传统文化的根基和源头。大多数传统村落依自然山水选址布局，追求“天人合一”的景观理念，呈现长幼有序的村落家族文化意境。中国古代聚族而居的村落大都有着系统的规划思想②。古代村落的规划思想主要包括：强调“天人合一”的整体观念；宗族的礼制观念影响突出；风水模式贯穿始终；防御意识非常强烈。古代村落在整体空间布局上强调自然主义，讲究因地制宜，追求内容而非形式上的整体感，即与自然环境的和谐统一。在人居环境景观的体系建构上，古代村落更多是从生态观出发，直接把田园山水“裁剪”到村落景观空间，形成了传统村落的整体生态景观。

传统村落整体景观的文化基础就是以“宗族礼制”为依托的村落家族文化。村落家族文化是指农村以家族关系为基础构成的村落共同体的体制与文

① 北京市农业农村局．北京传统村落：第一批［M］．北京：中国建筑工业出版社，2019：1-2.
② 孙明泉．江南古村落的景观价值及其可持续利用［J］．徽学，2000（00）：269-280.

化的总和。[①] 村落家族文化是鼎新与绵延的复合。[②] 刘沛林在其《古村落：和谐的人聚空间》中第一次明确提到了“传统村落整体景观”的重要性，强调保护传统村落的整体景观要从文化上延续村落家族文化中的优秀精华部分，为今所用。[③] 这是第一本研究传统村落的专著。现代以来，村落家族文化进入总的消解进程，改革开放促进了村落家族文化的转变。在今后相当长的一段时间，村落家族文化对中国社会的发展具有重要意义，它的趋向在很大程度上决定着现代化的进程和发展，必须加以注意。

近年来，北京门头沟区斋堂镇的爨底下村依托传统村落景观的完整性大力发展旅游民宿业，充分展现了传统村落乡村景观遗产价值转换的重要意义。如果传统村落失去了其赖以存在的历史环境，那么就失去了整体的历史特点。山西的乔家大院近年来遭受的“孤立发展模式”充分说明了保护传统村落乡土景观完整性的重要意义。传统村落就是因其整体性的乡村景观遗产所承载的历史、文化、艺术、科技价值，才为旅游者、消费者所接受、所赏析，才会转化为“休闲消费”“文化消费”的新载体，实现经济价值。毋庸置疑，整体保护北京传统村落乡村景观遗产具有重要的时代意义。

① 陈兴贵，王美．反思与展望：中国传统村落保护利用研究 30 年［J］．湖北民族大学学报，2020（2）：114-125.

② 于晓琪．古村落保护的立法借鉴与紧迫性分析［J］．中国文物科学研究，2006（4）：35-39.

③ 刘沛林．古村落：和谐的人聚空间［M］．上海：上海三联书店，1997：18-20.

第二章 北京传统村落乡村景观遗产现状

《北京城市总体规划（2016 年—2035 年）》中明确提出了北京历史文化名城三条文化带的概念，确立了加强三条文化带整体保护利用的基本原则，并通过 2021 年修订版《北京历史文化名城保护条例》的方式对三条文化带予以法定化。2018 年，第一批入选的 44 个北京传统村落（见表 1-6）均落在这三条文化带①上，这些村落大致可分为古村落型、城堡型、特殊型三大类。北京的传统村落秉承北方聚落的特征，或由于自然生存的要求沿交通要道而聚；或由于古代战事屯军驻扎需要，修建堡垒聚落成村；还有一些比如房山区的黑龙关村为修建关隘聚落成村，顺义区的焦庄户村为近代抗日战争中地道战发生地，具有重要的革命教育意义。这些均为特殊原因而形成的传统聚落。这些传统村落具有独特的乡村景观，所产生的乡村景观遗产具有不同的特征，将这些传统村落置于北京城市总体规划中历史文化名城的整体体系来分析，有利于兼顾其差异性、寻找其共性，从而做到最大限度地保护和活化利用。

第一节　西山永定河文化带沿线传统村落

西山永定河文化带依托三山五园地区、八大处地区、永定河沿岸、大房山地区等历史文化资源密集地区，加强琉璃河等大遗址保护，修复永定河生态功能，恢复重要文化景观，整理商道、香道、铁路等历史古道，形成文化

① 用三条文化带沿线的传统村落来代表北京市的传统村落，主要考虑构建北京历史文化名城的保护体系，也是后续北京历史文化名城保护的重点。传统村落在北京的数量较少，结合文化带来讨论该问题更能够切合本书的主题——乡村景观遗产。虽然三条文化带沿线的传统村落并不能涵盖所有北京传统村落，但具有较强的代表性。

线路。西山永定河文化带主要包括海淀、门头沟、丰台、石景山、房山、昌平六区，沿线既有自然景观，又有人文遗产。

西山永定河文化带的北京传统村落数量最多。海淀区苏家坨镇车耳营村；门头沟区斋堂镇爨底下村、灵水村、黄岭西村、马栏村、沿河城村、西胡林村；龙泉镇琉璃渠村、三家店村；雁翅镇碣石村、苇子水村；王平镇东石古岩村，大台办事处千军台村；清水镇张家庄村、燕家台村；房山区史家营乡柳林水村，佛子庄乡黑龙关村，大石窝镇石窝村，南窖乡水峪村、南窖村，蒲洼乡宝水村共 21 个北京传统村落均可列入该文化带。其中，门头沟区爨底下村是传统村落乡村景观遗产保护程度较高、活化利用率较为突出的代表；三家店村原真性、完整性较好，但是在活化利用上存在较明显的滞后性；东石古岩村地处北京远郊，其完整性和原真性较好，在没有充分活化利用的情况下，仍然是乡村景观遗产保存较好的个案。作为 2019 年新入选中国传统村落唯一的北京村落，黑龙关村在保护过程中存在一些特殊的问题，较具代表性。这类传统村落都是以民居为主体保存完好的古村落，村落格局完整，四至边界自由，与周围环境融为一体，在历史上都曾经有过一段经济繁荣时期。

一、门头沟区斋堂镇爨底下村

门头沟区斋堂镇爨底下村是北京都市圈范围第一个被高度重视的古村落，因其保留完好的明清古民居群，以及完整的村落格局和肌理、村落风貌，先后入选中国历史文化名村、中国传统村落，并被列入全国重点文物保护单位和北京市级文物保护单位。在北京的传统村落保护和活化利用研究中，爨底下村可谓值得仔细分析。

（一）爨底下村乡村景观

1. 爨底下村简介

爨底下村是门头沟区斋堂镇下辖村，位于斋堂镇西北部的小北沟中，东南距镇政府驻地 6 公里，西北距柏峪村 3 公里，交通比较方便，有公路直通斋堂镇，与 109 国道连通。爨底下村海拔 650 米，村域面积 5. 33 平方公里，耕地 60 亩[①]。爨底下村（如图 2-1 所示）位于门头沟区西北部深山峡谷中，

① 1 亩≈666. 67 平方米。

四面环山，“背靠龙头浸水，前照金蟾望月”，有笔架峰、笔峰，还有卧虎山、神龟啸月山、蝙蝠山等。该村位于天津关古道，爨头下方是一处天然关隘，峡谷深邃，峭壁参天，长达 100 多米，俗称“一线天”，堪称天险。① 2002 年，《北京历史文化名城保护规划》中介绍：“爨底下村历史文化保护区是门头沟区斋堂镇的一个自然村，房屋依山而建，村中现保持着许多明清时期的四合院民居，其建筑艺术相当精湛，风貌相当完整。”2004 年，郊区历史文化保护区规划编制概述②中介绍：“爨底下历史文化保护区位于门头沟斋堂镇，是明清时代京城西古驿道上的古商贸及宗族聚居村落。保护区面积为 22.6 公顷，建设控制区面积为 120.1 公顷。保护区整体为市级文物，有古树名木 8 棵，历史遗迹 21 处，保护院落 71 处，典型的风水格局，完整的民居村落环境，灵巧的山地四合院等成为保护区的主要历史文化特色。”

图 2-1　爨底下村全景（作者拍摄于 2014 年）

按照《中华人民共和国文物保护法》（2017 年）第二条第（一）项“具有历史、艺术、科学价值的古文化遗址、古墓葬、古建筑、石窟寺和石刻、

① 北京市门头沟区人民政府．爨底下村［EB/OL］．（2021-03-16）［2021-04-01］．http://www.bjmtg.gov.cn/bjmtg/zjmtg/czgk/201812/1001080.shtml.

② 宋晓龙，吕海虹．北京编制第二批历史文化保护区保护蓝本：上［J］．北京规划建设，2004（4）：118-122．后文相应表述均来自此文，此文是对郊区 10 片历史文化保护区规划编制工作的回顾，其中有对各保护区情况的简介。

壁画”和第三条“古文化遗址、古墓葬、古建筑、石窟寺、石刻、壁画、近代现代重要史迹和代表性建筑等不可移动文物，根据它们的历史、艺术、科学价值，可以分别确定为全国重点文物保护单位，省级文物保护单位，市、县级文物保护单位”，以及《中华人民共和国文物保护法实施条例》（2017年）第十二条“古文化遗址、古墓葬、石窟寺和属于国家所有的纪念建筑物、古建筑，被核定公布为文物保护单位的，由县级以上地方人民政府设置专门机构或者指定机构负责管理。其他文物保护单位，由县级以上地方人民政府设置专门机构或者指定机构、专人负责管理；指定专人负责管理的，可以采取聘请文物保护员的形式。文物保护单位有使用单位的，使用单位应当设立群众性文物保护组织；没有使用单位的，文物保护单位所在地的村民委员会或者居民委员会可以设立群众性文物保护组织。文物行政主管部门应当对群众性文物保护组织的活动给予指导和支持。负责管理文物保护单位的机构，应当建立健全规章制度，采取安全防范措施；其安全保卫人员，可以依法配备防卫器械”的规定，“爨底下村古建筑群”于2006年被列入全国文物保护单位（如图2-2所示），“川底下古民居村落”则早在2001年就被列入北京市级文物保护单位（如图2-3所示）。由于“爨”字较难写，常被简化为“川”。

图2-2　爨底下村国保标牌（作者拍摄于2014年）

图 2-3　川底下村市保标牌（作者拍摄于 2014 年）

明代中期，爨底下村已有人烟，因是军户村庄，所以明《宛署杂记》、清康熙《宛平县志》均无该村记载。村民皆为韩姓，排辈字序为“福景自守玉、有明（奉）万鸿（宏）思，义聚晓怀孟，永茂广连文”。韩仕宁是明朝弘治年间的世袭武官，驻守沿河口（古称“三岔口”）一带军事要冲，官秩正六品，统兵一百一十二人，下分二总旗，十小旗。其生年不详，卒于弘治七年（1494 年），距今已有 500 多年。因此，韩仕宁的后裔是军户出身。沿河城明代百户韩仕宁的后裔流向沿河城地区的不少村庄，并流向爨底下村、黄塔村、碣石村乃至昌平区的韩台村。爨底下村古民宅整体建筑规划严谨，局部装饰独具匠心。一幅古朴、完整的“清代民居图”展现给了世人。村内原有五道庙，包括清康熙四年（1665 年）修建的伏魔龙神圣庙，村南的娘娘庙，爨头山上的山神庙，插关岭子下的龙王庙，村北山上的魁星庙。2003 年 11 月 27 日，建设部和国家文物局授予该村“中国历史文化名村”称号（第一批）。

2. 现有主要文物

（1）龙王伏魔庙。村里人称为“大庙”，原来是龙王庙。爨底下村邻近沟底，其流域面积大，历史上雨水很多，雨后常有山洪奔泻，老村曾被山洪冲毁，另建新村。村民建龙王庙以镇洪水，天旱时亦可在此求雨。爨底下村位于古道旁，商业发达，庙内增设利市财神关帝，寓意“招财进宝，庇护商贾，利市发达”，遂改称“龙王伏魔庙”。

爨底下村龙王伏魔庙建在村东北部小山上，坐北朝南，外面环以围墙，门前有一棵老桑树。门楼一间，双扇板门，门洞内有墨书题记。小院南北长20米，东西宽15米，正殿三间，进深一间，前出廊，硬山调大脊，两端鸱吻，灰筒瓦石望板，垂脊上有三小兽，梁架绘有苏式彩绘。大殿外两廊绘有值日功曹神像。西配殿三间带寮房一间，原已倒塌，今已修复。院内有枯树一株。大殿内龛台正中原供泥塑关帝坐像，两侧供奉龙王及雷神、雨师、风伯、侍女站像，龛台下原有关平捧印、周仓持刀立像，现已不存。现龛台正中有一尊琉璃关公立像，左侧一尊弥勒像，右边一尊龙王像，均是后配的，显得很不和谐。后墙有墨绘壁画，中间为四扇屏风，两侧为云龙行空和神龙吐水。

两侧山墙前端有墨画碑记，左侧碑额写“万古流芳”，碑文写“大清康熙岁次乙巳七月，合村众善人等修以伏魔龙神圣庙，以完成自发善心愿，出施银开列”。以下是村中韩姓“玉”字辈、“有”字辈捐资人姓名及捐款数量，最后是“领修人韩玉钦”，“康熙岁次五年十二月造完”字样。前檐柱上有不同时期的墨书题记：“雍正二年孟冬月，庄严圣像。”“雍正二年塑像高造庄严，修造山门、禅房、俱系保定府□县人刘喜山供给价银三十六两整”“乾隆十一年五月十三日金□圣地乡西斋堂村韩敬金……十二年五月”“大清道光四年”“大清道光七年五月二十二日主，白乐村镇月”“大清同治六年勘清施行各尊村规”等，另在山门内右侧围墙上刻有“嘉庆十五年修侧柏一株”字样，此庙已于1998年被门头沟区政府公布为第四批文物保护单位。

（2）娘娘庙。位于村东南侧山坡上，一间，硬山调大脊，无门窗，前有照壁，龛台上有一尊娘娘泥塑彩绘坐像，前有两名侍女立像。单从塑像上无法辨认出供奉的是哪位娘娘，但村民们说，其与斋堂娘娘庙供奉的是同一位娘娘。西斋堂的“天仙行宫”供奉的是“天仙圣母”，按其五月十八日举行庙会进行祭祀分析，应为“九天玄女娘娘”。

（3）五道庙。在村上街道西端，碾房北侧的三岔路口处，坐北朝南，为一间小房。小庙经过重修，无门窗，内有龛台，但空无一物。五道庙一般供奉五道将军，其作用是阴司的“报到处”（如图2-4所示）。这里的五道庙是2019年我们再次调研时经过修缮的五道庙，庙外的指示路牌焕然一新。

（4）山神庙。山神庙建在村外，村民上山打猎时先拜山神，祈求平安，但回来时则不能进山神庙，因为怕山神见到村民猎杀了他的子民会生气。每

图 2-4　五道庙外景及相关指示牌（作者拍摄于 2019 年）

年春节祭祀山神，焚香上供叩头，是山区特有的风俗。

（5）其他古迹。龙王庙在插关岭子下面，泄洪沟侧，因过去这里经常雨后发生山洪，这座龙王庙主要用来镇洪水，现已废弃。魁星庙在村北山上。魁星是读书人供奉的神，祈求金榜高中，证明爨底下村古时重视教育，文风很盛。仙人堂在居民家中，共有两处。仙人堂一般供奉神主牌位，而没有神像。所供奉的是狐、黄、白、柳、灰，合称“五大门”，其代表是狐狸、黄鼠狼、刺猬、长虫和老鼠。这些都是民间俗神，认为具有招财进宝、护宅、保平安、祛病、消灾等法力。

3. 乡土建筑

爨底下村的古民居主要为明清时期的合院。该村的乡村民俗旅游开发得较早，21 世纪初就有农户将自有房屋开发成民宿。2014 年，笔者调研时在农家乐院落里吃午饭，正值假日，游客很多，商户也忙不过来，当时要了西红柿炒鸡蛋、炖小黄鱼、酸辣土豆丝，大概等了一个小时。院子里、房间里都有吃饭的游客，房间没有任何装饰，只用七八十年代泛了黄的报纸贴满内墙，那时感叹：“这真是乡村旅游啊！”当时的农家乐基本没有独立的卫生间，每个院子有一个卫生间，经过简单的改造，有抽水马桶，但比较简陋。

民居装饰分为四种类型，即砖雕、石雕、木雕、壁画。砖雕用于戗檐砖及清水脊的盘子和影壁。石雕主要用于墙腿石和门墩石，木雕用于门窗及门攒。壁画及题字用于墙壁。爨底下村民居装饰以花鸟为主，有部分文字，雕刻中不见人物，壁画则以人物为主。装饰技法采用中国传统绘画风格，构图饱满，左右对称。砖雕以浮雕为主，石雕以平雕为主，木雕以透雕为主，雕刻风格简洁、明快、质朴。

4. 非物质文化遗产

爨底下村保留了许多丰富多彩的乡土文化和民俗活动，堪称非物质文化遗产精华。比如，香会是民间自发形成的祭神和进行文化活动的组织。爨底下村从前也有香会组织，会头为组织者，下设若干名执事，各有分工，各负其责。每年到一定的时候，村里都要举行固定项目的祭祀或文化表演等活动，自娱自乐和酬神娱人，是民间歌舞、武术、体育、戏曲、杂技、曲艺等门类艺术的载体，都是由会头召集执事开会，进行筹备。这种劳务没有报酬，但参加的人十分积极，一是表现自己对神的虔诚，二是一种情感的发泄和自身才艺的展示。拜祭关帝是村中的主要祭祀活动，祭祀目的是保护村庄平安、祛病除灾。商贾到此上香以求行商安全、招财进宝，故而香火一直很盛。

爨底下村每年农历六月二十二日举办求雨祭龙王仪式，祈求龙王保佑风调雨顺、五谷丰登。祭祀龙王的仪式非常隆重，在大庙的龙王像前供奉整猪一口，全村人齐跪在庙院西侧，由村中长者主持公祭。首先，由主祭人上香；其次，行三拜九叩大礼，庙里撞响大钟，公祭人读祭文，歌颂龙神的功德，并祈求风调雨顺；最后，焚表，将愿望送达龙廷，人们都极其虔诚。如果久旱不雨，村民们则开始求雨。求雨有固定的方式，首先在庙外搭上芦棚，把庙里的水母奶奶请出来，供奉在芦棚内，人们整日里烧香磕头，数日不息。过往路人至此，也要摘下草帽，以表崇敬。如果下雨了，人们就抬着水母奶奶像，在村里转一圈，之后送回大庙。京西地区求雨有其特点，那就是“先礼后兵”，软的不行就来硬的。搭棚供奉水母数日后若还不下雨，就要“晒龙王”了，对龙王进行惩罚——把龙王和水母奶奶像都搬到太阳底下去晒，过往行人用柳条抽打神像，什么时候下了雨，神像才能回归大庙。此风俗沿袭到20世纪40年代。

爨底下村的民间体育活动十分丰富，如春季在清明期间打秋千。秋千架子立在村西头的空地上，有“平秋千”和“胡秋千”两种，形式有双人、单人、立打、坐打等，是大姑娘、小媳妇和孩子们非常喜爱的一种游戏，也是一种很好的体育运动。此外，踢毽子也很流行。

农村几乎都有一个固定的村民聚集点，俗称“牛皮台儿”，一般选在背风向阳的街头，胡同里有大树的地方，这里是村民们日常聊天儿、传播消息、讲故事、说古的地方，人员以老人和儿童居多，是固定的民间文化活动点。爨底下村有一家临街的商店，俗称“板大门”。店前有一棵老槐树，树下是防洪墙，前面是大路，后面是商店。这里就是爨底下村的“牛皮台儿”，人们喜欢到这里，冬天靠着墙根晒太阳，夏天在大树下乘凉，几个人闲暇无事时凑在一起传播消息、讲故事、聊大天儿、侃大山、吹牛皮、讲古论今。店的东侧有一盘碾子，推碾子的人在排队等候时也凑过来抽袋烟，侃上一段儿。碾子东边有一个石刻棋盘，人们都爱在此下上两盘儿。老槐树底下是沿街村民最喜欢驻足聚集的地方，也是平日里娱乐、休闲的中心。

1958 年，全国推行简化汉字之后，爨底下村民觉得“爨 ”字笔画多、不好写，于是自行改“爨”为“川”。其实，“爨”字并没有简化，“爨底下”写为“川底下”为习惯写法。1998 年，爨底下村公布为区文物保护单位；竖立爨底下村标志碑。碑阳“爨”字，由著名书法家杨再春先生书写，碑文由刘义全撰文，李文启书丹，李贵明刻字。北京市政府将开发保护爨底下村列入 67 件为群众所做实事之一，市区投入大量资金，改善该村的软硬件设施。1999 年 6 月，《北京古山村——川底下》由中国建筑工业出版社出版。该书系国家自然科学基金资助项目，业祖润等著，合作单位有北京市文物局、门头沟区政府、北京建筑工程学院。1999 年 6 月，中国大百科全书出版社原副总编金常政写诗赞颂川底下村：“兴林大火归川下，错落民居是古村。满目青山图画里，明清陈迹最堪寻。”1999 年 7 月，门头沟区人民政府发布第一号通告，对川底下村的保护作出了严格而具体的规定，并成立了爨底下文物管理所。1999 年 12 月，《彭世强画民居》由天津杨柳青画社出版。2001 年 4 月 26 日，中国著名古建专家罗哲文先生为川底下村题词：“川底下古民居，保存得很是完整，建筑质量也很好，反映了北京这一地点的历史文化，很有特色。应当很好地加以保护，广泛宣传，引起各方面的重视才好。”另有两幅题词：“古老邨（村）落民居精华”“建筑艺术瑰宝，历史文化名村”。同年，川底下村入选北京市文物保护单位。

2000 年和 2001 年，川底下村被评为“首都文明旅游景区”，并在中央电视台“旅游观光农业金点子大赛”中荣获优秀创新奖。2002 年，川底下村被公布为北京市历史文化保护区。2003 年 4 月 21 日，《市场报》报道了著名美术家吴冠中先生为川底下村撰文、作画的消息，文章的题目是《川底下，君知否?》；写生《桃花依旧笑春风》刊登在《北京古山村——川底下》画册上；吴先生称川底下村是“北方居民的周口店”，“仿佛是从火山灰挖出来的意大利庞贝古城”。2003 年 11 月 27 日，原建设部和国家文物局授予川底下村第一批“中国历史文化名村”称号。2003 年 12 月，“爨底下”和“爨”字牌商标由爨底下管理处注册，涉及多种商品。2004 年 6 月 1 日，“中国历史名村——川底下”举行揭牌仪式，古建专家罗哲文、郑孝燮到会。2005 年 3 月 18 日，《北京娱乐信报》报道了川底下村发现清光绪三十二年（1906 年）出版的小学修身课本。2005 年 9 月 18 日，“中国最具旅游价值古村落”在川底下村举行授牌仪式。

（二）爨底下村乡村景观遗产活化利用现状

2014 年，笔者考察爨底下村时，其乡村景观整体格局和历史风貌保护良好，具有较高的历史、文化、艺术、科学和社会价值，但商业气息浓重，古民居修复工作需要进一步专业引导。爨底下村在古村落活化进程中迈出了勇敢的一大步，尽管最开始的管理及开发模式值得商榷，但可以肯定的是，“活化利用是保护传统村落最好的途径”①。活化利用一般就是建成乡村博物馆或者开发为乡村旅游度假区，很显然爨底下村是后者的典型代表，其在整体保护传统村落乡村景观方面的做法值得肯定。

2015 年，北京市出台《北京市传统村落修缮技术指导意见》；2018 年，进一步颁布《北京市传统村落修缮技术导则》。由于 2018 年北京传统村落入选名单公布之后北京市对传统村落的保护力度进一步加大，2019 年笔者再次考察爨底下村时，它已经发生了非常大的变化，整体乡村景观进行了非常明显的“整理”，这种“整理”更倾向为一种经过专业技术指导和标准化的结果。2019 年，国家职能部门相继出台多项关于文物保护的政策文件，爨底下村的变化也是情理之中的事情。图 2-5、图 2-6 是笔者在 2019 年调研时拍摄的照片，乡村旅游环境改善了很多。原来被用作“小卖部”的屋顶长草的那间民房焕然一新（如图 2-7 所示），门口整洁了很多，“小卖部”不知去向。

---

① 李川．活化是古村落保护的重要途径［J］．神州，2015（34）：16-21.

图 2-5　爨底下村入口处旅游图及相关说明（作者拍摄于 2019 年）

图 2-6　爨底下村入口处指示说明牌（作者拍摄于 2019 年）

图 2-7　爨底下村入口处驿站及古民居
现在的外观和周围景观（作者拍摄于 2019 年）

2019 年调研的时候，我们在“爨舍”旗下的一家民宿吃午饭，饭菜都是老乡自己做的，味道很家常，由于是工作日去调研，游客不多，很是惬意。

饭后，我们在老乡家的民宿参观了一番，此时爨底下村的民居已经有了很大变化。图 2-8、图 2-9 所示的民宿房间充满现代气息，房间里有了独立的卫生间和洗手台，和一般酒店里的配套设施可以媲美。2020 年，“爨舍”酒店有了新发展，如引入文创产业，在独立的四合院里增加了泡汤的浴池，有望走上“高奢民宿”的层级。

图 2-8　修葺一新、用作民宿房间的古民居（作者拍摄于 2019 年）

图 2-9　有室内卫生间的民宿房间（作者拍摄于 2019 年）

“福字院”（如图 2-10 所示）的外立面也是一派新景象：新材质的牌匾，“福字院”的介绍牌还是几年前的，新粉刷的墙体，“恒德通瑞”4 个大字展现了古村落对“德”的推崇和敬畏。村子里还有很多新变化，如街道用鲜花装点，公共空间也摆放了座椅等休闲设施。

图 2-10　“福字院”的外立面景观（作者拍摄于 2019 年）

在爨底下村调研的时候，笔者参观了“爨底下村红色历史文化”展览（如图 2-11 所示），该展览以图片和实物的形式展现了抗战时期爨底下村人民群众在党组织的带领下奋勇击退日寇保卫村庄的英勇事迹。将“红色文化”融入乡村景观设计和建设非常符合社会主义核心价值观，同时将乡村景观文化作为一个持续发展过程的产物予以呈现，对乡村景观来说，也是一种非常客观的展现。

图 2-11　爨底下村红色历史文化展览（作者拍摄于 2019 年）

（三）乡村景观变迁背后的法律文化解读

爨底下村景区入口处的景观石，从2014年到2019年并没有太大变化，但景观石周边的环境发生了根本性的改变。2014年笔者去的时候，门票38元，如果进入景区吃饭住宿，可以免收门票，车子可以开入景区。2014年笔者拍摄的入口处的国保标志碑和市保标志碑均因有私家车停在碑旁而无法正面拍摄，这从某种程度上说也是当时旅游业处于较为无序状态的一种真实反映（如图2-12所示）。2019年，笔者带着学生一起去考察的时候，私家车一律不得进入景区，要停在几百米外的停车场，游客须步行进入景区。2019年拍摄的标志牌和景观石背后的爨底下村景观显得更整洁、更有序（如图2-13所示）。

图2-12　爨底下村入口处的景观石（作者拍摄于2014年）

图2-13　爨底下村入口处的景观石（作者拍摄于2019年）

作为北京传统村落的典型代表，爨底下村现在的发展已经进入规范化的法治轨道，进入第一批国家级传统村落名录后，爨底下村的整体景观保护得非常完好。现在，村落里有返乡的年轻人自创的文化型民宿（如图 2-14、图 2-15所示），为村庄的经济发展及维护传统村落的整体风貌和活化利用作出了重要贡献。

图 2-14 爨底下村民宿“爨造社”外景 1（作者拍摄于 2021 年）

图 2-15 爨底下村民宿“爨造社”外景 2（作者拍摄于 2021 年）

二、门头沟区斋堂镇黄岭西村

（一）黄岭西村乡村景观

1. 黄岭西村简介

黄岭西村也是门头沟区斋堂镇下辖村，入选第一批中国传统村落，位于三条山岭包围的沟谷地带，村落沿山岭地带展开，村子依靠凤山及周围的九个山头，被称作“九龙朝一凤”。据考证，黄岭西村由古代专为人守墓的坟户村演变而来，村落建于明末清初，清代一度成为商业繁荣的商品交易市场之一，灵泉庵、财主院均为商业繁盛时期兴建①。近代来，黄岭西村一直以抗日战争模范村著称，“母亲叫儿打东洋，妻子送郎上战场”让这里“黄岭西排”的美誉载入史册。走进黄岭西村，村里各处墙壁上至今仍保存着许多抗战时期的标语（如图 2-16 所示），时刻提醒人们不要忘记那段历史。

图 2-16　黄岭西村抗战标语（作者拍摄于 2021 年）

近年来，黄岭西村迎来了转型发展的新契机，旅游业持续发展（如图 2-17 所示）。

图 2-17　黄岭西村游览线路图及相关介绍（作者拍摄于 2021 年）

① 北京市农业农村局．北京传统村落：第一批［M］．北京：中国建筑工业出版社，2019：31.

2. 传统风貌及村落肌理

黄岭西村距市区 64 公里，由于地处偏僻，历史演进中人为性破坏较少，古民居错落有致，自然环境优美，村内大街小巷均为山石铺就，极具北方“小桥流水人家”的古朴情致。现留存古民居 108 处，保存完好，其中虽有一些已经重修或翻修，但并没有影响整体的村落风貌，远望之下依然给人世外桃源的感觉（如图 2-18 所示）。

图 2-18　黄岭西村局部景观（作者拍摄于 2021 年）

村中原有灵泉庵、菩萨庙、清泰寺、山神庙等庙庵共 7 处，现只有灵泉庵保存较完整，菩萨庙、清泰寺仅存遗址。碾房位于村中心，坐西朝东，面阔三间，进深一间，硬山顶，整体保存完好（如图 2-19 所示）。

图 2-19　黄岭西村碾房（作者拍摄于 2021 年）

（二）黄岭西村乡村景观遗产现状

黄岭西村的乡村景观遗产特色鲜明，既有古村落文化底蕴传承的脉络，又有近现代抗战艰苦卓绝精神的体现，以物质载体的村落肌理风貌来展现，以民俗文化的形式得以保留，村落整体保护工作非常成功。不仅对村落的物质文化遗产如古民居、村落肌理保护得很到位，同时注重挖掘非物质文化遗产，结合现当代革命历史发展的特殊意义，红色乡村旅游带动乡村一产、二产的发展，同时助力乡村旅游三产事业的兴盛。黄岭西村至今还保留着“山梆子”“蹦蹦戏”等戏种，既有传统剧目，也有现代剧目。

与爨底下村旅游旺季时人声鼎沸、人头攒动的热闹场景不同，黄岭西村的安宁令这里的一切显得古朴别致又意味深长。

三、门头沟区斋堂镇灵水村

（一）灵水村乡村景观

1. 灵水村简介

灵水村也是门头沟区斋堂镇下辖村，入选第二批中国历史文化名村和第一批中国传统村落。灵水村全称灵水举人村，是北京历史上非常有名的“举人村”（如图 2-20 所示），建村时间不晚于辽金，史传有距今 1800 年的“灵泉寺”，因有“灵水”治病之传说，得名“灵水村”。明清时期，这里先后出过 24 位举人、2 位进士和 10 余位全国最高学府国子监的监生。灵水村毗邻京西古道，商业活动繁盛，民国以后逐渐衰落。抗日战争期间，日本侵略者的烧杀掠夺对建筑多有损毁，随着现代京包铁路的发展，京西古商道日渐衰落。现在的灵水村由于现代化交通的发展，以其保存完好的村落环境和独特的文化底蕴成功转型为以乡村旅游为主的古村落，更具有新时代的文化生命力。2013 年，综艺节目《爸爸去哪儿》将灵水村选为第一站，帮其摘得乡村振兴模范的桂冠，获得了极高的公众认可度。

2. 传统风貌及村落肌理

灵水村距市中心约 57 公里，正是由于这样远在深山较为封闭，才使其保存了辽金元及明清时的古民居，这些古民居是中国北方明清时期乡村民居建筑的典型代表（如图 2-21 所示）。灵水村文物古迹众多，深厚的历史积淀造就了灵水村独特的历史景观，著名的“灵水八景”——东岭石人、南堂北眺、

图 2-20　灵水村入村标志（作者拍摄于 2021 年）

百宝桑榆、灵泉银杏、独山连花、北山翠柏、举人宅院、寺庙遗址，使灵水村成为一个具有历史气质的传统村落，街巷纵横，包括东西、南北走向两条主街，次街包括东西走向的中街、后街和村落西侧南北走向道路，以及河道东侧垂直等高线分布的多条街道。两条主街之间，像一只巨大的龟卧于山脚的高地是明朝时村中刘姓的明代宅院群分布地。

图 2-21　灵水村现存古民居（作者拍摄于 2021 年）

（二）灵水村乡村景观遗产现状

灵水村京西太平鼓被列为国家级非物质文化遗产项目，“举人节”“秋粥节”“蹦蹦戏”“转灯节”等被列入门头沟区级非物质文化遗产项目。灵水村“秋粥节”是其中最具代表性的非遗项目。灵水人把当地“立夏日喝粥”崇拜虫王、保佑庄稼丰收的习俗改革为“立秋日喝粥”纪念举人，同时应“贴秋膘”的习俗，并称立秋当日喝的粥为“举人粥”。“举人粥”是灵水人用自己生产的五谷杂粮，掺入当地特产核桃仁、杏仁、大枣蒸制而成。后来为纪念刘懋恒父子赈灾济民之善举，灵水村的举人们积极倡导和组织，村民自主参与，每年立秋之日在村中主要街道搭棚、架锅，熬制秋粥，灵水人代代相传，逐渐演化为灵水村常态化的民间习俗。

灵水村自然风光和人文景观的完美结合形成了远离都市、有韵味、有意义、有价值的乡村景观遗产，村民们依然很好地保存着这份自然和人文相结合的文化遗产，难能可贵。

四、门头沟区龙泉镇三家店村

（一）三家店村乡村景观

1. 三家店村简介

三家店村位于龙泉镇东部，永定河出山口，西连太行山，东望北京湾平原，是北京城连接京西山区，远达河北、山西的交通枢纽。村域面积 4524 亩。聚落分为东店、中店、西店三部分，面积 80 万平方米。共有 6788 户，人口 15759 人，第一批入选中国传统村落。

2002 年，《北京历史文化名城保护规划》中介绍：“三家店历史文化保护区位于门头沟区永定河北岸，三家店村中现存多处文物，与煤业发展有关的建筑群、会馆等成为此地独特的景观，具有浓厚的京西特色。”2004 年，郊区历史文化保护区规划编制概述中介绍：“三家店历史文化保护区位于门头沟区永定河北岸，是京西古道沿线的古村落，保护面积 31. 15 公顷，建设控制区面积 85. 15 公顷。保护区内有各级文物 7 处，古树名木 16 棵，历史遗存 1 处，保护院落 26 处，与煤业发展有关的建筑群以及多处保护院落成为此地独特的景观。”（如图 2-22、图 2-23 所示）

图 2-22　三家店村文物保护单位“白衣观音庵”（作者拍摄于 2018 年）

图 2-23　三家店村文物保护单位“龙王庙”（作者拍摄于 2018 年）

2. 传统风貌及村落肌理

三家店村是距离市区最近的传统村落，距离市区约 25 公里，历史上曾是永定河的重要渡口和物资集散地，商贾尤其是晋商云集，有“京西第一村”的美誉。现在的三家店村已基本城镇化，站在三家店村的入口处，会感觉它和城镇的一般街道并无二致。三家店村东街 78 号院在 1998 年就入选了门头沟区文物保护单位。78 号院整体的建筑风格非常原汁原味，是北方合院非常典型的二合院类型，从图 2-24 中可以看到二进院的院门，门楼上长有杂草。

图 2-24　三家店村东街 78 号院传统民居（作者拍摄于 2018 年）

三家店村中街 73 号、75 号、77 号院是殷家煤场大院旧址，由京西望族殷家所建，是具有商业、居住复合功能的院落群。75 号院（如图 2-25 所示）为殷家所住，73 号院是煤场，77 号院是当时的工人宿舍。我们拍照的时候，有位老奶奶拿着小椅子走出门口，坐下后问笔者在做什么，笔者说在做调研，老奶奶笑了笑。笔者问："就您自己在这里晒太阳吗?"老奶奶回答："一会儿就都出来了。"影像是一种极佳的介质，当读者看到这一幕的时候，似乎就可以感受到笔者当时与老人的互动，旧时的街坊寒暄、打招呼都是这样的，老房子的魅力、街区的温度随之溢出画面温暖地铺展开来。中院是一座典型的三进四合院，精美的照壁、倒座房、厢房的仔细雕琢含蓄而生动地展现了院主人当时显赫的地位，更有对生活的独有情怀与审美，二进院的院门精美完整地保留下来，正房五间，厢房三间，后院已不复存在。如今的天利煤厂应该是北京保留最完整的清代煤场遗迹，当时货通四方的繁华景象虽然早已随岁月灰飞烟灭，但后人可以通过建筑真切地感受到它曾经的辉煌与举足轻重。

图 2-25　三家店中街 75 号院天利煤厂旧址殷家大院传统民居（作者拍摄于 2018 年）

（二）三家店村乡村景观遗产现状

三家店村整体格局和历史风貌保护整体看来很好。在三家店村入口处，能够感受到浓浓的旧日时光的气息，仿佛回到了二十世纪八九十年代的街巷，没有熙熙攘攘的车流人群，一派祥和宁静的景象，基本保留了北方传统的合院式建筑街区的历史风貌。街区中，老街坊每日的日常——下午时分老年人聚在一起下棋消磨时光，像极了我父亲的每日遛弯儿功课；几个凑在一起在家门口街边的椅子上玩卡片的男孩子，他们的幸福感是城里急急忙忙上辅导班、回家赶作业的孩子感受不到的。镜头中身穿红马甲的小男孩儿回眸瞬间可爱的眼神，充满了童真。跪在地上的孩子膝盖下的垫子是长年累月就在椅子上的，也是街坊们常用来坐着聊天的。村子里的村民一定不知道他们此时构成的画面或者景象被国际性文件列为“乡村景观”，而这份和谐恰恰是“乡村景观”的内容，如果这一切可以长期不受外在因素影响保持下去，就可以称为“乡村景观遗产”。

三家店村较明显的问题是传统民居疏于保护。虽然三家店村单体文物保护得非常好，但是在考察中我们发现，民居破损现象较为严重，有些民居已有文保标志，在修缮的时候要严格遵循法律要求，有些民居则由于资金问题被荒废，令人惋惜。不属于区级保护文物也不属于历史建筑的古民居，很明显年久失修，门楼看上去受损非常严重。在三家店村的街道上，这样的古民居较多。

五、门头沟区斋堂镇马栏村

（一）马栏村乡村景观

1. 马栏村简介

马栏村也是门头沟区斋堂镇下辖村，建村时间无法考证。作为明代军队的圈马和养马地，该村得名“马栏”，至今已有500多年的历史。村中遗存观音禅林大殿建于元代，因此可以推断其建村时间不晚于元代。马栏村地处太行山余脉，自然环境优美，有非常著名的百花山进香古道。村内流传着“七十二盘碾子三十六口井”的传说，如今古井都已干涸，但村里还能看到石碾子。马栏山上的风景更是优美迷人，现在种植了大量的葡萄和杂粮作物（如图2-26所示）。马栏村入选第二批中国传统村落。

图2-26　马栏村远景（作者拍摄于2021年）

抗日战争爆发后，门头沟地区因其地势险峻，成为抗日敌后战场的指挥中心。斋堂镇是北京郊区第一个抗日根据地和第一个抗日民主政府的诞生地，也是平西抗日根据地的中心，还是平北、冀东抗日战场的大后方和大本营，因此有了“北京延安”的别称。马栏村是当时挺进军司令部所在地，也就是平西抗日战争的军事指挥中心，为了纪念这段珍贵的历史，当地农民自发举办的村级革命题材陈列馆——冀热察挺进军司令部旧址陈列馆，是北京市注册的唯一的村级博物馆。这座博物馆已被列入北京市百家博物馆和北京市青少年爱国主义教育基地，成为京西第一红村（如图 2-27 所示）。冀热察挺进军司令部位于马栏村中部，原为传统民居，前后三进院。全村以保留下来的红色历史建筑为游览路线，设计细致、唯美而不失历史原真性，《不忘初心　红色马栏》实景剧是当地沉浸式红色体验旅游项目。马栏村现已成为京郊著名的红色文化基地。

图 2-27　马栏村活化为红色教育基地——冀热察挺进军司令部旧址陈列馆的古民居（作者拍摄于 2021 年）

2. 传统风貌及村落肌理

马栏村的传统民居以四合院为主，单进院落较多，抬梁式木构架结构，多以砖雕、木雕和石雕装饰，村中如今还保存着几处古老的人文景观，如龙王观音禅林寺与戏台。龙王观音禅林寺位于入村广场处，是门头沟区区级文物保护单位。据考证，龙王观音禅林寺建于金元时期，原名“龙王庙”，明朝时重修，改为今名。庙院坐北朝南，大殿位于北部数十级台阶上，共三间，面阔约 7.2 米，进深约 5.5 米，悬山顶，两厢有配殿，山门位于南部，既是村民进行各种祈祷活动的场所，也是他们进行社会交往的公共中心（如图 2-28 所示）。

与龙王观音禅林寺相对而立的是戏台，建于清代，是古时开展喜庆娱乐活动的主要场所。戏台坐南朝北，建于 1.4 米左右的石砌台基上，四檐柱三开间，面阔约 8.6 米，进深约 8.0 米。屋顶为卷棚顶，覆有筒瓦板瓦，檐檀及坊间绘旋子彩绘（如图 2-29 所示）。

图 2-28　马栏村龙王观音禅林寺（作者拍摄于 2021 年）

图 2-29　马栏村古戏台（作者拍摄于 2021 年）

（二）马栏村乡村景观遗产保护现状

马栏村整体保护工作非常成功，不仅对村落的物质文化遗产如古民居、村落肌理保护得很到位，还注重挖掘非物质文化遗产，结合现当代革命历史发展的特殊意义，开辟出新型红色乡村旅游路线，带动乡村一产、二产发展，助力乡村旅游三产事业的兴盛。在调研的过程中，我们发现村中旅游路线和各类标志的设计精致而严谨，参与其中的规划设计师非常敬业。马栏村无疑是乡村景观遗产保护利用工作的典范。

六、门头沟区王平镇大台街道千军台村

（一）大台街道千军台村乡村景观

1. 千军台村简介

千军台村为大台街道办事处下辖村，相传是由山西移民屯垦戍边而来。明代因有军队驻扎得名“千人台”，清代时改名“千军台”，历史上煤炭资源丰富，煤炭产业兴盛。千军台村四周群山环绕，村落选址于山侧面一处台地，坐北朝南，背靠高山，村落南部是永定河支流清水河。村内建筑较为密集，顺应山体由南向北逐渐抬高。村中石材丰富，多来自附近山体，村民铺路建房砌坝均从山体取材。民国时期，战乱纷争使村内民房毁坏较严重。中华人民共和国成立后，对所毁房屋按照传统营造技艺就地取材重建，基本保持了原有的风貌。千军台村（如图 2-30 所示）入选第二批中国传统村落。

图 2-30　千军台村标志（作者拍摄于 2021 年）

2. 传统风貌及村落肌理

千军台村的民居为北方典型的合院，三合院居多，四合院较少，建筑材料主要为石材，这是门头沟区和房山区山区村落独有的特征，“靠山吃山”的

民间生存之道。村中留有旧时的古井、水槽、石碑等，古树是有几百年历史的大槐树，还有被称作“古洋水”的明代寺庙遗址和供奉战国时期名将孙膑、庞涓的师父王禅老祖的王老庵遗址①。千军台村是北京非物质文化遗产“京西古幡会”的传承地。

（二）千军台村乡村景观遗产现状

千军台村的乡村景观遗产更多体现在以非物质文化遗产“古幡会”形成的景观遗产形式，作为京西古道大台段重要的组成部分，千军台村的旅游业并不像爨底下村那样繁荣。在调研过程中，我们看到虽然处于旅游旺季，但是千军台村仍然表现出普通村落的宁静。当地基层政府也在积极创造相关的旅游环境，图 2-30 即专为旅游设计的标志，村口的古桥也进行了修缮，后期可以继续观察其物质性文化遗产的发展情况。支撑千军台村的是每年正月十五的“古幡会”，古幡会实为千军台村和庄户村的古幡会，又称“香道会”，是门头沟山区古庙会的产物，是以请神、送神、祭神为主要内容的民间村社祭祀活动。古幡会始于明朝，兴于清朝，至今已有 400 多年的历史，2014 年被正式列入第四批国家级非物质文化遗产名录。京西古道（如图 2-31 所示）在历史上作为军道、商道和香道，催生了多种多样的非物质文化遗产，充分展示了当地居民的精神世界及追求，这是他们生活不可分割的部分，也是乡村景观遗产的重要组成部分。古幡会的文化功能主要体现在节日庆典上。一年一度的古幡会，展现了村民对故土的依恋，也加强了村民之间的情感联络。

图 2-31　京西古道千军台段标志（作者拍摄于 2021 年）

① 万伦军．传统村落［M］．北京：北京出版社，2019：85.

七、门头沟区王平镇东石古岩村

（一）东石古岩村乡村景观

1. 东石古岩村简介

东石古岩村又称“石骨崖”“石窟崖”，俗称“大石古岩”，地处京西古道的西山大路，东北临永定河，西倚石佛山。明代时，为保卫京师，朝廷在居庸关与紫荆关内设有一道防线，域内外长城一道构成了阶次配置的防御纵深系统。这道防线由 7 个隘口组成，东起东石古岩村的黑石崖口，西南至房山境内的黄山店口，已经有 600 多年的军事文化历史。如今，东石古岩村仍保存着汉代遗址、石佛岭古道等众多遗迹。在东石古岩村西部的石佛岭古道，至今仍保存着明万历六年（1578 年）的 4 块摩崖碑，其中左起第一碑的碑额由 3 尊石雕佛像组成，“石佛岭”的名字由此而来。① 东石古岩村（如图 2-32 所示）入选第四批中国传统村落。

图 2-32 东石古岩村入口处标志（作者拍摄于 2020 年）

2. 传统风貌及村落肌理

石佛岭古道摩崖石刻为门头沟区区级文保单位，石佛岭古道为区级普查登记文物（如图 2-33 所示）。村里保留较为完整的传统建筑群主要分布在古

① 万伦军. 传统村落［M］. 北京：北京出版社，2019：81.

道两侧，建于明清时期，民居建筑均为典型的北方合院，以一进的三合院为主，四合院较少。①

图 2-33　东石古岩村石佛岭古道（作者拍摄于 2020 年）

（二）东石古岩村乡村景观遗产现状

东石古岩村无论是作为一般的村落，还是作为传统村落，其整体性都得到较好的保存。我们在调研期间明显可以感受到，这里并没有受到太多外界经济发展的影响，村子里很宁静，有一处建设风格很像农家院的院落，但并没有太多营业的迹象。保留下来的传统民居能让人产生强烈的“乡土感”。

八、房山区南窖乡水峪村

（一）水峪村乡村景观

1. 水峪村简介

水峪村为房山区南窖乡下辖村，入选第六批中国历史文化名村、第一批中国传统村落。水峪村的形成源于明朝时的“移民屯田”政策，是将山西部

① 北京市农业农村局．北京传统村落：第一批［M］．北京：中国建筑工业出版社，2019：100.

分人口移至北京郊区形成的新村落。

明末清初，来自山西的刘氏、杨氏、王氏等迁居水峪村，这些家族的迁入带动了京西古道煤炭业的发展，其家族殷实的物质条件更推动了村庄的建立。抗日战争时期，水峪村的大量古民居遭到破坏。村里现存的“学院坊”（杨家大院）是水峪村杨家第十代杨玉堂斥巨资所建，至今仍有非常高的文化遗产价值（如图 2-34 所示）。

图 2-34　水峪村杨家大院（作者拍摄于 2021 年）

2. 传统风貌及村落肌理

水峪村地处山谷，站在村边的山坡上可以清晰地看到水峪西村和水峪东村两部分。水峪西村地势平缓、格局规整，建筑分布集中，村中有一条南北走向的主街，俗称“中街”（如图 2-35 所示），沿主街有一条河道，山涧的泉水会顺河道留下。水峪东村地势坡度较大，西南低东北高，一条水沟贯穿全村，东村的主街呈 S 形。水峪村这座三面环山的村庄在曾经的京西古道上风光无限，古宅、古碾、古中幡是水峪村三绝。村里现保存古碾 128 盘，有道光年间的，也有光绪年间的，这些石碾直至现在仍被村民使用。我们去调研的时候，看到村民用石碾（如图 2-36 所示）碾粗粮，颇有年代感。

图 2-35　水峪村街景（作者拍摄于 2021 年）

图 2-36　水峪村石碾（作者拍摄于 2021 年）

（二）山峪村乡村景观遗产现状

水峪村以其典型的北方合院的方式形成了村庄特有的北方村落肌理，古民居和文物、古树等形成了非常完整的传统村落景观，村里的非物质文化遗产“水峪中幡”具有独特的地方色彩，既是百姓农闲时节、节日庆典的重要娱乐形式，也是当地百姓文化生活不可或缺的重要内容。“水峪中幡”列入北京市级非物质文化遗产，在 2008 年奥运会开幕式前“京华情韵迎客来”垫场演出中隆重出演。[①] 这些物质文化遗产和非物质文化遗产综合形成了水峪村独

① 北京市农业农村局 . 北京传统村落：第一批［M］. 北京：中国建筑工业出版社，2019：159.

特的乡村景观遗产，流传至今。

九、房山区佛子庄乡黑龙关村

（一）黑龙关村简介

黑龙关村为2019年入选第五批国家级中国传统村落的唯一的北京地区村落，地处大石河东岸，南与佛子庄村接壤，东北与班各庄为邻，西隔大石河与西坡烟筒尖相望，东倚后岭，海拔156米，聚落呈带状。村里目前有居民171户，常住人口656人，均为汉族。[①] 黑龙关村南于唐末曾建关卡，是房山区一处重要军事关口。黑龙关口又名“乌龙潭口”，地势险要。黑龙关村的村名定于唐末，成村始于金代。汉武帝时，黑龙关村所在地属幽州所辖，从北朝到五代的500年间，幽州的名称不断更迭。唐昭宗乾宁二年（895年），深州乐寿（今河北献县）人刘仁恭任幽州节度使。翌年，任检校司空、幽州卢龙军节度使。光化元年（898年）三月，刘仁恭进占沧、景、德三州，以图扩张领地。天祐四年（907年）几次出征，屡战屡败，后在地属太行山余脉、历来为军事重地的大安山建筑别宫，将大安山更名为“大恩山”，并在今黑龙关村南筑建关墙，于黑龙关村西山（烟筒尖）筑建烽火台。“黑龙关村”由此正式得名。

整个村子（如图2-37所示）形如一只大船，两头尖、中间宽，村落面积约2平方公里，分为3个自然片，即老村、土炕和南地。村北的黑龙潭呈弧形分布，长七八百米，泉水从河道中多处岩石溶洞和裂隙中涌出，在河道中汇成黑龙潭。黑龙潭水质为重碳酸钙镁型，清澈甘冽，水温13.5℃，有“冬暖夏凉”之美称。老村为千年古村。村南保留有玄帝庙，建于明末清初，解放后玄帝庙正殿、配殿建筑一直为学校使用（如图2-38所示）。

村内现存古民居600多间，大多数为清代到20世纪30年代建造。民居均为北方合院建筑风格（如图2-39所示）。

黑龙关村龙神庙建于元朝，内有乾隆帝御笔“甘泽普应”的牌匾和保存完好的两块碑文（如图2-40至图2-43所示）。龙神庙的西殿院在抗战时期曾作为烈士灵位的存放处（如图2-44所示）。每年“二月二”龙王庙都会组织传统活动，纪念“祈雨”的传统。

---

① 北京市农业农村局. 北京传统村落：第一批［M］. 北京：中国建筑工业出版社，2019：139.

图 2–37　黑龙关村远景（作者拍摄于 2019 年）

图 2–38　黑龙关村简介牌及玄帝庙（作者拍摄于 2019 年）

图 2-39　黑龙关村保存完好的古民居（作者拍摄于 2019 年）

图 2-40　黑龙关村龙神庙远景（作者拍摄于 2019 年）

图 2-41　龙神庙正殿乾隆帝御笔“甘泽普应”（作者拍摄于 2019 年）

图 2-42　龙神庙内保存的碑文 1（作者拍摄于 2019 年）

图 2-43　黑龙关村龙神庙内保存的碑文 2（作者拍摄于 2019 年）

图 2-44　龙神庙西殿院，抗战时期曾作为烈士灵位存放处（作者拍摄于 2018 年）

2017 年 7 月 28 日，中华人民共和国住房和城乡建设部办公厅发布《关于做好第五批中国传统村落调查推荐工作的通知》，明确提出：“自 2012 年以来，我部会同相关部门先后数次组织传统村落调查，分 4 批将 4153 个有重要保护价值的村落列入了中国传统村落名录，涵盖全国所有省 272 个地级市、43 个民族，大部分传统村落已列入名录。但是，仍有部分地区未开展深入调查挖掘，一些有价值的村落没有列入保护范围。第五批中国传统村落调查是最后一次全国性调查，力争将所有有重要保护价值的村落全部纳入中国传统村落名录，建立基本完善的中国传统村落名录。各地要高度重视，充分利用现有资料，组织做好传统村落调查推荐工作，特别是要对尚未深入开展传统村落调查挖掘的县（市）、乡镇和民族地区进行调查。要调动大专院校、科研设计单位、社会团体及专家学者等社会各方面力量，开展深入挖掘调查，确保推荐上报的传统村落具有一定保护价值。”由于是最后一次全国性的调查推荐，全国各地的古村落所属区域都非常重视这次调查推荐工作。

从入选推荐的条件来看，第五批比前四批的要求更高（第一章有附表）。2018 年 12 月，北京市房山区佛子庄乡黑龙关村出现在住建部公示的第五批中国传统村落名单中，因属北京区域，位列第一，并且北京仅此一个古村落入选。2019 年 6 月，住建部正式公布第五批中国传统村落名单，北京地区只有房山区佛子庄乡黑龙关村入选。与山西、浙江、安徽、贵州等古村落大省相比，北京地区的古村落凤毛麟角，愈加显得珍贵。

2017 年住建部《关于做好第五批中国传统村落调查推荐工作的通知》中，再次明确了“调查对象”的定义：“传统村落是指村落形成较早，拥有较丰富的传统资源，现存比较完整，具有较高历史、文化、科学、艺术、社会、经济价值的村落。”这一表述和 2012 年 4 月住建部、文化部、国家文物局、财政部联合发布的《关于开展传统村落调查的通知》中对调查对象“传统村落”的表述略有不同，增加了“现存比较完整”，去掉了“应予以保护”这个条件。对于调查对象应符合的条件，也做了更为详尽和明确的表述，“原则上为行政村，现存比较完整，具有重要保护价值、村落户数不少于 30 户、相对独立的自然村也可作为调查对象”。“调查对象应符合下列条件：（一）历史文化积淀较为深厚。村落在历史上曾经作为政治、经济、文化、交通中心或者军事要地；或与重要历史名人以及曾经发生过的重要历史事件有关；村落蕴含深厚的儒家思想、道家思想、宗亲文化、传统美德和人文精神等，能够集中反映本地区的地域或民族特色。（二）选址格局肌理保存较完整。村落延续传统选址，顺应自然山水，延续历史文脉，具有传统特色和地方代表性。村落空间结构、格局肌理融入自然环境，延续传统格局，整体风貌协调。村落格局与生产生活密切相关，反映特定历史文化背景。（三）传统建筑具有一定保护价值。村落中文物古迹、历史建筑、传统建筑分布集中连片，或数量超过村庄建筑总量的 1/3，较完整体现一定历史时期的传统风貌。历史建筑、传统建筑历史悠久、建筑精美、保存完整。（四）非物质文化遗产传承良好。

村落中拥有较为丰富的非物质文化遗产资源，拥有省级以上非物质文化遗产代表性项目，传承良好，至今仍以活态延续，与村庄依存度较高。村落经常举办民俗活动，内容丰富。（五）村落活态保护基础好。村落中仍有大量的村民居住，村民知晓传统村落推荐事宜，村两委能够在村落日常管理中发挥作用。”

2017 年之前，北京共有 21 个古村落入选中国传统村落，作为第 22 个入选的中国传统村落，黑龙关村无论是从物质性条件还是从非物质性条件来讲，都具有较为突出的表现。

（二）黑龙关村乡村景观遗产保护面临的困境

黑龙关村成功入选最后一批中国传统村落。在经济高速发展的大都市北京的都市圈外围，黑龙关村是一个非常典型的代表性实例。黑龙关村具有独特的村落整体风貌——船形。村内保留了传统民居，但是在适应现代化生活方式的过程中，村民也陆续建起了符合现代居住习惯的民房。有些居民搬离村庄留下老房子，在村子入选“中国传统村落”后，老房子就不能再随意修缮，无人居住也无人修缮，“人去房空”的败落现象不在少数。尽管修缮这些房屋的资金可以通过各种渠道获得，但修缮之后究竟是用来发展民宿业，还是租赁给居民自住，是传统村落留下的古民居遇到的普遍性问题。很显然，黑龙关村对于这个问题，还没有较为明确的解决方案（如图 2-45、图 2-46 所示）。

图 2-45　黑龙关村内按现代居住习惯修建的民房 1（作者拍摄于 2019 年）

图 2-46 黑龙关村内按现代居住习惯修建的民房 2（作者拍摄于 2019 年）

在调研过程中，笔者与图 2-47 的屋主人进行了交流。屋主姓孙，房子是父辈传下来的，现在已经被确定为保护对象。院子为典型的二进院，从图片中可以看出，二进院里的正房五间均已被拆掉，当时修建公路正好将正房规划在内。二进院里的房子已经没有人居住了，由于黑龙关村被确定为中国传统村落，之前和之后很长一段时间这座院子都不允许私自拆建，用孙大爷的话说，“政府都不让动了”。

图 2-47 保存完好的二进四合院有村民居住，二进院的正房在修建新路时被拆除（作者拍摄于 2019 年）

图 2-48、图 2-49 为黑龙关村无人居住待修缮的古民居，从图中能看到夯土墙面以及木材基本结构，但长年没有人居住，再加上不能私自拆建翻修，风吹雨打的痕迹只会越来越明显。在专业人士看来，这样的旧屋修缮起来很容易，只要资金到位。

图 2-48　黑龙关村内无人居住待修缮的古民居 1（作者拍摄于 2019 年）

图 2-49　黑龙关村内无人居住待修缮的古民居 2（作者拍摄于 2019 年）

2021 年，笔者去房山区其他古村落调研返回途中进入黑龙关村时，发现村里原有的已硬化的水泥马路被敲碎，人工制造出“石板路”（如图 2-50 所示），但路面较粗糙，尖锐处很容易划伤轮胎，街区暂时未发现停车，可能村里对停车做了新的规定。古民居外均增加了标志说明，应为统一设计（如图 2-51 所示）。

图 2-50　黑龙关村重新修整的碎石路（作者拍摄于 2021 年）

图 2-51　黑龙关村古民居外增加了标志说明（作者拍摄于 2021 年）

第二节　长城文化带沿线传统村落

《北京市长城文化带保护发展规划（2018—2035）》遵循文化遗产保护与生态涵养并重原则，聚焦长城文化带保护发展重点区域，提出“有计划推进重点长城段落维护修缮，加强未开放长城的管理”，“对长城保护范围及建设控制地带内的城乡建设实施严格监管。以优化生态环境、展示长城文化为重点打造生态长城，展现长城作为拱卫都城重要军事防御系统的历史文化及景观价值”。长城文化带涉及平谷、密云、怀柔、延庆、昌平、门头沟六区，沿线传统村落主要有 15 个：昌平区流村镇长峪城村；密云区古北口镇古北口村、潮关村、河西村，新城子镇吉家营村、遥桥峪村、小口村，冯家峪镇白马关村，太师屯镇令公村，石城镇黄峪口村；延庆区张山营镇东门营村、柳沟村，珍珠泉乡南天门村，康庄镇榆林堡村，八达岭镇岔道村。这些村落多由军事设施演变而来，具有明确的城墙作为四至边界，格局严谨，布局方正。我们选取延庆区的岔道村、榆林堡村，密云区的古北口村、遥桥峪村、小口村，以及昌平区流村镇长峪城村进行调研。这类城堡类传统村落主要分布在长城文化带沿线，有学者称之为“城堡村落”①，名副其实。

一、延庆区八达岭镇岔道村

（一）岔道城②（村）概述

2002 年，《北京历史文化名城保护规划》中介绍：“岔道城历史文化保护区位于延庆县八达岭镇，是北京通往西北的重要军事据点和驿站，其紧邻八达岭长城，至今原有城门、城墙尚在。”2004 年，郊区历史文化保护区规划编制概述中介绍：“岔道城历史文化保护区位于延庆县八达岭镇，是长城军事防御体系中八达岭关口的重要组成部分，保护面积 21.6 公顷，建设控制区

① 陈喆，董明晋，戴俭．北京地区长城沿线戍边城堡形态特征与保护策略探析［J］．建筑学报，2008（3）：84-87.

② 在 2002 年 9 月 19 日《北京日报》公布的《北京历史文化名城保护规划》中，第二批历史文化保护区名单中郊区有 10 片，其中“延庆县岔道城”位于“延庆区八达岭镇岔道村”范围内，2018 年北京传统村落公布入选名单时使用了“延庆区八达岭镇岔道村”，笔者认为这是传统村落入选时更强调整体性的体现，文中“岔道城”更强调岔道古城的文化遗产性质。

面积 113.9 公顷。保护区内有古树名木 3 棵，历史遗存 5 处，保护院落 1 处，古城墙城门、烽火台成为历史保护区的历史文化特色。”岔道城距八达岭关城西北约 1500 米，岔道古城在八达岭关城西北处。据《延庆州志》记载：“岔道有二路，一至怀来卫，榆林、土木、鸡鸣三驿至宣府（今宣化）为西路，一至延庆州、永宁卫、四海治为北路。”故得名“岔道”。2006 年，岔道村被评为北京“京郊最美丽的乡村”，入选第一批中国传统村落（如图 2-52 所示）。

图 2-52　岔道村入口处标志（作者拍摄于 2018 年）

整个岔道城呈不规则长方形，中间略鼓，两端略缩，依山势而建，北部城建在半山上。整个城东西长 510 米，南北宽 185 米，为船形。该城设有东、西城门（原来带有瓮城），北山的边墙及墩台代替了城墙，南城墙上设有敌楼。西、东城门的“岔西雄关”与“岔东雄关”门额，均带有“万历三年”（1575 年）题款。岔道城墙高约 2.6 丈（8.5 米），由青砖、石条、灰浆、夯土砌筑。城墙顶部墁砖，内低外高。排水槽朝向城内，不给来敌抛绳攀墙的机会，并且可以缓解北方少雨时的旱情。全城总占地面积约 8.3 万平方米，城墙高 8.5 米，由石条城砖、石灰、泥土筑成。城上设有马道，外侧宇墙设垛口、望孔、射口，南城墙有烽火台 2 座。城墙的建造分为两个时期：早期是内夯土，外用石块加白灰砌筑；晚期在原城墙外用条石和砖砌筑。《居庸志略》载：“八达岭为居庸之禁扼，岔道又为八达岭之藩篱。”岔道城是居庸关及八达岭的军事前哨。古人评论称：“守岔道，所以守八达岭；守八达岭，所以守居庸关；守居庸关，所以守京师。”明朝末年，李自成起义军曾经3天未能攻下岔道城，不得不绕道石峡关攻入居庸关，进而攻占北京城。

如今，岔道城南城墙主体尚存，但是垛口、敌楼、箭孔已经全部无存，东、西城门重修了部分外墙、垛口、箭孔，城门洞的石条地面及城门外的石板桥凹凸不平。西门内大街北侧有新修复的关帝庙、城隍庙，庙内有戏楼。城内还有客栈、驿站、三关庙、衙署、清真寺遗址，以及数棵古槐。城墙的南段、东西段较为完整，北城墙塌处较多。城墙四角现保留着夯实的城台，南墙中还有两处马面。城上设有马道，外侧宇墙设垛口、望孔、射口。城中原建有关帝庙、城隍庙等庙宇，还有衙署、公馆、戏楼等。西城门外有练兵的校场。还有粮秣、武器弹药仓库。城的东北两侧山顶各筑一座堡垒。周围山峰筑有望敌情的烽火台。为加强防御，西关外还建有土边城垣。

古老的岔道城三面被青山环抱，山峰筑有瞭望敌情的烽火台。为加强防御，西关外还建有土边城垣。西城门尚存，东城门仅存条石地基。城内原铺户、客栈等老式建筑已被一些现代民房所取代，只留下县衙、把总署、守备署、玉皇庙、城隍庙、关帝庙、清真寺等遗址以及街道两旁的石碾、石磨盘等（如图2-53所示）。城内官井和3棵有近200年历史的古槐树保存完好。

图2-53　岔道城县衙遗址（作者拍摄于2018年）

2018年笔者调研的时候，在城墙上遇到两名正在村子里参加修建工作的工人，其中一名好奇地问笔者在拍什么，笔者说在调研，他问笔者调研这些做什么，笔者说是用来进行保护研究的。笔者建议给他拍一张照片留念，工人欣然答应。当时，岔道村有很多正在新建的民房，都准备开办民宿。已经营业的民宿有的生意很好，有的刚刚起步，装饰也很简陋，垃圾倾倒和回收工作做得非常不好。近年来，地方旅游业发展较为迅速，随着各级政府的重视及对乡村建设力度的加大，基层单位对环境维护也必定会进行必要的规范。岔道城距离八达岭长城景区很近，所以这边的“农家乐”相对而言会比深山区的村落生意好一些。另一名工人则直接表示不愿意拍照，转身向远处的小路走去，背景里远远的就是长城（如图 2-54 所示）。炎炎夏日，这里是休闲避暑的首选之地。这里年平均气温低于市区五度。岔道周围山峦起伏，每当秋风习习之日，天高云淡，红叶满山，游人可尽情欣赏曾是延庆八景之一的“岔道秋风”。

图 2-54　岔道城长城远景（作者拍摄于 2018 年）

（二）岔道村乡村景观遗产现状

岔道村的传统格局基本得以保留，但是重建的较多，且修建技术不容乐观，基本采用现代盖房子的技术，外在装饰力图表现为“古建筑”，但仿古技术非常有限，有的地方直接贴了一层像纸一样的仿古涂层，风干后开裂、脱落现象很严重。村落的现代化、商业化严重影响了其整体的历史风貌。图 2-55 就是很典型的农家院装修风格，笔者所选择的图片相对比较平和，还有更直接更“接地气”的广告语和装饰风格，这对乡村旅游业来说，并不是很好的持续发展模式。

图 2-55　岔道村正在经营中的民宿（作者拍摄于 2018 年）

二、延庆区康庄镇榆林堡村

（一）榆林堡村简介

2002 年，《北京历史文化名城保护规划》中介绍：“榆林堡历史文化保护区位于延庆县康庄镇西南，元、明、清时期是京北交通线上的重要驿站之一，其平面呈‘凸’字形。”2004 年，郊区历史文化保护区规划编制概述中介绍：“榆林堡历史文化保护区位于延庆县康庄镇西南，是北京现存规模最大、保存最完整的古代重要驿站遗存。保护面积 53. 96 公顷，建设控制区面积 305. 98 公顷。保护区内有古树名木 1 棵，历史遗存 16 处，保护院落 90 处，榆林堡城遗址为县级文保单位，其‘凸’字形城廓及典型堡寨式聚落布局成为保护区的主要特色。”榆林堡村入选第一批中国传统村落（如图 2-56 至图 2-60 所示）。

图 2-56　榆林堡老村入口（作者拍摄于 2018 年）

图 2-57　榆林堡新村入口（作者拍摄于 2018 年）

图 2-58　榆林堡村古民居外立面（作者拍摄于 2018 年）

图 2–59　榆林堡村长城标志（作者拍摄于 2018 年）

图 2–60　榆林堡村城墙外景（作者拍摄于 2018 年）

（二）榆林堡村乡村景观遗产现状

在 2018 年调研时，笔者的总体感受是榆林堡村中只有少量可以体现历史风貌的建筑物，尽管榆林堡村对面修建了“榆林新村”，但是村子里依然有大量新建房屋出现。榆林堡村保存的古民居，门楼已被修整，装上了现代的铁门。有一些保留下来的传统民居既无人居住，也没有得到必要的修缮。长城遗址周围环境的保护力度有待加强。2020 年，延庆区相关部门开展长城文化带建设，到康庄镇榆林堡村调研传统院落保护工作，实地察看了 4 个传统院落，了解修缮、保护进展及后续利用情况。

三、密云区古北口镇古北口村

（一）古北口村简介

2002 年，《北京历史文化名城保护规划》中介绍："古北口老城历史文化保护区位于密云县古北口镇东北部，自古以来为兵家必争之地。现存药王楼戏楼、财神庙、古关址等文物和南北大街，风貌较完整。"2004 年，郊区历史文化保护区规划编制概述中介绍："古北口历史文化保护区位于密云县古北口镇，为古代军事要冲、商贸重镇。保护区面积 40.3 公顷，建设控制区面积 615.95 公顷。保护区内有区级以上文物 9 处，历史遗存 15 处，保护院落 119 处，保护区内现存多处文物遗迹，并与其周边的古北口长城形成独特的历史文化景观。"（如图 2-61、图 2-62 所示）

图 2-61　古北口镇古北口村（作者拍摄于 2018 年）

图 2-62　古北口镇长城段标志（作者拍摄于 2018 年）

古北口村位于密云和滦平的交界处，曾是清代皇帝到承德避暑的御道必经之地。因为一条古御道，这里留下了诸多帝王将相和文人墨客的诗文篇章；因为当年的长城抗战，这里曾是全国人民关注的中心；因为众多庙宇古迹，这里又成了名闻京畿的旅游胜地。说到古北口村，总让人想起千年古镇古北口，也难怪古北口村和古北口镇密不可分，因为古北口镇或者说古北口的老城就建在村域内。不过，古北口村以前不叫这个名字。据《密云地名志》记载，古北口在唐朝时称“北口”，在金时称“留斡岭”，因地处卧虎山下，也称“虎北口”，后依谐音改成“古北口”。该村有着千余年的成村史。1950 年，古北口为密云第五区所辖，划为一村至六村；1954 年，成立古北口乡，领古北口村和东关、南关；1958 年，为火箭人民公社所辖；1961 年，为古北口人民公社所辖，改称“河东生产大队”；1966 年，为县直属古北口人民公社所辖；1984 年，为古北口乡政府所辖，恢复原名“古北口村”；1990 年，为古北口镇所辖，为镇政府所在地。

作为一个传统村落，古北口村必然有名胜古迹遗存——不仅有年代久远的蟠龙山长城，还有抗日战争时期的古北口抗日阵亡将士墓等（如图 2-63 所示）。

图 2-63 古北口抗战七勇士纪念碑（作者拍摄于 2018 年）

此外，还有以古迹为题形成的流传很广的民谣：“七郎坟、令公庙，琉璃影壁靠大道，一步三眼井，两步三座庙。”其中，除了七郎坟，其他景观均在古北口村域内。据《密云民俗旅游掠影》一书记载，在古北口村，有庙宇 26 座。现存的，包括复建的，一共有 8 座，即令公庙、二郎庙、关帝庙、龙王庙、药王庙、财神庙、娘娘庙和玉皇庙。其中，财神庙在新中国成立后一直作为村里的仓库，所以得以保留；关帝庙的戏楼曾作为表演样板戏和村里开大会的场所，也保留了；其他庙宇均是后来复建的。当地民谣中所说的“两步三座庙”是指药王庙、圣佛殿、龙王殿，三庙均始建于明代。进药王庙，药王殿前东有一个角门，进门往北是圣佛殿，往南是龙王殿，三庙紧密相连，浑然一体，景观独特。

古北口村的庙宇，最为著名的是令公庙，又名“杨业祠”，始建于辽太平五年（1025 年），为辽圣宗耶律隆绪所建，至今已有 980 多年的历史。建筑坐北朝南，二进院落，有山门、前殿、后殿、东西配房等。前院为令公祠，前殿面阔三间，内塑杨令公等塑像 14 尊。后院为太君庙，后殿硬山顶，面阔三间，有佘太君等塑像。令公庙在“文革”中被毁，1992 年在原址重建。关于这座庙的故事很多，其中最为传奇的是 20 世纪 20 年代，冯玉祥将军驻军古北口村，捐资重修令公庙，并亲笔题写了一副楹联，上联是“何须执笔抒中愤”，下联是“自由公平在世人”，横批是“真正无敌”。

2005 年，古北口镇被评为“中国魅力名镇”。2006 年，古北口村被评为“北京优美乡村”，同年被列为北京市新农村试点村之一。2007 年，古北口村被评为“京郊特色民俗村”。2014 年，古北口村入选第三批中国传统村落。图 2-64 为古北口村村史陈列馆。

图 2-64　古北口村村史陈列馆（作者拍摄于 2018 年）

（二）古北口村乡村景观遗产现状

古北口村乡村景观的传统格局和历史风貌基本得以保存，由于是以村集体为单位发展乡村旅游，商业气息较浓，民居重建现象严重，民俗旅游街区两侧的民居均为新建房屋（如图 2-65 所示）。

图 2-65　古北口村经营中的民宿（作者拍摄于 2018 年）

四、密云区新城子镇遥桥峪村和小口村

（一）遥桥峪城堡（村）简介

2002 年，《北京历史文化名城保护规划》中介绍：“遥桥峪城堡位于密云县新城子乡的东部，建于明万历二十六年（1598 年），此堡呈方形，南门正中一座城门，至今保存完好。”2004 年，郊区历史文化保护区规划编制概述中介绍：“遥桥峪城堡、小口城堡历史文化保护区分别位于密云县新城子乡的东部及北部，是由军事设施演变来的民居村落古城堡，遥桥峪、小口保护区面积分别为 20. 3 公顷、10. 9 公顷，建设控制区连成一片，面积 645. 4 公顷。遥桥峪城堡城墙、小口城堡城墙均为县级文物，至今保存完好。遥桥峪城堡有古树名木 1 棵，历史遗存 11 处，保护院落 6 处，小口城堡有历史遗存 11 处，保护院落 14 处。”

遥桥峪城堡在雾灵山西北侧山弯里，是一座保存完好的明代小城堡（如图 2-66 所示）。明洪武初年（1368 年），为防御蒙古部族的入侵，朝廷在曹家路设“千总府”营城，同时在走马安口、安达木河北岸建寨堡，命名“河间营”。万历二十七年（1599 年）秋，由河间营寨堡扩建为河间营城堡。城池呈长方形，花岗岩石垒砌的城墙高约 7 米、宽近 4 米，垛口马道一应俱全，遇有战事，可攻可守。河间营对面的山谷有一村落，住着守城将士的家人、农民和猎户，那里山峻谷深，沟长水清，风光秀美，称为“窈窕谷”，后来被叫成“遥桥谷”，久而久之，又成了“遥桥峪”。

图 2-66　遥桥峪城堡远景（作者拍摄于 2018 年）

遥桥峪城堡建于倭寇屡犯中华、烧杀抢掠、无恶不作的背景下，抗倭明将戚继光镇守蓟州时曾多次视察檀州至曹家路一带关隘，并对完善长城设施作出不少重要指示。戚继光逝世后，驻守这一带的官员一直按照他的命令加强边防建设。据地方志记载，此城东西长 123 米，南北宽 102 米，城墙高 7 米，顶宽 4 米，周围总长为 450 米，南面正中有城门一座，硅石基座周长 13.6 丈、高 3.2 丈，其上建有两坡三重砖木城楼一幢，四面城墙均为砖石结构，四角各有供放哨用角楼一间。遥桥峪城堡设计缜密，设施齐全，地理位置符合战略要求，它以云岫谷山羊精楼为耳目，与司马台以东至曹家路一带长城敌楼遥相呼应。当年长城遇敌情，在山羊精楼上值勤的哨兵马上点起狼烟，把长城上的报警信号传到城内，城内立即集合部队迅速增援曹家路以西长城沿线。由于地势隐蔽，就连敌人的密探也很难发现它。所以，遥桥峪城堡在当时具有很高的战略价值。

现在，遥桥峪城堡的东北方向是和密云水库相通的遥桥峪水库，从古堡到水库大约 1.50 公里，步行 15~20 分钟就可以到达。遥桥峪水库位于密云区安达木河上游遥桥峪村，于 1984 年 9 月竣工，共计完成土石方 63.50 万立方米，总库容 1940.00 万立方米，正常水面面积 61.20 万平方米，控制安达木河上游 178.20 平方公里的流域。建有大坝、溢洪道、排沙洞、输水洞和电站。大坝是北京首次采用的混凝土大头坝，最大坝高 54.62 米，坝顶长 262.00 米，年均供水 2000.00 万立方米，年均发电 100 万度，设计灌溉面积 4.62 万亩。东侧有雾灵山。

到了清代，明军撤走，百姓陆续搬进城堡居住，“河间营”也更名为“遥桥峪”。

20 世纪 80 年代，城堡东面修建了雾灵湖，南面原始森林开辟为云岫谷旅游区，吸引了数百万的国内外游客。人们可以随时登临城堡城墙，眺望远处的长城和烽火台，游览雾灵湖和安达木河。遥桥峪村民审时度势办起民俗旅游，颇有成效。

（二）小口城堡（村）简介

小口城堡位于密云区新城子乡的北部，临近长城，距遥桥峪城堡约 4 公里，是明代戍边营城，城墙“北圆南方”，保存完好（如图 2-67 所示）。城堡建于明朝万历年间，依地势建在半平地半山坡上。城堡城墙用河滩鹅卵石码砌，石间白灰浆填缝，如今城墙部分坍塌，城池形状比较完整。城墙高 3~

4 米，厚约 2 米，北部地势高，在山崖石上显得非常有气势，南边地势平缓，平直有残缺，长约 180 米。东城墙走向较直，由平缓地到山坡，长约 120 米。南城墙和东城墙在东南角合为一直角。西北端是随山势地形筑砌的弯曲城墙，弯弧形城墙长几百米，两道直城墙加一道弯弧城墙，形成一个近似前方后圆的城堡。城堡南面设一座城门，后来为了进出方便，把城门建筑拆了，只剩下大门两侧的几层方条石基座。

图 2-67　小口城堡远景中的城墙轮廓（作者拍摄于 2018 年）

现在城堡内仍住有约 30 户村民。城池因山就势，南临溪流小河，北靠山，坐北朝南，好似一把太师椅。以将军府为中心，北面墙修在山顶，南面随坡而下，城周围总长 546 米，设一道南门。城门是砖石结构，城墙都是大块石，如今除南门及部分墙拆成缺口，大部分城墙保存完好。当年的将军台早已不在，城门也只剩下石基，城墙依山而建，里面的老百姓大多是当年戍边将士的后代。

城堡以前屯有重兵，且有将军助阵指挥，故得名“将军台”，地理位置十分重要。它处在通往曹家路和遥桥峪的两条路的岔道口，是三条路的枢纽，地势较高，因屯重兵，而且有将军坐镇指挥，可谓兵家必争之地，是典型的城堡类传统村落。

（三）遥桥峪村和小口村乡村景观遗产保护现状

遥桥峪村和小口村均未入选中国传统村落。由于远离市区，加之密云旅游业发展基础良好，遥桥峪城堡完整留存，传统格局保护较好，较早开始以城堡为乡村旅游的载体，商业气息较浓，这对遥桥峪村历史风貌产生了很大影响。小口村的传统格局和历史风貌均保持了乡村自然的状态，虽然村里的建筑大多已重新修建，老房子的痕迹较淡，但“小而静”的风格令村子显得非常淳朴。

五、昌平区流村镇长峪城村

（一）长峪城村简介

长峪城村地处昌平区与河北省的交界地带，是昌平区最边远的村落，位于流村镇西北部深山区，因地处长峪峡谷而得名。长峪城村距离市中心 54 公里，从市区到长峪城村只有一条蜿蜒的盘山路。从明朝建城开始，长峪城村就是居庸关关隘防御体系的一部分，明朝万历年间在已有城堡西增筑新城，名为“长峪新城”。长峪新城只设一道东门，东门外设一座瓮城，是典型的城堡型传统村落，与白羊城、白羊城合称“北京边关三城”，是镇边防御的重要组成部分，入选第二批中国传统村落（如图 2-68 所示）。至今，该古城堡已有近 500 年的历史，大部分城墙已损毁，兵堡围墙和城门仍有遗存。

图 2-68 长峪城村长城标志（作者拍摄于 2018 年）

（二）长峪城村乡村景观遗产现状

长峪城村落肌理清晰分明，村内传统民居虽然留存甚少，但是基本风貌保存完好，整体分为旧城和新城两大片（如图 2-69 所示）。该村现存典型民居为宋家大院，永兴寺为昌平区文物保护单位，位于旧城和新城之间村西台地；关帝庙位于旧城东北部，建于明代，北城门东，是昌平区文物保护单位；菩萨庙位于新城西高台，修建年代不详。长峪城村保留的非物质文化遗产为“大戏”，俗称“梆子戏”或“老调”，是山西梆子和河北梆子的混合体，也是当地文化遗存与移民文化融合的结果，北京地区保留该戏种的只有长峪城村一处。长峪城村另外一项享誉全国的遗产是“高楼”，海拔 1439 米的黄楼洼山顶有一座敌台，是北京长城中最高的敌台，这里也是南口战役骡子圈阵地所在地，当地村民自发组织为抗日英烈竖立了“抗日英魂”的丰碑，落款处为“长城儿女立”。

现在的长峪城村，虽然远离城市喧嚣，但是积极开发适合自己的乡村旅游项目。“猪蹄宴”就是当地农民开发的较有特色的农家特色菜，每年正月十五，村中都要举行灯节，全村老少都会加入“九曲黄河灯阵”，以民间艺术的方式祈求丰衣足食、风调雨顺。

图 2-69　长峪城村入口标志（作者拍摄于 2018 年）

第三节　大运河文化带沿线及其他传统村落

大运河文化带以元明清时期的京杭大运河为保护重点，以元代白浮泉饮水沿线、通惠河、坝河和白河（今北运河）为保护主线，以北京城市副中心建设为契机，推动大运河遗产保护与利用，加强路县故城遗址保护，全面展示大运河文化魅力。大运河横跨通州、朝阳、东城、西城、海淀、昌平六区，以白浮泉、玉泉山诸泉以及翁山泊（今昆玉河北段与长河），引入积水潭（今什刹海），经玉河（故道）、通惠河，最终流入北运河河道。大运河文化带沿线的传统村落只包括通州区漷县镇张庄村。其他传统村落包括：顺义区龙湾屯镇焦庄户村属于特殊类型传统村落；昌平区十三陵镇万娘坟村、德陵村、康陵村、茂陵村属于陵墓类传统村落；平谷区大华山镇西牛峪村和怀柔区琉璃庙镇杨树底下村均属于民俗类传统村落，较侧重非物质文化遗产的保护。本节仅对张庄村和焦庄户村进行介绍。

一、通州区漷县镇张庄村

（一）张庄村简介

张庄村为通州区漷县镇下辖，距市中心约 44 公里，因位于北运河沿线，城镇化速度较快，导致现有村庄完全没有古村落风貌，入选北京传统村落和中国传统村落更多是由于张庄村拥有非物质文化遗产“运河龙灯”。张庄村（如图 2-70 所示）的形成和发展与京杭大运河休戚相关。

图 2-70　张庄村村口标志（作者拍摄于 2021 年）

运河龙灯会可以追溯至清道光十四年（1834 年），每逢节日或灾害，龙灯会都要走会以求神灵保佑。张庄村龙灯会的独特之处在于龙口造型为方形，龙身为蓝色，龙的脖子上各系五个铜铃，双龙舞动的时候铃声悦耳清脆，极具地方特色。每次走灯会需要 40 人左右，曾经保留 30 多套舞龙套路，但现在整理出来的只有 13 套。龙灯会现在的传人为第六代传人，我们调研时专门走访了该传人谢老先生。现在龙灯存放在村里的“非物质文化遗产展示厅”（如图 2–71 所示），但展厅陈列简陋，走访时笔者得知，因经费有限，现在只能让“双龙”暂时“盘睡”在此。

图 2–71　张庄村非遗龙灯展示厅（作者拍摄于 2021 年）

（二）张庄村乡村景观遗产保护现状

张庄村现有的乡村景观遗产非常具有代表性，但并不是活化利用的典型代表，而是在城镇化过快的进程中如何很好地实现城乡融合的范例。从传统村落肌理和风貌角度而言，张庄村没有任何痕迹可言，村内无现存古民居，均为现代民房（如图 2–72 所示），连关帝庙都变成了现在的村党支部、村委会，甚至没有任何指示说明。可以说，在传统村落保护与发展问题上，张庄村像是被遗忘的角落，经济发展的情况和邻村侯黄庄相比差距较大，非物质文化遗产的传承也面临很大的困境。在调研中，我们通过座谈和走访得知，真正想留在村子里的年轻人极少，每次走灯会时都会出现严重的人员短缺问题，传承龙灯文化面临现实的困难，和前述其他村落相比，张庄村只是被列在官方的名录里，普通老百姓从未将张庄村与传统村落联系在一起，也并不认为张庄村有何种“传统”。

图 2-72　张庄村现代农村民房街景（作者拍摄于 2021 年）

我们调研时，正值新书记侯东海上任半年。侯东海书记之前在通州区漷县镇石槽村担任村书记，笔者曾特意去石槽村进行了实地走访，正赶上石槽村开展环境整治工作，村里的工地随处可见。石槽村村内环境非常好，沿街有小花坛、小菜地，精致而美观，笔者与村民进行了交谈，大家对侯东海书记的工作能力大为赞叹（如图 2-73 所示）。

图 2-73　石槽村村口（作者拍摄于 2021 年）

在张庄村和侯东海书记座谈时，他提到自己的一些设想，也谈到了专业规划设计人员与实地的农村规划设计之间的距离，他认为“适合农村的规划才是好规划，才是接地气的规划”，对此观点，笔者颇为赞同。在接下来的工作中，他也希望将这样的治理理念运用到张庄村乡村景观的改造和重构中，将乡村物质文化遗产和非物质文化遗产景观更有效地结合起来，使张庄村作为大运河沿线唯一入选的北京传统村落更具有传统魅力和文化底蕴。

二、顺义区龙湾屯镇焦庄户村

（一）焦庄户村简介

2002 年，《北京历史文化名城保护规划》中介绍：“焦庄户历史文化保护区中焦庄户地道战遗址属顺义区龙湾屯镇焦庄户村。1943 年，当地党组织和群众利用地道和日寇周旋作战，创造了抗战时期闻名的‘地道战’，被誉为‘人民第一堡垒’。”2004 年，郊区历史文化保护区规划编制概述中介绍：“焦庄户历史文化保护区位于顺义区龙湾屯镇焦庄户村。1943 年，当地党组织和群众利用地道和日寇周旋作战，创造了抗战时期闻名中外的‘地道战’，被誉为‘人民第一堡垒’，是以抗战地道战遗址为主体的保护区。保护区面积 28.8 公顷，建设控制区面积 157.5 公顷。保护区内有历史遗存 15 处，保护院落 46 处，地下地道空间为其主要特色。”焦庄户村入选第五批中国历史文化名村、第一批中国传统村落。图 2-74 为焦庄户村地道战遗址纪念馆。

图 2-74　焦庄户村地道战遗址纪念馆（作者拍摄于 2018 年）

（二）焦庄户村乡村景观遗产保护现状

焦庄户村整体的商业气息并不比前述的几个村落弱，作为“地道战遗址革命教育基地”，周围的老乡依靠这个旅游景点生存是可以理解的，但从村落入口处和村落的街道风貌及修饰风格可以看出，焦庄户村需要改进的空间还很大（如图 2-75 至图 2-77 所示）。

图 2-75　焦庄户村街区标志（作者拍摄于 2018 年）

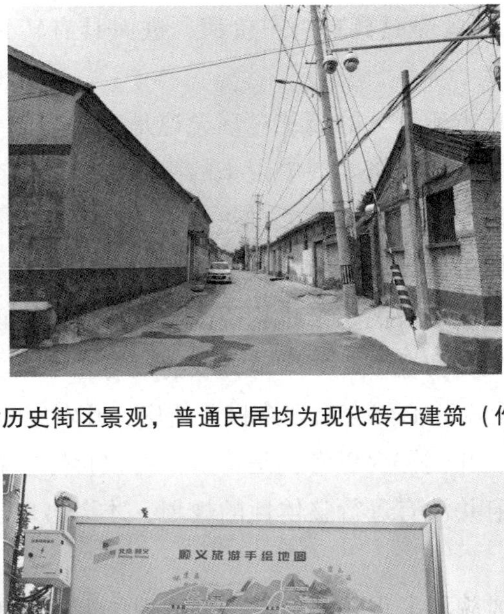

图 2-76　焦庄户村历史街区景观，普通民居均为现代砖石建筑（作者拍摄于 2018 年）

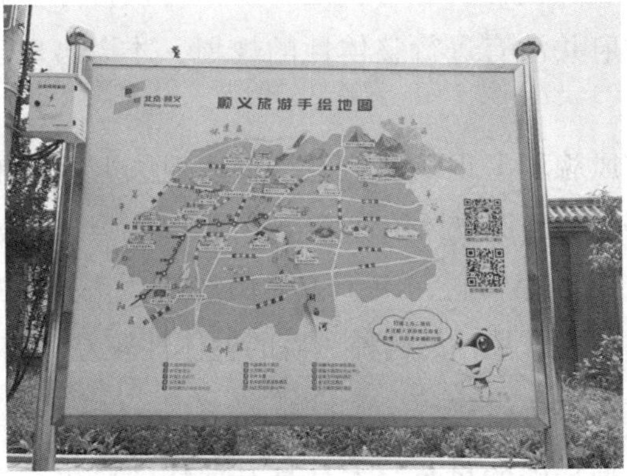

图 2-77　焦庄户村所处顺义区周边旅游示意（作者拍摄于 2018 年）

第四节　北京传统村落乡村景观遗产保护利用中存在的问题及原因分析

一、存在的问题

（一）整体乡村景观趋于新建

乡村景观遗产的魅力在于其自成一体以及与周围自然环境的和谐共存。随着时间的推移，村落环境在变化，乡村也在不断作出相应调整，这样形成的景观才可谓“乡村景观遗产”。我国学术界提出的“景村融合”，也是基于这样的理念提出的新的村庄规划模式。如果没有风景，就不会有美丽的乡村，乡村景观遗产因乡村景观而具有遗产价值，进而具有转化为经济价值的可能性。

在调研中，北京市近远郊的传统村落无论是城堡类传统村落，还是古村落类传统村落，都面临着经济发展中带来的生活方式的改变、建材现代化更新的问题。原有的房屋住着不舒服，自然会想着拆除重建，因此古建民居重建现象严重、整体风貌呈现消逝状态成为传统村落普遍存在的问题。随着城镇化发展对乡村的影响，农民越来越希望改善住房条件，因此拆旧盖新成了必然趋势。在这种现实情况下，如果地方政府没有基本的文化保护意识，只是一味地追求经济利益，必然会出现全村盖新房、开农家乐、赚大钱的现象。对于重建这个问题，我们需要思考：是不是都可以拆除？新房要盖成什么样子？显然，地方政府并没有进行整体性的规划，才会出现现在的保护区崭新一片的民居现状。

传统村落整体风貌均呈现消逝状态，重建现象严重的地区整体格局看似存在，但传统村落原有的历史风貌肯定会受到一定程度的破坏。在榆林堡村、三家店村、焦庄户村、小口村，由于古建民居年久失修，虽然从“原真性”角度看确实保留了历史风貌，但这种风貌的整体性较差。

（二）乡村旅游态势过猛

传统村落是一种特殊的村落，本身具有独特的历史、文化、艺术、科学和社会价值，村民在乡村发展进程中又将这些价值转化为经济价值，这种做法无可厚非。以传统村落为载体的乡村旅游业也会成为日后城乡一体化进程中较为普遍的一项第三产业，如果这项第三产业发展良好，就会非常有效地带动农村第一产业的发展。但是，目前北京郊区的传统村落过度发展旅游业、商业化现象普遍存在，“农家乐”“民俗村”已成为地方经济较重要的组成部分。这些乡村旅游发展迅猛，在此过程中并没有保持对村落周围环境的维护，从而加剧了传统村落历史风貌的消逝速度。乡村旅游更像一个消费场所，村民可能参与了其中的工作，比如餐饮、服务，但村民以本社区住民身份参与的程度在逐渐降低，这使得乡村旅游的乡土感越来越淡。如何运营乡村旅游已成为传统村落乡村景观遗产保护与发展面临的现实且紧迫的问题。

（三）本社区住民数量不断减少

村落“空心化”已经成为我国乡村发展中较为普遍的问题，北京的乡村也不例外。原住民数量越来越少，住在这里的居民或多或少地会加入乡村旅游行业，有自己开民宿的、有被雇用为服务人员的，真正务农的人员数量在逐年递减，这也会导致村民参与传统村落保护工作的积极性降低。同时，村民对待传统村落民居的态度与一般人对自己住房条件的态度无异，房子坏了要重修、重建，如果能在县城买新房就搬到新房去住，保护意识较为薄弱。

在岔道村、古北口村等重建现象较严重的地区，笔者在访谈中发现，村民并不觉得翻盖古民居是一种对“原真性”的破坏，而是普遍认为“原来的房子破得不能住人了，是村里组织出钱统一翻盖的”。在古北口村，有一百多家民俗旅游接待家庭，这些家庭用于“农家乐”“民俗村”的房子也是按村里统一给出的指导规划翻盖的。在考察过程中我们发现，在古北口村、岔道村、遥桥峪村，真正意义上的古民居已经不存在了，大多是返修后的“仿古建筑”，这种现象虽然从经济效益的角度讲会使村民获利，但是从文物遗产保护的角度而言无疑是一种彻底的毁坏。

（四）人与自然相互作用的痕迹变淡

传统村落多数为古代村落形式，无论在选址、规划方面，还是从建设角度看，都有自己独特的建筑模式，因此这些传统村落的整体格局就是这些保护区的骨架，而生活在其中的村民的生活模式以及保留延承下来的非物质文化遗产就是这些保护区的历史风貌，也就是我们常说的“气质”。建筑原本就是每一个时代的人们为了自己的生活与自然所作出的一种适应和协调，如何建筑就表达了他们如何生活。这些传统村落，其实就是古代先民在深山、远城之处选择的一种生活方式。现如今，这种建筑形式赖以存在的物质基础以及时代特色均已发生改变，再一厢情愿地保留这些建筑模式多少会有强人所难之感。比如，现在村民基本上不会选用煤炭作为取暖资源，很多建筑中都加入了“空调”“自采暖”等供暖设施，这些设施与过去的建筑放在一起是不协调的，但确是在新的生活方式下应运而生的。

实际上，在考察传统村落的过程中，我们更多的是在考察村落在现代化进程中能否既不失本色又与时俱进不被经济大潮淹没，更重要的是能让生于斯长于斯的村民解决温饱问题，并从中获得心灵的慰藉，让“乡愁”有所寄托。

爨底下村、古北口村、遥桥峪村和小口村地处山区，周边基本没有受到城镇化影响，故而与周边环境的协调度较为稳定。岔道村地处八达岭长城附近，因此在旅游旺季必会受到影响。在岔道村的建设过程中，我们也充分地感受到因经济发展而呈现的越来越严重的商业化特征。三家店村处于城镇中，近些年受城镇化发展的影响较大。榆林堡村与旅游景点相隔几公里，越来越像一个被历史遗忘的普通乡村，除了旅游爱好者和文保事业参与者，鲜有游客知道还有这样一个传统村落。焦庄户村虽然有不同的历史定位，但如今作为传统村落留存，更多的是因为它身上承载了革命历史信息，作为“地道战遗址革命教育基地”，它已逐渐演变为旅游景点，周围的环境也更趋于旅游景点的氛围。

（五）各传统村落均未按要求挂牌明示

我们在这几年调研走访的过程中发现，明确标注“传统村落”的寥寥无几。2020 年 5 月，住建部发布《住房和城乡建设部办公厅关于实施中国传统村落挂牌保护工作的通知》（建办村函〔2020〕227 号），明确要求对传统村落均以给定样式挂牌明示。但是，尚未发现有按照住建部规范性文件要求设计制作标牌的传统村落。北京市政府发布的相关指导意见中也明确要求挂牌明示，但 2018 年以后仍未看到有村落以“传统村落”的方式明示。有些旅游发达的区域，有表明当地特色的一些标牌和介绍性文字，多数放在区域的入口处，如“京西古道”“小口城堡”等，有些还会标明“区级文物保护单位”等，但没有关于传统村落的公示。

无论是现在的“传统村落”，还是过去的“历史文化保护区”，调研中涉及的这些村落存在的问题具有共性——都是围绕利用“乡村景观”这样一个载体发展乡村旅游事业所产生的问题。近年来，国家关于农村发展的基本政策以及相应的法律法规都有了质的飞跃，标准更加明晰化、更具可操作性，对上述问题的解决具有重要的指导意义。

二、原因分析

北京传统村落的保护首先是要做好乡村发展工作，不能抛开乡村发展单纯地看传统村落的保护，否则就会背离传统村落保护的初衷。无论是欧美主导话语权的“文化景观”概念，还是中国乡村聚落中的“风水”概念，其内涵都是乡村和环境之间的关系，基于这种关系形成了悦目的、养心的物质载体和非物质载体，也就是文化遗产的范畴。其次，在传统村落保护过程中，村落中的文物古迹等可以用博物馆的方式予以静态保护，但对景观而言，应该尊重其自身特点，以动态的方式保持其活力。在调研的过程中，我们感受到更多的是运用传统村落乡村景观遗产这个载体发展乡村经济，使其成为乡村第三产业发展创收的主要途径，功利性非常强，导致对村落景观风貌的保护工作欠缺很多，远离都市的村落情况会好一些，但大多数已成为乡村旅游或“农家乐”的载体。中国人讲究“靠山吃山，靠水吃水”，守着村子的好风景发展乡村旅游业本来无可厚非，但凡事要讲究规则和方法。具体分析北京传统村落乡村景观遗产保护利用中存在问题的原因，主要体现在以下五个方面：

（1）法律体系欠缺完整性。在北京传统村落乡村景观遗产保护与利用的过程中，首要的问题是法律法规体系欠缺完整性。总体来看，目前的法规以《中华人民共和国文物保护法》《中华人民共和国城乡规划法》《中华人民共和国乡村振兴促进法》《历史文化名城名镇名村保护条例》《北京历史文化名城保护条例》，以及住建部、北京市政府发布的一系列关于传统村落的规范性文件、技术导则为主。在法律、行政法规层面，并没有专门针对传统村落的法律文件，《北京历史文化名城保护条例》作为地方性法规，加入了传统村落的内容，但相应的细则并未明确，因此传统村落的保护工作仍然具有较强的地方性。

（2）地方保护理念较落后。如果把北京传统村落乡村景观遗产保护工作不得力完全归因于地方政府及相关部门，似乎较为片面，但从现实情况来看，急功近利、实用主义的做法也是显而易见。当然，对传统村落来说，解决农民的生计问题是首位的，在利用乡村景观遗产发展旅游业的过程中，只有将利润和人文有机地结合，乡村旅游经济才有可能持续发展。有很多地方将乡村景观遗产保护和旅游经济发展结合得恰到好处，既让城里人在乡村找到了他们希望找到的“乡愁”，也让农民在自己的美丽家园实现了创收。例如，浙江丽水市松阳县传统村落的民宿经济，就是由县党委牵头、县委书记亲自带领对村落的景观进行有温度地修缮，既保护了老屋，又保护了乡村景观遗产，这样有规划、有规范地发展乡村旅游经济，既实现了美的传承，又实现了利益的共赢。本书第三章会专门介绍各地保护传统村落乡村景观遗产的优秀经验，可以说地方政府先进的保护理念是关键要素。

（3）缺乏必要的技术指导。2015 年、2018 年，北京分别出台《传统村落修缮技术指导意见》和《传统村落修缮技术导则》，后者从内容上更加细化，也更加关注传统村落各项要素修缮进程中技术性的约束和规范指导，详尽且易操作。在 2015 年之前，北京传统村落的旅游开发已蔚然成风，对一些美学价值极高的村落的风貌破坏较为严重。2018 年《传统村落修缮技术导则》的出台，加强了对传统村落修缮技术的引导，笔者会持续关注其实施效果。

（4）村民参与度低。传统村落的大多数村民在县城、市区买到新房后渐渐迁出，尤其是年轻人，他们在追求现代化生活方式的过程中逐渐向大都市靠近，这似乎是“空心化”的主要原因，也是必然趋势。传统村落在被登录后通常不容许擅自进行修建、翻建、改建，一般会由村里的集体经济组织统一进行规划和经营，此时的传统村落更像是做生意的道具，在传统村落中是否还有传统的生活感受，对于经营乡村旅游的村民而言已经不是重要的事情。是否要保护乡村景观遗产，以及如何进行保护，需要有关部门进行必要的引导和规范，村民的表现则更多的是因从旅游业中获利而对乡村景观遗产经济价值的认同。可见，应努力提高村民的公众参与意识。

（5）可持续发展能力有待增强。乡村景观遗产与其他类型的文化遗产具有相同的属性，稀缺性是其中之一。乡村景观遗产是在长期的历史发展中沉淀下来的乡村景观的风貌，历史的“痕迹”不可替代，在将乡村景观转化为经济价值的过程中，要注意对乡村景观遗产可持续发展利用的考量，一味地开发、新建不仅会毁坏乡村景观遗产的独特性，更会导致对良好自然资源的过度消费、严重破坏等问题。从对北京几个具有代表性的传统村落乡村景观遗产保护现状的分析中可以看出，目前对乡村景观遗产的保护力度极为不够。

乡村景观可持续发展进程中最难能可贵的是人与自然的协调共生，尊重自然、师法自然、保护自然，才能从自然那里获得更多的可以持续发展的潜在能量。因此，在北京乡村景观遗产发展过程中，必须坚持秉承生态农业、生态文明、生态发展的理念与方向，让“绿水青山就是金山银山”成为乡村可持续发展的重要抓手。

第三章 乡村景观遗产可持续发展的先进经验

第一节 松阳“拯救老屋行动”模式

一、松阳县传统村落概述

浙江丽水市松阳县位于浙江西南部山区，因处于松山之南，故名“松阳”。松阳始建于东汉建安四年（199 年），有 1800 余年历史。全县四面环山，百余处格局完整的传统村落，这些村落大都经过精心规划，展现了古代乡村聚落特有的风水布局[①]。松阳自古就有“桃花源”的美誉，县域面积 1406 平方千米，八山一水一分田，森林覆盖率达 80%，中部的松古盆地为浙江西南最大的山间盆地，主要河流松阴溪穿城而过，汇入瓯江。域内山水形胜，重峦叠嶂，田园风光优美。唐代诗人王维曾有“按节下松阳，清江响铙吹”的动人描绘，北宋沈晦也发出“唯此桃花源，四塞无地虞”的由衷赞叹。[②] 松阳县域内至今保存着上百座风貌完整、古香古色的古村落，其中 75 座入选中国传统村落名录（见表 3-1），数量位居浙江省第一，在全国也名列前茅。松阳县传统村落的乡村环境、村落布局、建筑风貌保存完整，耕读文化、民俗文化、宗族文化脉络可循，依然保持着“山水—田园—村落”的格局，呈现田园牧歌式的景象，被《中国国家地理》杂志称为“最后的江南秘境”。

松阳传统村落形态多样，错落有致，阶梯式、台地式、傍水式、谷地式等村落星罗棋布，在山水间交相辉映，村落至今保留着“松阳高腔”“板桥三月三”“竹溪排祭”“山边马灯”“平卿祈福”等非物质文化遗产，生动展现了浓郁的乡村风情和乡土意蕴，被誉为“古典中国的县域标本”。

---

① 夏克梁．行画古村落：走进松阳［M］．南京：东南大学出版社，2018：15-16.

② 《秘境松阳》编委会．秘境松阳［M］．杭州：西泠印社出版社，2020：1-2.

分析中国传统村落的名单可以发现，2012 年第一批中国传统村落中并没有松阳县的古村落入选，2013 年 8 月第二批中国传统村落名单公布时，松阳县有 8 个古村落入选，2014 年第二批中央财政支持的中国传统村落名单中，松阳县有 8 个古村落入选，各类名单虽然在入选机制和支持力度上有很大区别，但仍可看出，松阳县传统村落逐渐受到重视。后续不断有松阳县古村落进入中国传统村落名单和中央财政支持的中国传统村落名单。中国传统村落采用地方及学术界推荐制，随着松阳县入选村落数量的增多，地方政府对松阳县传统村落的保护工作愈加重视。

表 3-1　松阳县入选中国传统村落名单

单位：个

入选批次	名称	数量
第二批	1. 丽水市松阳县古市镇山下阳村 2. 丽水市松阳县象溪镇靖居村 3. 丽水市松阳县大东坝镇六村村 4. 丽水市松阳县大东坝镇横樟村 5. 丽水市松阳县望松街道吴弄村 6. 丽水市松阳县三都乡杨家堂村 7. 丽水市松阳县三都乡周山头村 8. 丽水市松阳县赤寿乡界首村	8
第三批	9. 丽水市松阳县西屏街道桐溪村 10. 丽水市松阳县水南街道桥头村 11. 丽水市松阳县玉岩镇白麻山村 12. 丽水市松阳县玉岩镇大岭脚村 13. 丽水市松阳县玉岩镇交塘村 14. 丽水市松阳县象溪镇南州村 15. 丽水市松阳县象溪镇雅溪口村 16. 丽水市松阳县大东坝镇后宅村 17. 丽水市松阳县大东坝镇燕田村 18. 丽水市松阳县大东坝镇洋坑埠头村 19. 丽水市松阳县新兴镇官岭村 20. 丽水市松阳县新兴镇平卿村 21. 丽水市松阳县新兴镇山甫村 22. 丽水市松阳县新兴镇朱山村 23. 丽水市松阳县新兴镇庄后村 24. 丽水市松阳县叶村乡岱头村 25. 丽水市松阳县叶村乡横坑村 26. 丽水市松阳县叶村乡南岱村 27. 丽水市松阳县斋坛乡吊坛村 28. 丽水市松阳县斋坛乡上坌村	42

续表

入选批次	名称	数量
第三批	29. 丽水市松阳县三都乡呈回村 30. 丽水市松阳县三都乡黄岭根村 31. 丽水市松阳县三都乡毛源村 32. 丽水市松阳县三都乡上庄村 33. 丽水市松阳县三都乡松庄村 34. 丽水市松阳县三都乡尹源村 35. 丽水市松阳县三都乡酉田村 36. 丽水市松阳县三都乡紫草村 37. 丽水市松阳县竹源乡横岗村 38. 丽水市松阳县竹源乡后畲村 39. 丽水市松阳县竹源乡黄上村 40. 丽水市松阳县四都乡陈家铺村 41. 丽水市松阳县四都乡平田村 42. 丽水市松阳县四都乡塘后村 43. 丽水市松阳县四都乡西坑村 44. 丽水市松阳县赤寿乡黄山头村 45. 丽水市松阳县樟溪乡黄田村 46. 丽水市松阳县樟溪乡球坑村 47. 丽水市松阳县枫坪乡梨树下村 48. 丽水市松阳县枫坪乡沿坑岭头村 49. 丽水市松阳县板桥畲族乡张山村 50. 丽水市松阳县安民乡安岱后村	42
第四批	51. 丽水市松阳县玉岩镇玉岩村 52. 丽水市松阳县玉岩镇何山头村 53. 丽水市松阳县大东坝镇蔡宅村 54. 丽水市松阳县大东坝镇内大阴百鸟朝凰自然村 55. 丽水市松阳县大东坝镇小后畲 56. 丽水市松阳县新兴镇竹囮岗头自然村 57. 丽水市松阳县新兴镇张山头村 58. 丽水市松阳县新兴镇东北头村 59. 丽水市松阳县叶村乡膳垄村 60. 丽水市松阳县叶村乡斗米岙村 61. 丽水市松阳县斋坛乡下坌村 62. 丽水市松阳县三都乡后湾村 63. 丽水市松阳县三都乡下田村 64. 丽水市松阳县三都乡上田村 65. 丽水市松阳县竹源乡呈田村 66. 丽水市松阳县竹源乡周岭根村 67. 丽水市松阳县四都乡汤城村 68. 丽水市松阳县枫坪乡钱余宝钱源旧处自然村 69. 丽水市松阳县板桥畲族乡大毛科麒上自然村 70. 丽水市松阳县裕溪乡木岱坑村 71. 丽水市松阳县安民乡大泮坑村	21

续表

入选批次	名称	数量
第五批	72. 丽水市松阳县大东坝镇七村 73. 丽水市松阳县三都乡里庄村 74. 丽水市松阳县三都乡上源村 75. 丽水市松阳县裕溪乡凤弄源村	4
总计		75

资料来源：住建部官网，表格为自制。

时至今日，松阳县能够留存如此多的传统村落，既有偶然性，也有必然性。浙江经济的发展速度在全国可以说位居前列，但在松阳县域保留着数量如此多的古村落，也足见山区经济发展速度的缓慢，也足以证明城镇化发展并未将古风古韵完全吞没。

有学者梳理了松阳县的发展路径，资料中显示，松阳县也曾经历过针对旧村的大幅度改造，整村搬迁同样是旧村改造的主要方式。① 在旧村改造开始向山区村落推进之际，松阳县干部和社会文化人士意识到之前“整村搬迁”可能存在问题，及时采取有效措施，使传统村落迎来命运的转机。2007 年，时任松阳县博物馆馆长的王永球女士带领村民积极修缮祠堂，既保持了村民的主体地位，也使政府发挥了恰当的观念引导、技术指导和事后鼓励②的作用，为 2016 年中国文物基金会在松阳开展的“拯救老屋行动”奠定了方法和经验的基础。2011 年 11 月，王峻调任松阳县委副书记、代县长，成为松阳县古村落发展的真正转机，12 月松阳县就围绕“田园松阳”召开务虚会；2012 年，“田园松阳”上升为全县的发展战略。作家鲁晓敏从 2005 年开始对古村落的文化遗产进行系统调研，于 2013 年 4 月在《中国国家地理》上发表《瓯江上游：最后的江南秘境》一文，一举获得轰动效应，使世界认识了浙南山区这片集中保留的风貌完整、环境优美的古村落。

当大量摄影爱好者、美术写生者涌入松阳，民宿业成为当地政府看好的一个新兴产业。最先在松阳获得成功的是“过山云居”网红民宿。2015 年 8 月，“过山云居”在松阳县四都乡西坑村正式开业，创始人是 3 个苏州人——廖敏智（美术设计专业）、李超俊（商人）和潘敬平（《时尚旅游》杂志编辑），他们的举动在当时并不能为村民所理解，但他们被西坑村的地理环境、

① 罗德胤，孙娜，付敬诺．村落保护和乡村振兴的松阳路径［J］．建筑学报，2021（1）：1–8.
② 同①。

古村民宅的古色古韵深深吸引，立志在这居高临下、可远眺看山、可触手及云、可看星星的西坑村开办一家“有故事的民宿”。开办至今，“过山云居”的满客率基本保持在90%以上，创造了丽水民俗旅游的奇迹。被这3位充满干劲、满怀激情而不失睿智的创业者改造的临着500米山崖的古宅成为“过山云居”成功的关键因素，让民宿成为山顶的房子、云端的精品酒店也是“过山云居”区别于其他以乡愁为主题的民宿酒店的制胜法宝。“第一个吃螃蟹的人”不仅是最勇敢的人，更是最睿智、最有创造力的人，这3位让老房子焕发新力量的创业者用自己的行动为老村里的老屋赋予“休闲消费”的文化意义。

在“老屋换新颜”的过程中，觉醒的是村民，受益的是创业者，而更多应该肯定的是当地政府在旅游、文创开发与古村落保护之间关系处理过程中所表现出的冷静和理智。在意识到古村落、老房子还有其他出路之后，当地政府很快就表现出积极的扶持态度，鼓励村民开办民宿，允许村民按照政策标准对闲置房产进行改造，只要证照齐全、核定验收，就能拿到政府补贴——传统民居改造会按更高标准给予补贴，在民宿达标并获得星级评定之后，还会有另外的补助。最令人欣慰的是，此时的地方政府没有因为“过山云居”的成功而采取大拆大建盖新居的粗暴转型模式，而是从村落整体生存环境保护的角度出发，保留了松阳“慢节奏”的生活方式，将乡村景观中的“古老”视作珍宝，小心翼翼地呵护，并给予有效的支持（如图3-1、图3-2所示）。

图3-1　松阳县四都乡平田村民宿“爷爷家”（作者拍摄于2020年）

图 3-2 松阳县四都乡平田村农耕馆（作者拍摄于 2020 年）

中共松阳县委、县政府深入践行“两山”发展理念，以实现全面小康的历史自觉、推动绿色发展的生态自觉和弘扬优秀传统的文化自觉，积极推进“文化引领的乡村振兴”实践，初步走出了一条城市与乡村、传统与现代、经济与社会互融互促互补发展的道路，并且已经取得了良好的成效。①

二、“拯救老屋行动”模式

松阳县的传统村落重新焕发生机之后，引起了国内外的广泛关注，松阳县也先后获得“全国传统村落保护发展示范县”“中国传统村落保护利用试验区”等美誉。松阳县是全国首个“拯救老屋行动”整县推进试点县，起到了很好的示范效应。在文化的引领下，松阳县传统村落迎来了更多的旅游商机，游客不仅能在此体验到乡野农家的风情，更能感受到中国农村独有的格局及风貌，为业余休闲生活带来无尽的乐趣。这种模式以“活化”为主要引导理念，采取最少、最自然、最不经意却最有效的人工干预手段，维持了原生态的田园风光、原真的田园乡村风情、原味古朴沧桑的历史感，使传统村落实现了风貌完整、舒适宜居、富有活力，达到了人文和谐的境界，由此农村更像农村，民俗回归乡村，年轻人也更愿意回归乡村，原住民在乡村活得更加富足而有尊严，最终打造出有品质的田园乡村生活。浙江的文化遗产保

① 《秘境松阳》编委会．秘境松阳［M］．杭州：西泠印社出版社，2020：1-2.

护工作在全国范围属于示范模板地区，在传统村落保护方面更是走在了全国前列。

在松阳县传统村落乡村景观保护过程中，“拯救老屋行动”模式的成功经验主要体现在以下三个方面：

（1）负责任的有效政府的主导作用是松阳县传统村落乡村景观遗产可持续发展的重要保障。在松阳县传统村落保护与活化利用的过程中，松阳县委、县政府给予了高度重视与大力支持，成为传统村落“自上而下”保护模式的典型代表。其总体发展思路：秉承以传统村落为底本、以优良生态环境为支撑、以乡土民俗风情文化为依托、以摄影写生等艺术创作为媒介的思路，建立以高品质农业为基础、农工贸文旅深度融合的资源生长型产业发展体系，推动乡村经济振兴。政府以文化引领乡村振兴原则为指导，以“活态保护、有机发展”理念为基础，将整体保护传统村落乡村景观遗产作为发展导向，以最小化、最原生态的人工技术干预为保障，同时出台各项具体化、人性化的传统民居改造利用专项政策作为行动的根本保证。在松阳“拯救老屋行动”中，地方政府积极主动、有前瞻性、有计划地干预成为松阳传统村落乡村景观遗产保护工作取得成功的关键。

（2）文化人士的积极参与是松阳县传统村落乡村景观遗产可持续发展的主要动力。在推进松阳县传统村落保护的过程中，早期摄影爱好者的积极参与使外界较早地知道松阳县传统村落的存在。地方文化部门干部王永球率先组织村民修祠堂，起到了很好的凝聚人心的作用。作家鲁晓敏、摄影家毛进军、写生届代表人物邱少敏等文化人士以专业领域特色文化活动促进了早期松阳县传统村落的活化利用，使更多的艺术、文化爱好者参与松阳传统村落的活化推进工作，有效地推动了文化兴村的潜质发挥。

（3）社会资本有序投入是松阳县传统村落乡村景观遗产可持续发展的主要基础。代表性民宿“过山云居”、“云上平田”、“飞茑集”、“平民书局”（如图3-3所示）和“云夕摩加共享度假空间”均为个体投资的民宿，在传统村落保护的初期，这些民宿发挥了非常好的示范作用，促成了松阳县传统村落的可持续活化，为后期传统村落发展民宿业起到了良好的“窗口”作用。

图 3-3　松阳县四都乡陈家铺村先锋书店平民书局门口
个性化标志及老屋外立面（作者拍摄于 2020 年）

第二节　江南水乡古镇景观模式

一、周庄模式

改革开放初期，苏南乡镇工业迅速发展，众多江南城镇大举拆桥拓街、填河筑路，一大批水乡特色鲜明的古城、古镇在短短几年彻底改变传统风貌格局，而当时位于江苏昆山的周庄镇，由于远离交通干线而免于其中。[①] 1986年，同济大学以阮仪三先生为代表的团队为周庄制定了《周庄总体及保护规划》，明确提出“保护古镇，开发新区，发展旅游，振兴经济”十六字方针，在遭遇前所未有的质疑和压力的情况下，当地政府对规划给予了充分的尊重，依照规划逐步实施，开了江南水乡古镇保护的先河，这在当时乡镇发展势头如火如荼的情势下显得有些背道而驰，但今日看来，不能不说同济大学保护团队和当时地方政府的一些有情怀的干部高瞻远瞩的发展眼光和可持续发展

① 阮仪三，袁菲．从守护到传承：江南水乡古镇保护实践 30 年［J］．中国名城，2006（6）：4-7.

的先进理念使周庄旅游业早早地赢在了起跑线。

周庄古镇形成早期的保护发展规划的推进并不是很顺利，经历了一系列的困难和资金短缺的困境①。20 世纪 80 年代，同济大学以阮仪三先生为代表的保护团队主动提出保护江南水乡古镇的想法。当时，阮仪三先生是同济大学城市规划教研室副主任，他在访谈中谈到，看到对这些江南水乡古镇根本没有进行合理的规划，更谈不上对古建的保护，便建议各级政府要管，要进行合理的城镇规划。江苏省和浙江省建设委员会的领导们同意保护团队的建议，并为其开了正式的公函和介绍信。当时，为各地区做规划这项工作完全是义务的，没有任何报酬，也不是政府行为，因此保护团队在行动过程中遇到了很多实际的困难。② 当时，从上海到周庄要走两天时间，长途汽车、飞机、班船要轮番坐，来回一趟要耗费很长时间。更令人感到辛酸的是，当时还遇到了来自镇政府以及昆山县政府的官方阻力，镇长和县委书记对阮仪三先生的团队所做的保护性工作给予了完全的否定。

非常幸运的是，当时担任文化站站长的庄春地先生非常理解阮仪三先生的心意，并协助保护团队搞测绘、搞调查、做规划，同时有一些从上海退休回老家的老人和有知识的居民很支持阮仪三先生和庄春地先生的工作。这样的局面在 20 世纪 80 年代的地方小镇是很正常的，大多数古城、古镇就毁于这个时期全国上下碾压式的发展。在阮仪三先生的努力下，周庄幸免于当时“大拆大建”的浪潮，成为江南“小桥—流水—人家”的“清新名片”。

保护古镇需要经费。当时北京大地建筑设计事务所（简称“大地事务所”）成立了“农村建筑发展基金”，在罗小未教授的介绍下，阮仪三先生向大地事务所提出了申请，并邀请其负责人之一金瓯卜先生亲自到周庄进行考察。金先生看后赞不绝口，答应一定给他们资金支持。当时，大地事务所资助了这个古镇规划项目 5000 元人民币。阮仪三先生介绍了当时的物价水平：吃一顿早餐 1 角——大饼 3 分钱、豆浆 3 分钱、油条 4 分钱，住一晚旅店 1 元 2 角。这 5000 元在当时可以说是“巨额资助”。第二年，阮仪三先生又向大地事务所申请了 5000 元人民币用于角直的保护。可见，大地事务所的“农村建筑发展基金”为今日周庄、角直等江南水乡古镇的完好保存立下了头等功劳。

① 阮仪三，黄海晨，程俐聪．江南水乡古镇保护与规划（摘登）［J］．建筑学报，1996（9）：22-25.

② 阮仪三，居平．留住乡愁：阮仪三护城之路口述实录［M］．上海：华东师范大学出版社，2015：60-69.

保护团队先后做了周庄和角直乡镇总体保护规划，并锲而不舍地奔走呼吁、宣传联络、游说请示，逐步引起各级领导的重视，社会舆论也给予了充分的支持，广大群众逐步树立起保护意识。在这个过程中，庄春地先生逐渐取得镇民们的信任，被选为人民代表，后来开办旅游公司当总经理，以充满人文关怀的理念推动了周庄的旅游事业。后来，庄春地先生又先后被选为副镇长、镇长，曾连任三届镇长。用阮仪三先生的话说："在保护周庄的过程中，我们依赖有文化修养、热爱家乡、热爱古镇、热爱祖国优秀文化遗产的有识之士的共同努力，其中就有原昆山县老县长徐崇嘉，昆山原城建局局长郑兆毅，以及周庄镇原书记胥家兴、朱兴农等"①。

1995 年，周庄建立"古镇保护基金"，将古镇旅游门票年收入的 10%用于古镇保护，包括修缮历史建筑、改善基础设施、提高居民生活环境等。这种"完整地保护古镇格局风貌，与古镇有所隔离地开辟新区和工业区，充分利用古镇历史人文遗存，强化历史特色开展城镇旅游，并将旅游收入回馈于古镇保护"的保护古镇与经济发展双赢的模式被称为"周庄模式"②（如图 3-4 所示）。

图 3-4　周庄古镇入口处（作者拍摄于 2014 年）

① 阮仪三，居平．留住乡愁：阮仪三护城之路口述实录［M］．上海：华东师范大学出版社，2015：60-69.

② 阮仪三，袁菲．从守护到传承：江南水乡古镇保护实践 30 年［J］．中国名城，2006（6）：4-7.

“周庄模式”以保持古镇“原生态环境”为主旨，政府主导，居民支持，全民参与，具有良好的“吸睛”效果。20世纪80年代，资本市场还较为单一，多数是政府出资开发保护历史文化名镇，很难找到社会资源投资。周庄最初的开发资金就来源于政府，主导力量也是政府。1989年4月，周庄第一个景点沈厅开门迎客，全年游客只有5.5万人次。可是到了2007年，周庄实现年游客接待量超过300万人次。之所以有如此发展，主要在于“政府主导，居民推动，全民参与”。

周庄自古就是重商之镇，其商业氛围也是江南水乡古镇中最为浓厚的。虽然“三步一万山蹄、五步一丝绸店”的场景令很多游客不满，但商业才是周庄的立镇之本。政府在保护、开发周庄的时候，大力提倡以“居民利益为中心”，把原住居民的利益放在第一位。居民是古镇的居住者，古镇的保护与旅游开发不是把古镇当作景区来保护，而是当作一处人类聚居地来保护。政府认可这种依托传统居民开设商业场所的做法，并认为这种做法会给居民带来收益，这是周庄的成功之本（如图3-5、图3-6所示）。周庄的优势在于其特有的资源，且开发较早，弊端则是商业氛围太重，但这也是“周庄模式”的特点。

图3-5　周庄古镇传统街巷（作者拍摄于2014年）

图 3-6　周庄古镇传统水路（作者拍摄于 2014 年）

二、新场古镇的“原生态”活化模式

继周庄之后，西塘、乌镇、同里、角直、南浔相继开始了保护规划和实践活动探索，这六镇并称为“江南水乡六镇”，于 2003 年 12 月获得联合国教科文组织“亚太地区文化遗产保护杰出贡献奖”，并正式以“江南水乡古镇”的名义申报世界文化遗产。江南水乡古镇的保护实践大致经历了三个阶段：第一阶段为以旅游观光为目的的 1.0 版本，如周庄、同里；第二阶段为以休闲度假为目的的 2.0 版本，如乌镇西栅；第三阶段为以生活原真性为目标的 3.0 版本，如上海浦东的新场古镇①。新场古镇的“原生态”活化模式是城镇化进程中颇具代表意义的实例。上海新场古镇的保护工作也是历史文化名镇名村保护过程中整体性保护原貌较好的一个典范。

新场史称“石笋滩”，又名“石笋里”，位于上海市浦东原南汇地区，现属浦东新区，在唐代时还是一片海塘，宋代时开拓为盐场。② 在宋代，新场被称为“下沙盐场”。宋建炎年间（1127—1130 年），两浙盐运司署迁到下沙，元初又迁至下沙的新盐场，一些随宋室南渡的氏族和江南县府的商号相继迁

① 阮仪三，袁菲．从守护到传承：江南水乡古镇保护实践 30 年［J］．中国名城，2006（6）：4-7.

② 阮仪三，袁菲，葛亮．新场古镇：历史文化名镇的保护与传承［M］．北京：中国出版集团东方出版中心，2014：1.

移至此，“新场”日益兴旺。[①] 新场就是新设的收购海盐的场署。一时盐运兴盛，市井繁华，长达2000多米的老街南通北达，商贾辐辏，店铺林立，茶楼酒肆繁华。药号、当铺、绸布店、棉花厂、烟纸店、米庄、酱园、书场、南货店、北货店不一而足，真可谓“十三牌楼九环龙，小小新场赛苏州”[②]。明末浦东沿海盐水变淡，盐业衰败；明末清初停止煮盐，转而种植棉花，成为重要的棉花产区，浦东逐渐转化为家家种棉、户户机杼的小农经济文化区。此时的浦西也渐渐孕育了独具特色的“海派文化”，成为近代史上中西文明交锋的前沿阵地。

由于远离市区，2000年以后，新场古镇还保持着较为原真的历史风貌。这是促使阮仪三先生原汁原味地保留下这座古镇的最初原因。2003年，由阮仪三先生主持的保护规划和实践工作正式开始，具体由袁菲博士负责。当时，保护规划的实施着实受到了很大的阻力，但最终保住了古镇的“完整性”风貌与“原真性”格局。在经济发展与文化保护的矛盾与纠缠中，当时主持和负责执行这项工作的各位专业人士的艰辛和不易完全可以想象，在这些专于实干的专家和当地干部的共同努力下，新场古镇免于“沦落成一般的毫无特色的乡镇”，在今日看来，这真是上海这座大都市的幸运。

新场古镇尚保留明清风貌建筑70多处，雕花门头100多座，马鞍水桥古石驳岸1000多米，南北长街2000多米，是保存完整的少有的“原汁原味”的传统水乡。[③] 在新场古镇保护规划中，最具有特色的是提出了“原住居民保护”的概念，将物质环境保护整治与文化旅游发展紧密结合，形成了物质环境留存、社会网络维系、无形文化传承“三位一体”的文化空间整体保护[④]。图3-7为新场古镇街区景观。

2018年夏季，笔者去新场古镇考察。新场古镇距迪士尼乐园不足20公里，但知之者甚少。笔者调研的时候，街区人不多，可以感受到浓浓的社区生活气息，正在喝茶的人面对镜头没有丝毫的胆怯、拒绝和害羞，大大方方迎着镜头留给我一个自信而善意的笑容，至今令我难忘。青龙桥（如图3-8所示）的登录标志显示为“不可移动文物”和“文物保护点”。

---

① 阮仪三，袁菲，葛亮．新场古镇：历史文化名镇的保护与传承［M］．北京：中国出版集团东方出版中心，2014：1.

② 同①7.

③ 同①.

④ 同①55.

图 3-7　新场古镇街区景观（作者拍摄于 2018 年）

图 3-8　新场古镇不可移动文物青龙桥（作者拍摄于 2018 年）

历史文化城镇中蕴含了很多因历史上出现过的繁荣阶段而形成的独特风貌，这些看似唯美的风貌大多数已经不符合现代生活所追求的舒适性、方便性和高效性。但是，我们并不需要它们来承载现代生产生活的功能，而应去努力挖掘其所蕴含的可以成为现代生活“精神后花园”的文化动力，完整地保存城镇整体的生活风貌更有利于发挥其独特的文化延承功能，为整个城镇的可持续发展注入生机和活力。在新场古镇保护与利用过程中，规划设计团队始终坚持“四性五则”，即“原真性、整体性、可读性、永续性”，以及“突出特色原则、保护利用原则、市场导向原则、整体协调原则、可持续发展原则”。①

上海作为我国近代历史上第一个开埠城市，100 年间经济飞速发展，周边的传统村落存量较少，这是城镇化发展的必然结果。现在上海市的中国传统村落共有 5 个，分别为闵行区马桥镇彭渡村、闵行区浦江镇革新村、宝山区罗店镇东南弄村、浦东新区康桥镇沔青村和松江区泗泾镇下塘村。这 5 个传统村落均入选 2012 年第一批中国传统村落，后续 4 批的名单中均没有上海的村落。新场古镇距离传统村落康桥镇沔青村不足 20 公里，其保护经验值得传统村落借鉴。古镇与古村落之间虽有较明显的差距，但在保护与活化利用上具有较多相同之处，对其中典型代表的具体经验与做法进行推广，对传统村落的保护与活化利用具有现实意义。

目前，上海入选的这 5 个中国传统村落的保护现状并不乐观②，主要体现在传统村落风貌破坏严重、私有古建修缮难度大及村落文化旅游吸引力薄弱等方面。新场古镇重规划、重实施、重保护、重坚持的保护理念对上海地区传统村落乡村景观遗产的保护具有重要的参考价值。

---

① 阮仪三，袁菲，葛亮．新场古镇：历史文化名镇的保护与传承［M］．北京：中国出版集团东方出版中心，2014：100.

② 谈佳洁，王晓静．大都市周边传统村落保护与开发的困境和对策：基于上海五个传统村落的实地调查［J］．城市，2018（4）：58-63.

第三节　袁家村“集体合作”模式与古北水镇“再造景区”模式

一、袁家村“集体合作”模式

陕西礼泉县烟霞镇袁家村（如图 3-9 所示）的发展与保护经验是另一种模式的范本。这个位于中国陕西关中平原腹地的袁家村，本身并不是中国传统村落，也不是中国历史文化名村，它和千千万万普通的村落一样，是一个贫困落后的小乡村。但是，袁家村周围有许多历史文化资源。距袁家村一公里的唐太宗昭陵是全国第一批文物保护单位，也是世界上最大的皇家陵园。袁家村周围已经形成了以昭陵博物馆、唐肃宗建陵石刻等历史文化遗迹为核心的点、线、带、圈为一体的旅游体系。有远见、有眼光的袁家村村支书看好这些旅游资源，带领村民们打造了一种独特的“集体合作旅游经济”模式。

图 3-9　袁家村入口处标志（作者拍摄于 2019 年）

20 世纪 70 年代以前的袁家村，是当地出了名的贫困村。在改革开放初期，郭裕禄带领全村村民，大力发展集体经济和村办工业，当时在全国都出了名。1993 年，袁家村成立了集农、工、贸于一体的集团型企业——袁家农工商联合总公司，下辖 12 个子公司。目前，袁家村有 64 户 260 人，家家住上了小洋楼，家家生活得很滋润。村领导带着全体村民大力开发环保、生态、绿色的无烟工业——旅游业，创建民俗、民风体验一条街，集中展示关中农村自明清以来农村生活的变化。袁家村主要分两个区，一个是关中民俗，一个是“农家乐”。走进村子，映入人们眼帘的是一幅幅近似于原生态的农家生活画面，使游人恍惚中有种穿越时空之感，仿佛回到了20世纪五六十年代。

一入景区，就可以看到保留完好的20世纪中期的历史建筑，活化利用为村史馆（如图3–10、图3–11所示），馆中详细地展示了袁家村在第一任村支书郭裕禄的领导下走出了一条特色鲜明的集体经济发展之路。

图3–10　袁家村村史馆外景（作者拍摄于2019年）

图3–11　袁家村村史馆内景（作者拍摄于2019年）

在发展过程中，袁家村选择了“集体经济”的模式，并通过旅游业的发展促进了农业、种植业及农副产品加工业的发展，从而带动农民致富（如图 3-12所示）。

图 3-12　袁家村特色民宿门面及广告语标牌（作者拍摄于 2019 年）

袁家村的旅游业转型发展充分地践行了一条具有创新性的集关中民俗、非物质文化遗产的聚集、活化和复兴之路。在考察袁家村的过程中，我品尝了民俗街上的各类小吃（如图 3-13、图 3-14 所示），对店家及游客进行了访谈调研，店家对自己的产品很有信心，并且自信产品的质量经得起考验。

图 3-13　袁家村网红小吃店（作者拍摄于 2019 年）

图 3-14　袁家村网红酸奶店（作者拍摄于 2019 年）

酸奶店门口的合作制公示牌（如图 3-15 所示）清晰地展示了入股农户的信息以及对产品质量的承诺。在袁家村的民俗旅游区，这样的商家很多，都采取互相参股制，除了本村村民，村两委也非常欢迎外来资本投资旅游业，但前提是必须与村集体签订合作协议。村子里多处贴有“投资请与村委会联系，与村民个人签订合作协议的后果自负”之类的温馨提示，具有集体经济最重要的特征——团体性，这样的发展模式也能够最大限度地凝聚人心、缩小差距、提高人的主观能动性和参与活动的积极性。

图 3-15　袁家村酸奶合作制公示牌（作者拍摄于 2019 年）

袁家村的发展模式并不是万能的。袁家村旅游业发展起来以后，陕西出现了大批“类袁家村”式的乡村旅游点，但很多地方的经营并不乐观，甚至破产倒闭。袁家村之所以到现在还是一派繁荣发展的景象，主要有三个原因：第一，有责任心、有魄力、有胆识、有威望的领导干部做带头人。当年村书记郭裕禄在袁家村最初的发展中发挥了重要的领头人作用，他敢于担当、勤于奉献的精神获得了村民的一致认可。第二，“赏罚分明”的集体经济模式调动了大家的积极性。既可以成为店主，也可以成为入股者，方式灵活，做得好就分得多，出现了产品质量问题就要承担相应的惩罚责任，袁家村的各项食材均经过严格把关、层层筛选。第三，集体经济模式的合作入股制“一荣俱荣、一损俱损”的效果督促着每一位袁家村人用心用情做好每一个细节，年底分红的时候村民劳有所得，收入差距保持在合理范围。“集体致富”的理念与农村乡土氛围高度契合，有差距就会有相互嫉妒攀比的人性之恶，倒不如设置出合理有效、赏罚分明的创业机制，实现共同富裕，这也是我国市场经济体制改革的目标。在袁家村的集体农业旅游发展过程中，“天时、地利、人和”让共同富裕成为现实。

二、古北水镇“再造景区”模式

北京密云区古北水镇享誉全世界，在百度地图上，“古北水镇”位于古北口镇的司马台村，距离市区 120 公里，在司马台长城游览区的西南部，古北水镇西北部为司马台长城（如图 3-16 所示）。密云区入选的中国传统村落古北口村距古北水镇直线距离 10.5 公里，古北水镇与入选北京传统村落的遥桥峪村直线距离 8.6 公里，距小口村直线距离 5.5 公里。从旅游效益上来看，这些传统村落的名气远远比不上古北水镇。古北口镇因古北水镇景区而闻名，知道这里还有传统村落的游客很少。密云区虽然还有新城子镇吉家营村、太师屯镇令公村入选了中国传统村落，但与古北水镇相比，名气小得多。

古北水镇是一例非常成功的以村落整体风貌为载体、以乡村景观为卖点的“再造景区”，这里虽然有原生态的“司马台长城”作为景区的主打产品，但“古北水镇”这一地理概念是一个生造的新概念，或者准确地说，是为了发展旅游事业生造的地理概念。我们可以称古北水镇是一例成功的“再造景区”模式的样板。古北水镇对司马台遗留的历史文化进行了深度挖掘，将 9 平方公里的度假区整体规划为“六区三谷”，分别为老营区、民国街区、水街风情区、卧龙堡民俗文化区、汤河古寨区、民宿餐饮区和后川禅谷、伊甸谷、

图 3-16　古北水镇远处蜿蜒起伏的曲线是夜色中灯光映射下的司马台长城（作者拍摄于 2016 年）

云峰翠谷。古北水镇是集观光游览、休闲度假、商务会展、创意文化等旅游业态于一体，服务与设施一流、参与性和体验性极高的综合性特色休闲国际旅游度假目的地。度假区内拥有 43 万平方米精美的明清及民国风格的山地合院建筑，包含 4 家主题酒店、10 家精品酒店、28 家民宿客栈、30 余家独立餐厅、50 多家商铺和 10 多个文化展示体验区及完善的配套服务设施（如图 3-17、图 3-18 所示）。

图 3-17　夜色中的古北水镇，很多年轻人沿着人造的水路、街巷散步（作者拍摄于 2016 年）

图 3-18　摇曳的小舟，轻拂的晚风，恍如真入了江南小镇的小桥流水之境，这里是古北水镇的秋夜（作者拍摄于 2016 年）

北京古北水镇旅游有限公司成立于 2010 年 7 月，由 IDG 战略资本、中青旅控股股份有限公司、乌镇旅游股份有限公司和北京能源投资（集团）有限公司共同投资建设。公司旗下北京·密云古北水镇（司马台长城）国际旅游度假区总占地面积 9 平方公里，总投资 60 亿元。

北京古北水镇旅游有限公司拥有 3500 余名员工。现任董事长李建光先生 1987 年毕业于北京大学经济系，1994 年获得加拿大圭尔夫大学应用经济及企业管理专业硕士学位，1987 年至 1992 年任中国社科院研究员，现为 IDG 资本合伙人。现任总裁陈向宏先生是古北水镇、乌镇度假区总规划师、设计师，自 1999 年起主持乌镇古镇旅游保护开发，在全国古镇中率先提出“历史街区再利用”的保护理念，并将乌镇从观光型古镇打造成国际性的著名休闲旅游目的地。2003 年，荣获联合国颁发的“2003 年亚太地区遗产保护杰出成就奖”；2007 年，被国家旅游局授予“旅游行业全国劳模”称号；2007 年 11 月，被首届中国旅游论坛授予“中国旅游人才杰出奖”；2012 年，被北京市总工会授予“首都劳动奖彰”。执行总裁陈瑜女士，在旅游业市场开发、企业品牌战略实施、境外客源市场拓展、旅游景区和酒店业经营管理等方面具有非常丰富的经验。2008 年，被授予浙江省“巾帼建功”标兵称号；2010 年，被授予“桐乡市劳动模范”称号；2013 年，被授予桐乡市“三八”红旗手称号。

看到这里，我们似乎看到了江南水乡——乌镇的影子，以及与此非常相似的很多江南水乡的影子。正如其广告语“The different wall，the unique

Wtown”。“乌镇”在其官网上的 Logo 是“WU ZHEN”，这不免让人觉得古北水镇就是再造的北方“乌镇”，也或许这就是经营者要达到的运营效果。这是一个通过商业模式运营出来的以乡村景观为依托的旅游产品，并且占有非常大的市场份额，也具有很大的发展潜力（如图 3-19、图 3-20 所示）。

图 3-19　山顶俯瞰到的古北水镇全景，屋顶及房屋外立面酷似江南水乡的小镇（作者拍摄于 2016 年）

图 3-20　水镇的网红书店贴满便利贴留言条的墙面（作者拍摄于 2016 年）

公司官网上近 10 年来的荣誉，充分展示了公司运营团队花费的心血，以及取得的成果。

2014 年，古北水镇荣获 2014 新京报中国旅游总评榜北京榜“最佳生态文明奖”。2015 年，古北水镇荣获国际旅游度假目的地创新发展论坛“最具文化创意旅游度假区”；荣获中国旅游总评榜北京榜“年度最具推广力景区”；荣获中国会议产业大会组委会颁发的“会奖之星之 2015 中国最受关注特色会奖场所”；古北水镇建设团队荣获浙江桐乡市人民政府颁发的“集体三等功荣誉”。北京古北水镇旅游有限公司总裁陈向宏入围“第四届中国旅游投资艾蒂亚奖中国旅游投资年度人物奖”。2015 年，古北水镇大酒店被评为“驴妈妈百强度假酒店”“最佳华北度假酒店”。

2016 年，古北水镇被评为“2016 年网民最喜爱的十佳北京踏青地”；荣获由中国会议产业大会组委会颁发的“年度中国最具创新力特色会奖场所”奖，由劲旅网及《中国国家旅游》杂志颁发的“中国国家旅游 · 劲旅奖 2016 年度最佳温泉旅游景区奖”，第十五届“首都旅游紫禁杯”先进集体奖，猫途鹰（TripAdvisor）颁发的“年度卓越奖”，以及由密云总工会颁发的北京市第四届“福田杯”经济技术创新竞赛活动“优秀班组”奖。

2017 年，古北水镇（司马台长城）国际旅游度假区荣获中国会议产业大会 2017 中国最具体验会奖综合体，2017CITM 中国国际旅游交易会优秀广告奖，首届中国休闲度假大会最高奖——5U 奖，2016 年度密云区“安康杯”竞赛优胜单位，2016 年度北京市“安康杯”竞赛优胜单位，以及“宝沃杯”经济技术创新竞赛活动优秀组织单位。

2018 年，北京古北水镇旅游有限公司被北京老年旅游接待基地评定委员会评为“2018 年老年旅游接待基地达标单位”，在 2018 年观赏红叶最佳目的地榜单中排名第一，荣获文荟北京 · 质量生活“十大文化消费地标奖”及北京商报社主办的“京燕杯 2017 北京人喜爱的十大景区”奖。在 2018 今日头条年度城市营销大赏活动中，古北水镇获评“2018 城市精品品牌”。

2019 年，第六届北京惠民文化消费季发布 2018 北京文化消费品牌榜，古北水镇获评“十大文化旅游路线”；古北水镇函谷山庄获评 KOL 公信力金榜“2019 年最佳城市周边休闲度假酒店”。

从古北水镇旅游运营模式的成效，我们可以充分感受到文化的力量，以及传统与现代的交融。古北口镇司马台村与古北口村不同，司马台村背靠司马台长城原始的长城旅游资源，旅游开发者较为成功之处就在于充分利用了村落及周边环境和文化之间的天然联系，建立起一种符合现代人审美需求、可以抚慰其精神世界的新的空间模式，这种村落虽然是以一种人造景区的方式呈现，拷贝了江南水乡的景观模式，没有所谓的天然性和原真性，但并不影响古北水镇的商业运营效果。它给传统村落带来的启示就是，要像爨底下村、马栏村那样重视村落本体的物质性、非物质性遗产素材与周围环境之间的和谐，这样的和谐空间是中国千百年来农耕文化沿承下的农民自我创造、自我满足的文化模式，古代村落从选址、建构到日常的伦理行为，都有着区别于国家法的民间伦理法则，这些法则上升为一种完整的乡村景观虽是看不见的，却是真实存在的。古北水镇虽然是一种再造的文化，却是一种新的乡村文化的表达（如图 3-21 所示）。

图 3-21　古北水镇，现代与传统的交融，虽为再造的文化，却是文化的另一种表达（作者拍摄于 2016 年）

第四节　乡村景观遗产发展中文化法治经验的借鉴

一、法律文化现代化理论

文化，从广义上来说，是指人类在社会历史实践过程中所创造的物质财富和精神财富的总和；从狭义上来说，是指将文化的中心放置于人类的思维层面，即同人类的大脑相关的事物上面，如知识、思想、价值、心理等隐形文化形态上，加深人类内在理念及自我意识之认识。[1] 法律文化是文化的一种表现形式，是文化的一类“子文化”现象。“法律文化”作为一个新的文化概念，比其他子文化概念出现得晚。此概念大约始于20世纪60年代。在美国，这一概念最早出现在1969年。在中国，将“法律文化”作为一个新的概念和问题进行研究，始于20世纪80年代中期。现在，这一概念基本得到中国学术界的认可，获得了一个新文化概念的“合法性”地位。[2]

法律文化是指在一定社会物质生活条件决定作用的基础上，国家政权所创制的法律规范、法律制度，以及人们关于法律现象的态度、价值、信念、心理、感情、习惯及理论学说的复合有机体。法律文化包括物质法律文化（制度性的法律文化）和精神法律文化（观念性的法律文化）。物质法律文化就是前述的法律规范、法律制度，精神法律文化指法律信念、法律心理、法律观念、公民意识等。法律文化现代化是现代化进程不可或缺的一部分，既是文化现代化的重要内容，也是社会现代化的组成部分。

法律文化的进步与发展表现为法律文化整体结构的进步与发展。[3] 以法律制度为核心，法律文化进步和发展的首要标志是现代法律制度和规范体系的确立，这需要经历一个不断的制度更新的过程。法律能否适应以工业化甚至后工业化为主体的现代社会生活？首先，这取决于有无一个适应现代社会生活的制度和规范体系。这就要求对传统社会的一整套行为规则和价值体系进行审视，看其是否符合现代社会的要求，并及时对其进行调整。其次，法律文化的进步和发展还表现为法律组织机构的进步和发展，包括法律组织机构的现代化、法律操作等法律事务水平的提高、法律职业队伍的专业化等。法律文化的进步和发展还表现为法律文化价值观念的更新。社会的进步需要价值观念的更新，如果在一个变化了的现代法律制度体系内，社会成员的法律价值观念仍囿于传统的窠臼，那就不会有真正意义上的进步与发展。

在法律文化现代化的进程中，有两个问题需要考虑：一是自有法律文化的现代化。法律文化是不断发展的，如何处理传统法律文化和现代法律文化的关系是一个需要思考的问题。二是法律文化的本土化问题。“橘生淮南则为橘，生于淮北则为枳”，不同的制度需要不同土壤的孕育，法律作为一种上层建筑更是如此。在现代化进程中，各国都在学习他国的先进经验，这是现代

---

① 刘作翔．法律文化理论［M］．北京：商务印书馆，1999：21-24.

② 同①32-33.

③ 同①295.

化的必然要求，但是如果不考虑本国的法律文化基底，学来的制度必然会因“水土不服”而出现种种不适。

二、国内传统村落乡村景观遗产保护的法治共性

前文谈及的松阳、周庄、新场、袁家村、古北水镇的保护发展中，有一些经验是共性的。

（一）地方法治保护理念的先进性

浙江省的文化保护理念及意识都居全国前列。2017 年 11 月 30 日，浙江省第十二届人大常务委员会第四十五次会议通过《浙江省城市景观风貌条例》，从 2018 年 5 月 1 日起正式施行。该条例为地方性法规，是针对城市景观风貌整体保护的地方性行政法规，在全国属于首例，对城市景观风貌的整体保护进行了详细的规定。该条例所称城市景观风貌，是指由自然山水格局、历史文化遗存、建筑形态、公共开放空间、街道界面、园林绿化、公共环境艺术品等要素相互协调、有机融合构成的城市形象。这种先进的立法理念值得各个城市学习，也是防止“千城一面”较为有效的举措。

浙江省的文化遗产保护工作在全国具有示范效应。《浙江省城市景观风貌条例》中的相关规定，充分体现了“加强城市景观风貌规划设计和管理，营造美丽宜居环境，改善空间品质，彰显地域特色，提升城市发展软实力”的立法目的，读来令人心生安慰。法律的目的不仅在于“禁于已然”，更重要的在于“禁于未然”。“前人栽树，后人乘凉”，只有将城市环境治理好，子孙后代才可能真正实现生态文明的可持续发展。

松阳县的传统村落地处深山，能够保留到现在也是由于未遭到经济大潮的波及，这对当地农村的发展来说，既是幸事，也是不幸。松阳县委书记王峻及时地意识到景观不仅对城市风貌保持和发展很重要，对乡村经济发展同样重要，果断采取措施积极干预，保住了岌岌可危的“老屋”，修旧为宝，让老房子成为农民追求幸福生活的“法宝”。“景观”也是一个外来概念，但该概念中蕴含的是一种整体性的理念，地方县政府及县委书记能够从中发现机遇，证明其具有充分的人文精神和文保理念，以及对当地风土人情、一花一草的爱惜。在这样的管理理念下形成的系统的法治措施，成为松阳县传统村落发展的根本保障。

2018 年 4 月 26 日，习近平总书记在《在深入推动长江经济带发展座谈会

上的讲话》中提出："浙江丽水市多年来坚持走绿色发展道路，坚定不移保护绿水青山这个'金饭碗'，努力把绿水青山蕴含的生态产品价值转化为金山银山，生态环境质量、发展进程指数、农民收入增幅多年位居全省第一，实现了生态文明建设、脱贫攻坚、乡村振兴协同推进。"[①] 这是对浙江省丽水市乡村生态发展事业的充分肯定，更是对当地政府先进的可持续发展理念及实际措施的最高评价。2019 年 8 月 1 日，《丽水市传统村落保护条例》经省人大常委会第十三次会议表决通过，从 2019 年 11 月 1 日起正式施行。什么样的行动就要有什么样的理念做指引，浙江省、丽水市地方政府以及松阳县基层政府的先进法治理念值得在全国推广。

（二）地方政府职能转化的恰当性

传统的政府都以管理作为自身职能的主要目标，现代型政府则逐渐向服务型政府转型，这也是近些年我国政府职能转型的主要任务。中国是一个正在努力走向现代化的国家，现代化不应仅体现为经济、科技和社会生活的现代化，还应该体现为政府管理的现代化。[②] 政府管理的现代化对于促进社会的现代化具有决定意义。当地政府在参与社会公共文化事业的建设中发挥了积极的引导作用，并非单纯地扮演权力主导的行政管理角色，而是以服务于乡村、服务于群众、服务于企业的理念，更好地实现了各项资源的有效配置，工作的出发点是让人民过上美好幸福的生活。这也是上述个案分析中政府职能的共同点。服务型政府职能可以更好地激发政府与服务相对应的各项潜能，使社会发展达到和谐融洽的状态。

（三）当地居民公众参与的和谐性

在松阳县传统村落、周庄古镇、新场古镇以及袁家村的乡村旅游事业中，都可以看到当地居民的积极参与。居民在参与村落保护或乡村旅游事业的过程中，并没有将自己视为"景观"的旁观者，而是作为"乡村景观"的组成部分，充分发挥了他们对于乡土环境生成的重要作用。法律文化由物质性法律文化和精神性法律文化组成，前者表现为法律制度、法律条文等物质性法律构成，后者主要体现为公民法律意识、法律观念、法律心理等要素。在文化遗产保护的进程中，只有政府的保护理念是远远不够的，人的理念最重要，

---

① 新华网．习近平：在深入推动长江经济带发展座谈会上的讲话［EB/OL］．（2019-08-31）［2021-05-06］．http://www.xinhuanet.com/2019-08/31/c_1124945382.htm.

② 林尚立．论职能转变基础上的政府再造［J］．社会科学，1993（1）：26-29.

纵然政府可以依靠“自上而下”的强制手段制定法律法规、政策等，但这些以管理为主导的措施并不会真正取得良好的保护与发展效果，只有参与其中的民众发自内心地想把乡村景观遗产作为自己生活的组成部分，真心希望这些珍贵的遗产能够随着时间的推移不断地更新发展，并切实行动起来，才有可能出实效。

这些保护良好、有序发展的乡村景观遗产旅游事业中都注入了精神层面法治文化现代化的理念，关注人对于规则的遵守，关注人的发展理念的现代化，这是深层次的因素，也会成为乡村景观遗产可持续发展的原动力。

三、国外文化法治政策借鉴的本土思考

乡村景观遗产保护是文化事业的组成部分，现代国家在文化事业的发展进程中同样要以法治理念为主要依据，文化法治是现代化国家文明发展的标志之一。

（一）日本的“一村一品”

日本的新农村建设对于日本形成生态乡村形式起着决定性作用①。两次新农村建设使日本的乡村经济得到长足发展，农业现代化水平高，乡村农民收入提高了很多，农民素质也普遍提升。在保护乡村的过程中，日本以“一村一品”的模式开展了乡村生态建设，这种自然与经济双赢的可持续发展模式成为亚洲乃至世界的模范。

日本的乡村环境优美，农业发达，农民生活丰富多彩，乡村旅游业十分发达，吸引大量城市居民到乡村体验宁静质朴的乡村生活，感受现代化的生态农业。快速发展的现代文化并未对日本乡村的历史文化传承产生负面影响。日本乡村建筑的形态、风格统一，虽然适当融入了部分现代元素，但是整体仍保留了传统建筑特色，以传统建筑形式为基准。日本乡村原有特色的保留，有利于形成乡村完全区别于城市的特色美，也有利于特色乡村旅游产业的发展。

日本在生态乡村建设过程中，重视提高乡村居民的科学文化素质和生态文明程度。日本许多学校专门开设课程对青少年进行生态环境教育，比如组织生态环保主题活动、义务清理垃圾和河道保洁等活动。

（二）韩国的“新乡村运动”

韩国在乡村规划建设方面的突出成就体现在韩国的“新乡村运动”所取

---

① 彼得·程．生态乡村学［M］．北京：中国建筑工业出版社，2018：18.

得的成就上。韩国“新乡村运动”始于20世纪70年代，历经30年，设计及实施了一系列开发项目，主要以政府支援、农民自主和项目开发为基本动力和纽带，引导农民自发开展家乡建设活动。韩国“新乡村运动”成效显著，重点表现在以下方面：乡村居民和城市居民的收入差距不断缩小，城乡关系进一步协调，生活环境得到改善，农业环境不断优化，乡村旅游业发展迅速，传统乡村文化得以保留和弘扬，有机农产品得以推广。

（三）德国的“乡村可持续发展模式”

德国的乡村建设可以被称为“循序渐进的模式”，在这个模式中，乡村建设被看作一项长期的社会实践工作，政府通过制度层面的法律法规调整，对农村改革进行规范和引导，逐渐将乡村推向发展与繁荣，体现为特有的德国村庄更新。

在德国乡村治理过程中，法律发挥了非常重要的作用，这与德国重视法治建设有直接关系。最初的德国乡村更新以1936年政府通过实施的《帝国土地改革法》为基础，对乡村农地建设、生产用地以及荒废地进行合理规划。1954年，村庄更新在《土地整理法》中正式出现，将乡村建设和农村公共基础设施完善作为村庄更新的重要任务。之后，德国巴登符腾堡州、巴伐利亚州陆续出台乡村更新的发展计划。1976年，德国首次将村庄更新写入修订的《土地整理法》，而且试图保持村庄的地方特色和独具优势来对乡村的社会环境和基础设施进行整顿完善。到了20世纪90年代，村庄更新融入了更多的科学生态发展元素，乡村的文化价值、休闲价值和生态价值被提升到和经济价值同等重要的地位，实现了村庄的可持续发展。

（四）法律移植的必要性及需要考虑的问题

1. 法律移植是法制现代化的必然要求

在世界范围，各个国家法律制度之间存在差异是客观事实，不仅是方法和技术上的差异，更是法律的时代精神和价值理念的差异。法律的时代精神和价值理念的差异使各种法律制度之间有传统与现代、先进与落后的区分。法律制度仍处于传统型和落后状态的国家若要加快法制现代化进程，必须适量移植发达国家的法律，对于反映市场经济、社会发展共同的客观规律和时代精神的法律概念及法律原则，在不违反本国国情和现有法律的情况下，可根据情况大胆予以吸收。

文化遗产保护工作是一项与文化联系紧密的事业，这项工作与一国政治、经济事业同样重要，需要相应的规则和法律规范来约束。依法发展文化事业、依法保护文化遗产，是当今世界经济较为发达国家的普遍规则，也是行之有效的方法。我国当前处于现代化进程中的转型时期，文化发展事业也正处于新时代文化与传统文化的交替更迭时期，如何让文化事业更好地为政治经济服务、更好地为广大人民群众丰富多彩的精神生活服务，需要借鉴成熟的文化法制经验和相应的措施。采用“乡村景观遗产”这样世界通行的概念来研究我国乡村文化遗产的相关问题，就是文化法治进程中法律移植的重要体现，有利于以对外开放的姿态逐步与国际社会通行的法律和惯例接轨，实现更好的沟通与交流。

2. 法律移植要考虑优选性、超前性

法律移植如同引进技术和设备，必须采用“优选法”。世界上有很多国家的法律可资借鉴，这就存在选择移植对象的问题，只有优中选优，移植过来的法律才可能是最成熟、最先进、最适用的法律。“优选法”意味着移植的法律必须立足本国的现实国情，要考虑在本国的适用性。

在乡村景观遗产法治经验的选择上，日本的“一村一品”概念已被我国农业相关部门采纳，在官方的政策文件中，使用了较多“一村一品”的概念，尤其是关于农业现代化发展过程中各种产业推进的问题，比如民宿业、乡村旅游业等，均明确强调办出“一村一品”的特色。从基本社会制度来看，日本属于资本主义国家，其经济发展水平相较我国现阶段而言较高。从法律制度的类型上来看，我国与日本均属于大陆法系国家，也称为民法法系、成文法系国家。这类国家还包括德国和韩国。中国、日本、韩国均属于亚洲国家，就法律文化传统而言，日本、韩国在历史上都曾经以学习中国为自有文化的起始点，从唐朝开始，以中国古代唐朝法律为中心形成的中华法系对当时的东亚产生了巨大的影响，时至今日，日本、韩国的传统文化中依然可以看到中国古代法律文化的痕迹。因此，相对来说，日本、韩国的乡村景观遗产保护的法治经验，从文化的同源性来看更具有可选性。

法律移植还要考虑超前性。移植国外法律的目的是面向未来、面向现代化，最终还是要与国际法或国际惯例接轨，因此要有前瞻世界法律发展趋势的能力，同时要结合本国具体国情对外来法进行必要的改良，以保持本国法的稳定性和进步性。“乡村景观遗产”这个概念虽然是从20世纪90年代逐渐进入世界视野的，但从长远来看，整体性保护乡村景观一定会成为人类世界共同的使命和目标。我国是农业大国，又处在农业现代化攻坚的关键时期，引入新的法律概念，以发展的眼光对乡村景观遗产保护进行科学规划，才能真正助力乡村振兴。

3. 法律移植要考虑外来法律的本土化

在法律移植的过程中，最重要的事情是外来法律的本土化考量，要用本国法去同化和整合国外法。“必须记住法律是特定民族的历史、文化、社会的价值与一般意识形态与观念的集中体现。任何两个国家的法律制度都不可能完全一样。法律是一种文化的表现形式，如果不经过某种本土化的过程，它便不可能轻易地从一种文化移植到另一种文化。”① 我国的哲学体系自古就有“天人合一”的理念基础，传统乡村聚落的生成更是以人与自然和谐共处为基本前提，中国的乡村从来是“乡”与“景”共生共融，“乡土景观遗产”的概念非常符合我国农业发展进程中从整体性视角保护农业生态、发展生态农业产业的基本精神。引入“乡村景观遗产”概念，让农业发展过程中的第一产业有广阔的种植空间、第二产业有丰富的加工对象、第三产业有优质的服务平台，这样的整体规划具有美好的发展前景。外来法律在本土化之后，会更加符合我国农村发展的现实需要，使我国乡村景观遗产未来具有更强的国际竞争力。

① 格林顿，戈登，卡罗兹．比较法律传统［M］．米健，贺卫方，高鸿钧，译．北京：中国政法大学出版社，1993：6-7.

第四章 传统村落乡村景观遗产保护的时代背景及相关法律政策

第一节 传统村落乡村景观遗产保护的时代背景

一、我国乡村振兴战略规划

（一）2021 年中央一号文件

2021 年 2 月 21 日，中共中央、国务院发布《中共中央 国务院关于全面推进乡村振兴加快农业农村现代化的意见》，这是 21 世纪以来第 18 个指导“三农”工作的中央一号文件。该文件指出：“‘十四五’时期，是乘势而上开启全面建设社会主义现代化国家新征程、向第二个百年奋斗目标进军的第一个五年。民族要复兴，乡村必振兴。全面建设社会主义现代化国家，实现中华民族伟大复兴，最艰巨、最繁重的任务依然在农村，最广泛、最深厚的基础依然在农村。解决好发展不平衡不充分问题，重点难点在‘三农’，迫切需要补齐农业农村短板弱项，推动城乡协调发展；构建新发展格局，潜力后劲在‘三农’，迫切需要扩大农村需求，畅通城乡经济循环；应对国内外各种风险挑战，基础支撑在‘三农’，迫切需要稳住农业基本盘，守好‘三农’基础。党中央认为，新发展阶段‘三农’工作依然极端重要，须臾不可放松，务必抓紧抓实。要坚持把解决好‘三农’问题作为全党工作重中之重，把全面推进乡村振兴作为实现中华民族伟大复兴的一项重大任务，举全党全社会之力加快农业农村现代化，让广大农民过上更加美好的生活。”

文件提出，要把乡村建设摆在社会主义现代化建设的重要位置，全面推进乡村产业、人才、文化、生态、组织振兴，充分发挥农业产品供给、生态屏障、文化传承等功能，走中国特色社会主义乡村振兴道路，加快农业农村现代化，加快形成工农互促、城乡互补、协调发展、共同繁荣的新型工农城乡关系，促进农业高质高效、乡村宜居宜业、农民富裕富足。

文件还指出，实施乡村建设行动，加强村庄风貌引导，保护传统村落、传统民居和历史文化名村名镇。加大农村地区文化遗产遗迹保护力度。乡村建设是为农民而建，要因地制宜、稳扎稳打，不刮风搞运动。严格规范村庄撤并，不得违背农民意愿、强迫农民上楼，把好事办好、把实事办实，构建现代乡村产业体系。依托乡村特色优势资源，打造农业全产业链，把产业链主体留在县城，让农民更多分享产业增值收益。加快健全现代农业全产业链标准体系，推动新型农业经营主体按标生产，培育农业龙头企业标准“领跑者”。立足县域布局特色农产品产地初加工和精深加工，建设现代农业产业园、农业产业强镇、优势特色产业集群。推进公益性农产品市场和农产品流通骨干网络建设。开发休闲农业和乡村旅游精品线路，完善配套设施。推进农村一二三产业融合发展示范园和科技示范园区建设。推进现代农业经营体系建设。突出抓好家庭农场和农民合作社两类经营主体，鼓励发展多种形式适度规模经营。

中央一号文件的主旨是“全面推进乡村振兴、加快农业农村现代化进程，让广大农民过上更加美好的生活”。

（二）2018 年乡村振兴战略规划

2018 年 9 月，中共中央、国务院印发了《乡村振兴战略规划（2018—2022 年）》。其中，第一章“重大意义”指出：“乡村是具有自然、社会、经济特征的地域综合体，兼具生产、生活、生态、文化等多重功能，与城镇互促互进、共生共存，共同构成人类活动的主要空间。”“乡村兴则国家兴，乡村衰则国家衰。”“乡村是生态涵养的主体区，生态是乡村最大的发展优势。乡村振兴，生态宜居是关键。”

第三篇“构建乡村振兴新格局”第九章“分类推进乡村发展”第三节“特色保护类村庄”指出：“历史文化名村、传统村落、少数民族特色村寨、特色景观旅游名村等自然历史文化特色资源丰富的村庄，是彰显和传承中华优秀传统文化的重要载体。统筹保护、利用与发展的关系，努力保持村庄的完整性、真实性和延续性。切实保护村庄的传统选址、格局、风貌以及自然和田园景观等整体空间形态和环境，全面保护文物古迹、历史建筑、传统民居等传统建筑。尊重原住居民生活形态和传统习惯，加快改善村庄基础设施和公共环境，合理利用村庄特色资源，发展乡村旅游和特色产业，形成特色资源保护与村庄发展的良性互促机制。”

第七篇“繁荣发展乡村文化”第二十三章“弘扬中华优秀传统文化”第一节“保护利用乡村传统文化”指出：“实施农耕文化传承保护工程，深入挖掘农耕文化中蕴含的优秀思想观念、人文精神、道德规范，充分发挥其在凝聚人心、教化群众、淳化民风中的重要作用。划定乡村建设的历史文化红线，保护好文物古迹、传统村落、民族村寨、传统建筑、农业遗迹、灌溉工程遗产。传承传统建筑文化，使历史记忆、地域特色、民族特点融入乡村建设与维护。支持农村地区优秀戏曲曲艺、少数民族文化、民间文化等传承发展。完善非物质文化遗产保护制度，实施非物质文化遗产传承发展工程。实施乡村经济社会变迁物证征藏工程，鼓励乡村史志修编。”

二、北京市乡村振兴战略规划

（一）2021 年北京市建立城乡融合发展体制机制和政策体系

2021 年 1 月 5 日，北京市政府召开常务会议，传达学习中央农村工作会议精神，研究制定《北京市关于建立健全城乡融合发展体制机制和政策体系的若干措施》。

会议强调：“习近平总书记在中央农村工作会议上的重要讲话，深刻阐述了全面推进乡村振兴、加快农业农村现代化的重大意义、指导思想和总体要求，科学回答了新发展阶段做好‘三农’工作的一系列重大理论和实践问题，为我们推进首都农业农村现代化建设提供了根本遵循。要深入学习贯彻习近平总书记重要讲话精神，切实把思想和行动统一到中央决策部署上来，进一步增强做好‘三农’工作的责任感使命感，从全面建设社会主义现代化国家、实现中华民族伟大复兴的战略高度来认识、谋划和推动‘三农’工作，努力开创首都农业农村工作新局面。”①

会议指出，要深入实施乡村振兴战略，加快推进首都农业农村现代化。要牢牢守住耕地红线和粮食安全底线，严格落实“米袋子”“菜篮子”责任制。要着力推动城乡融合发展，强化以工补农、以城带乡，推动形成工农互

① 北京市人民政府．市政府召开常务会议 传达学习中央农村工作会议精神 研究建立健全城乡融合发展体制机制和政策体系等事项 市长陈吉宁主持会议［EB/OL］．（2021-01-06）［2021-05-06］．http://www.beijing.gov.cn/ywdt/hyxx/szf/202101/t20210106_2198975.html.

促、城乡互补、协调发展、共同繁荣的新型工农城乡关系。要着力推动农业农村与科技和服务业融合发展，加强农业基础设施改造提升，发挥首都科技优势，促进农业高质高效，提高都市型现代农业发展水平；发挥文旅服务业带动作用，统筹抓好精品民宿建设，因地制宜加强人员培训，提高服务品质。健全政策体系，完善工作机制，推动农村集体经济发展壮大，促进农民增收，生活富裕富足。聚焦重点地区和薄弱环节，加快补齐基础设施和公共服务短板，促进乡村宜居宜业。

（二）2021 年北京市全市农村工作会议全面推进乡村振兴

2021 年 3 月 2 日上午，北京市全市农村工作会议召开，贯彻落实中央农村工作会议精神，研究部署本市“三农”工作。市委书记蔡奇强调，要深入贯彻党的十九届五中全会和中央农村工作会议精神，增强做好新发展阶段“三农”工作的责任感、使命感，围绕“促进农业高质高效、乡村宜居宜业、农民富裕富足”的目标，凝心聚力、真抓实干，确保全面推进乡村振兴迈出新步伐。蔡奇强调，要深入推进农业供给侧结构性改革，积极发展生态友好型乡村产业。做优特色农业，发展林下经济，培育一批富有“农味”和“京味”的农产品加工品牌，实施“互联网+”农产品出村进城工程。发展精品民宿，培育田园观光、农耕体验、森林康养等新业态。探索农村集体建设用地“点状供地”模式，深化农村金融改革。要大力实施乡村建设行动，建设体现京韵农味的美丽乡村。分类推进村庄建设，加强名镇名村、传统村落保护。持续推进农村人居环境整治提升，抓好“百村示范、千村整治”工程。乡村建设要坚持尽力而为、量力而行，不搞“一刀切”，不搞“形象工程”。要千方百计促进农民增收。把农民就业作为重要民生实事来抓，增加工资性收入，动态消除农村“零就业”家庭。深化农村土地制度改革和产权制度改革，增加农民财产收益。发展壮大集体经济，持续帮扶集体经济薄弱村，巩固好低收入农户帮扶成果。

三、北京传统村落乡村景观遗产可持续发展路径规划

（一）确定传统村落的发展特色定位

2018 年，在中共中央、国务院印发的《乡村振兴战略规划（2018—2022 年）》中，第三篇“构建乡村振兴新格局”第九章“分类推进乡村发展”提到，“顺应村庄发展规律和演变趋势，根据不同村庄的发展现状、区位条件、资

源禀赋等，按照集聚提升、融入城镇、特色保护、搬迁撤并的思路，分类推进乡村振兴，不搞一刀切”，对现有村庄类型进行了统一。

第一种，集聚提升类村庄。现有规模较大的中心村和其他仍将存续的一般村庄，占乡村类型的大多数，是乡村振兴的重点。科学确定村庄发展方向，在原有规模基础上有序推进改造提升，激活产业、优化环境、提振人气、增添活力，保留乡村风貌，建设宜居宜业的美丽村庄。鼓励村庄发挥自身比较优势，强化主导产业支撑，支持农业、工贸、休闲服务等专业化村庄发展。加强海岛村庄、国有农场及林场规划建设，改善生产生活条件。

第二种，城郊融合类村庄。城市近郊区以及县城城关镇所在地的村庄，具备成为城市后花园的优势，也具有向城市转型的条件。综合考虑工业化、城镇化和村庄自身发展需要，加快城乡产业融合发展、基础设施互联互通、公共服务共建共享，在形态上保留乡村风貌，在治理上体现城市水平，逐步强化服务城市发展、承接城市功能外溢、满足城市消费需求能力，为城乡融合发展提供实践经验。

第三种，特色保护类村庄。历史文化名村、传统村落、少数民族特色村寨、特色景观旅游名村等自然历史文化特色资源丰富的村庄，是彰显和传承中华优秀传统文化的重要载体。统筹保护、利用与发展的关系，努力保持村庄的完整性、真实性和延续性。切实保护村庄的传统选址、格局、风貌以及自然和田园景观等整体空间形态与环境，全面保护文物古迹、历史建筑、传统民居等传统建筑。尊重原住居民生活形态和传统习惯，加快改善村庄基础设施和公共环境，合理利用村庄特色资源，发展乡村旅游和特色产业，形成特色资源保护与村庄发展的良性互促机制。

第四种，搬迁撤并类村庄。对位于生存条件恶劣、生态环境脆弱、自然灾害频发等地区的村庄，因重大项目建设需要搬迁的村庄，以及人口流失特别严重的村庄，可通过易地扶贫搬迁、生态宜居搬迁、农村集聚发展搬迁等方式，实施村庄搬迁撤并，统筹解决村民生计、生态保护等问题。拟搬迁撤并的村庄，严格限制新建、扩建活动，统筹考虑拟迁入或新建村庄的基础设施和公共服务设施建设。坚持村庄搬迁撤并与新型城镇化、农业现代化相结合，依托适宜区域进行安置，避免新建孤立的村落式移民社区。搬迁撤并后的村庄原址，因地制宜复垦或还绿，增加乡村生产生态空间。农村居民点迁建和村庄撤并，必须尊重农民意愿并经村民会议同意，不得强制农民搬迁和集中上楼。

2018 年 12 月 30 日，中共北京市委、北京市人民政府印发的《北京市乡村振兴战略规划（2018—2022 年）》第三章“构建乡村振兴新格局”第三节“分类推进乡村发展”中提到，“顺应村庄发展规律和演变趋势，综合考虑现状区位、村庄规模、服务功能、建设形态等因素，分类施策，稳中求进，支持不同的村庄发展模式，不搞一刀切”，对乡村发展类型作出相应规定。

第一类，整治完善类村庄。主要位于乡村风貌区，是乡村振兴的主要类型。要充分考虑山区、平原的不同特点，科学确定村庄发展方向和建设规划，充分发挥农民自主作用，合理把控社会资本参与，有序推进环境整治与改造提升。以环境整治、拆除违法建设、提升基础设施及公共服务设施水平为重点，因地制宜采取宅基地置换、原址更新、村庄整理等多种方式，建设宜居宜业的美丽村庄。坚持集约节约用地，严格控制建设规模，加强建设强度、建筑风格的控制和引导，保护传统文化，营造疏密有致、绿色生态的景观风貌。

第二类，城镇集建类村庄。主要位于城镇建设区以及毗邻区域，处于由城到乡的过渡地带，具备成为城市后花园的条件，也具有向城市转型的基础。按照减量发展要求，综合考虑城镇化、生态空间布局和村庄发展需要，加强与集中建设区的统筹规划、建设和管理，加快城乡产业融合发展、基础设施互联互通、公共服务共建共享。尊重村民意愿，因地制宜推进集中上楼、新村建设、乡村改造，在治理上体现城市水平，为城乡融合发展提供实践经验。

第三类，特色提升类村庄。历史文化名村、传统村落、特色景观旅游名村等自然历史文化特色资源丰富的村庄，是传承首都特色文化的重要载体。要统筹保护、利用与发展的关系，以“严格保护、永续利用”为原则，加强历史文化、传统风貌的保护和延续，保护、传承、利用好不可移动文物，保护好历史建筑、传统民居等传统建筑，促进村庄整体风貌保护与发展文化旅游等相关产业有机结合，努力保持村庄的完整性、真实性、延续性。尊重原住居民生活形态和传统习惯，加快改善村庄基础设施和公共环境，引导村庄特色化发展。

第四类，整体搬迁类村庄。包括处于生存条件恶劣、生态环境脆弱、受地质灾害影响地区或出于文物保护需要、受重大工程建设影响需要整村实施搬迁的村庄。村庄在实施搬迁之前应以环境保护、生态保育为目标，严格限制新建、扩建活动。要依托适宜区域进行安置，统筹规划建设拟迁入或新建村庄的基础设施和配套公共服务设施，避免新建孤立的村落式移民社区，促进农民就地就近安居和转移就业，统筹解决村民生计、生态保护、后续发展等问题。搬迁撤并后的村庄原址以复垦绿化、生态恢复为主，扩大乡村生态空间。

2017年公布的《北京城市总体规划（2016年—2035年）》中提出："为落实城市战略定位、疏解非首都功能、促进京津冀协同发展，充分考虑延续古都历史格局、治理'大城市病'的现实需要和面向未来的可持续发展，着眼打造以首都为核心的世界级城市群，完善城市体系，在北京市域范围内形成'一核一主一副、两轴多点一区'的城市空间结构，着力改变单中心集聚的发展模式，构建北京新的城市发展格局。"其中，"一区"指生态涵养区，包括门头沟区、平谷区、怀柔区、密云区、延庆区，以及昌平区和房山区的山区，是京津冀协同发展格局中西北部生态涵养区的重要组成部分，是北京的"大氧吧"，是保障首都可持续发展的关键区域。

《北京城市总体规划（2016年—2035年）》第三十八条明确规定："生态涵养区是首都重要的生态屏障和水源保护地，也是城乡一体化发展的敏感区域，应将保障首都生态安全作为主要任务，坚持绿色发展，建设宜居宜业宜游的生态发展示范区、展现北京历史文化和美丽自然山水的典范区。门头沟：首都西部重点生态保育及区域生态治理协作区；首都西部综合服务区；京西特色历史文化旅游休闲区。平谷：首都东部重点生态保育及区域生态治理协作区；服务首都的综合性物流口岸；特色休闲及绿色经济创新发展示范区。怀柔：首都北部重点生态保育及区域生态治理协作区；服务国家对外交往的生态发展示范区；绿色创新引领的高端科技文化发展区。密云：首都最重要的水源保护地及区域生态治理协作区；国家生态文明先行示范区；特色文化旅游休闲及创新发展示范区。延庆：首都西北部重要生态保育及区域生态治理协作区；生态文明示范区；国际文化体育旅游休闲名区；京西北科技创新特色发展区。昌平和房山的山区，按照生态涵养区的总体要求，着力建设首都西北、西南部生态屏障，构建较高品质的特色历史文化旅游和生态休闲区。"

发展目标为坚持生态环境保护与农民生活改善相协调、与山区乡镇生态化发展相促进，发挥自然山水优势和民俗文化特色，促进山区特色生态农业与旅游休闲服务融合发展。依托资源特色和发展基础，适度承接与绿色生态发展相适应的科技创新、国际交往、会议会展、文化服务、健康养老等功能，形成文化底蕴深厚、山水风貌协调、宜居宜业宜游的绿色发展示范区。

《北京城市总体规划（2016—2035 年）》对“生态涵养区”进行了说明：“山区乡镇充分发挥生态屏障、水源涵养、休闲度假、健康养老等功能，带动本地农民增收。”“全面完善农村基础设施和公共服务设施，加强农村环境综合治理，改善居民生产生活条件，提升服务管理水平，建设新型农村社区。以传统村落保护为重点，传承历史文化和地域文化，优化乡村空间布局，凸显村庄秩序与山水格局、自然环境的融合协调。完善美丽乡村规划建设管理机制，实现现代化生活与传统文化相得益彰，城市服务与田园风光内外兼备，建设绿色低碳田园美、生态宜居村庄美、健康舒适生活美、和谐淳朴人文美的美丽乡村和幸福家园。”

基于上述国家政策文件中的规定，以及《北京城市总体规划（2016 年—2035 年）》中“四个层次、两大重点区域、三条文化带、九个方面的历史文化名城保护体系”的规定，可以对传统村落进行基本类型划分，其中特色提升类村庄、生态涵养类乡村集中在山区风貌区，在发展定位上更需要依托传统村落的历史、文化、艺术、科学、社会价值进行经济价值的转化，转化过程中更需要发挥乡村旅游、休闲度假的带动作用，使乡村三大产业协调发展。

（二）大力发展乡村旅游、助推乡村振兴

2018 年 11 月 15 日，文化和旅游部等 17 部门为深入贯彻落实《中共中央国务院关于实施乡村振兴战略的意见》（中发〔2018〕1 号）和《乡村振兴战略规划（2018—2022 年）》文件精神，实施乡村旅游精品工程，培育农村发展新动能，促进乡村旅游可持续发展，共同研究制定了《关于促进乡村旅游可持续发展的指导意见》，旨在通过整合资源、部门联动、统筹推进，加快乡村旅游与农业、教育、科技、体育、健康、养老、文化创意、文物保护等领域深度融合，培育乡村旅游新产品新业态新模式，推进农村一二三产业融合发展，实现农业增效、农民增收、农村增美。这项政策的出台，为进一步推进乡村景观遗产可持续性发展起到了重要的指导作用。乡村景观遗产只有通过整体活化的方式才能获得新生，才能真正与农民的生计、安居乐业联系在一起。

《北京城市总体规划（2016 年—2035 年）》第六章“加强城乡统筹，实现城乡一体化”第三节“提高服务品质，发展乡村观光休闲旅游”中的第一百零二条规定：明确发展目标，优化空间布局，加强乡村观光休闲旅游设施

建设，全面提升乡村旅游服务水平。要求按照城乡发展一体化方向，坚持乡村观光休闲旅游与美丽乡村建设、都市型现代农业融合发展的思路，推动乡村观光休闲旅游向特色化、专业化、规范化转型，将乡村旅游培育成为北京郊区的支柱产业和惠及全市人民的现代服务业，将乡村地区建设成为提高市民幸福指数的首选休闲度假区域。依托京郊平原、浅山、深山等地区的山水林田湖等自然资源和历史文化古迹等人文资源，结合不同区域农业产业基础和自然资源禀赋，完善旅游基础设施，提高公共服务水平，打造平原休闲农业旅游区、浅山休闲度假旅游区和深山休闲观光旅游区。不断加强乡村观光休闲旅游设施建设，推动乡村旅游与新型城镇化有机结合，建设一批有历史记忆、地域特色的旅游景观小镇。提升民俗旅游接待水平，培育一批有特色、环境优雅、食宿舒适的高端民俗旅游村。完善空间布局，建设具有高水平服务的乡村旅游咨询和集散中心。促进乡村旅游与都市型现代农业、文化体育产业相融合，发展乡村精品酒店、国际驿站、养生山吧、民族风苑等新型业态，建设综合性休闲农庄。推动乡村旅游目的地周边环境治理，推进登山步道、骑行线路和景观廊道建设。

与此同时，北京市同样践行着“绿水青山就是金山银山”的理念，牢牢把握《北京城市总体规划（2016 年—2035 年）》“将乡村旅游培育成为北京郊区的支柱产业和惠及全市人民的现代服务业”的发展定位，积极探索生态优先、绿色发展的新路子，以疫情常态化防控为契机，倡导绿色健康的休闲农业和乡村旅游方式，引导广大游客更加注重乡村生态保护和资源循环。

北京市政府先后出台了《关于促进乡村民宿发展的指导意见》《北京市乡村旅游评定办法》《北京市休闲农业“十百千万”畅游行动实施意见》《关于规范引导盘活利用农民闲置房屋增加农民财产性收入的指导意见》等，支持和规范休闲农业和乡村旅游发展。通过在全市实施休闲农业“十百千万”畅游行动，着力打造区位优势明显、生态环境优美的十余条精品线路，创建乡村文化浓郁、村容精致独特的百余个美丽休闲乡村，提升产业特色鲜明、经营多样规范的千余个休闲农业园区，改造升级乡土风味浓郁、农家文化纯朴的近万家民俗接待户，持续拓展农业休闲观光、生态涵养、文化传承、教育科普等新功能，聚焦产业提档升级，强化布局集聚集群，突出产品高端优质，致力服务完善提升，发力农户增收致富，加快构建生态优先、产业高效、业态丰富、产品精致、服务一流的休闲农业产业体系，使农区变景区、田园变公园、民房变客房、农品变商品，让更多市民体验“宿在民居、乐在乡间、游在山水”，带动乡村“美丽资源”向“美丽经济”转化。

北京借助举办2020年世界休闲大会、2021年世界樱桃大会、2022年北京冬奥会及冬残奥会等重大活动机遇，联动景区、乡村、农业园区、农业产业基地、乡村民宿融合发展，力争到2025年，全市休闲农业和乡村旅游年接待量达到4000万人次，经营收入达到50亿元。

例如，延庆区张山营镇后黑龙庙村紧抓筹办冬奥会的有利契机，把握延庆生态涵养区功能定位，进一步发挥生态环境和区位优势，积极发展以高端民宿为主的第三产业，带动提升以葡萄种植为主的第一产业，极大地促进了村庄发展与民生改善。2019年底，后黑龙庙村58户低收入户全部脱贫脱低，后黑龙庙村先后获得北京市“美丽乡村”“百村示范”“壮大集体经济试点村”等荣誉称号，2020年更是入选了由国家文化和旅游部、国家发展改革委共同认定的“全国乡村旅游重点村”（如图4-1所示）。[①]“大隐于世”乡村民宿（如图4-2、图4-3所示）在这里发展得红红火火，有效借助乡村景观构建乡村旅游平台，助力乡村振兴的加速实现。村里留有的古民居虽然较少，但是都尽量通过现代化方式进行了活化利用（如图4-4、图4-5所示）。

图4-1　后黑龙庙村整洁的街道（作者拍摄于2021年1月）

① 该部分资料由后黑龙庙村“第一书记”刘猛提供。刘猛派驻后黑龙庙村期间，与村两委密切配合，踏实肯干，高效推进后黑龙庙村脱贫攻坚、乡村振兴各项工作。

图 4-2　后黑龙庙村高端民宿“大隐于世”外景 1（作者拍摄于 2021 年 1 月）

图 4-3　后黑龙庙村高端民宿“大隐于世”外景 2（作者拍摄于 2021 年 1 月）

图 4-4 后黑龙庙村清洁采暖空调风机（作者拍摄于 2021 年 1 月）

图 4-5 后黑龙庙村保留的老房子（作者拍摄于 2021 年 1 月）

2021 年春节假期，“留京过年”倡议激发了市民乡村游的热情。乡村游的回暖成为北京农业稳步发展的一个缩影。根据北京市统计局发布的 2020 年北京农业形势分析，面对新冠肺炎疫情的严峻考验，北京在农产品生产、流通、消费等环节多点发力，“米袋子”“菜篮子”保障有力，休闲农业和乡村旅游逐步回暖，农业交出稳供提质成绩单。2020 年，全市观光园和乡村旅游的总接待量为 1877.5 万人次，总收入为 25 亿元。其中，第四季度观光园收入降幅较第三季度收窄 12.2 个百分点，乡村旅游收入自疫情暴发以来首次实现正增长，增长 4.5%。值得一提的是，新媒体应用和乡村旅游转型升级促进了休闲农业与乡村旅游人均消费水平提升，2020 年人均消费比上年增长 22.2%。其中，观光园人均消费增长 18.1%，乡村旅游人均消费增长 25.5%。

除了乡村游逐步回暖，2020 年北京农业在保障首都市民“菜篮子”“米袋子”方面也发挥了积极作用。在粮食种植方面，各区通过违建土地腾退复耕等措施挖掘粮食种植潜力，粮食播种面积达到 73.3 万亩，比上年增长 5.1%；粮食总产量达到 30.5 万吨，增长 6.2%。在蔬菜供应方面，各区积极调整蔬菜种植结构、落实蔬菜生产补贴政策、推动新建温室大棚投入生产，全市蔬菜及食用菌播种面积达到 57.2 万亩，比上年增长 22.4%，产量达到 137.9 万吨，增长 23.7%。在猪肉供应方面，生猪生产在恢复养殖政策带动下实现恢复性增长。全市生猪期末存栏 32.2 万头，比上年增长 143.9%。2020 年，全市农林牧渔业总产值为 263.4 亿元，比上年下降 6.5%，降幅较第一至第三季度收窄 1.4 个百分点。分行业看，农林牧渔业产值“一升三降”：在蔬菜与粮食生产快速恢复带动下，农业种植业产值达到 107.6 亿元，比上年增长 5.1%，占农林牧渔业总产值的 40.8%；林业产值为 97.7 亿元，下降 15.5%，占比 37.1%；牧业产值为 45.2 亿元，下降 8.3%，占比 17.2%；渔业产值为 4.1 亿元，下降 22.5%，占比 1.6%。①

2020 年 10 月 15 日，文化和旅游部关于政协十三届全国委员会第三次会议第 4825 号（文化宣传类 263 号）提案答复的函（文旅产业函〔2020〕428 号）如下：

您提出的《关于促进文旅业复苏和高质量发展的提案》收悉，经商发展改革委、财政部、交通运输部、农业农村部、商务部、卫生健康委、体育总局，现答复如下：

疫情发生以来，我部坚决贯彻党中央、国务院关于统筹推进疫情防控和经济社会发展的决策部署，与有关部门密切沟通协调，积极研究制定帮扶企

---

① 北京农业．乡村旅游人均消费增长 25.5%，北京农业交出 2020 稳供提质成绩单［EB/OL］.(2021-02-25)［2021-03-15］. http://nyncj.beijing.gov.cn/nyj/snxx/gzdt/10945207/index.html.

业纾困、推动复工复产的政策措施，支持文化产业和旅游产业应对疫情冲击，切实解决文化和旅游企业实际困难，促进产业恢复重振。全国政协将本提案确定为30项重点督办提案之一，我部高度重视，成立专题调研组赴北京、浙江、山东等地就文化产业和旅游产业复苏和高质量发展开展专题调研。同时，通过组织召开专题座谈会、电话、函件等多种方式，向地方文化和旅游部门、企业、行业协会、研究机构等调查文化和旅游行业受新冠肺炎疫情影响情况，深入了解企业经营困难和政策需求，研判产业发展趋势，提出切实可行的工作举措。

一、关于“加强政策扶持，重燃产业信心”

关于“定向扶持”。疫情发生以来，我部及有关部门多渠道对文化和旅游企业进行帮扶和纾困。一是予以资金支持。发展改革委下达中央预算内资金57亿元，支持全国504个文化和旅游项目建设。中央财政安排旅游发展基金补助地方项目资金10.09亿元，促进旅游业转型升级。我部联合财政部印发通知，允许各地调剂部分2020年旅游发展基金支出用途，重点用于支持中小微旅游企业贷款贴息。二是出台减税降费政策。财政部、税务总局出台政策，对包括旅游在内的受影响较大的困难行业企业2020年度发生的亏损，最长结转年限由5年延长至8年；对纳税人提供的生活服务（包括文化体育服务、旅游娱乐服务、餐饮住宿服务等）所取得的收入，一定时期内免征增值税。免征2020年文化事业建设费。三是降低企业经营成本。我部出台暂退旅游服务质量保证金政策，截至7月，全国共暂退保证金约70亿元。有关部门出台了缓缴住房公积金、降低用电价格、免除承租国有房屋租金等政策。四是加强金融扶持。有关部门先后3次下调存款准备金率，新增专项再贷款再贴现额度。我部印发通知指导地方用好货币政策工具，做好中小微文化和旅游企业帮扶工作。我部与中国工商银行签订合作协议，新增1000亿元纾困复产专项授信，目前已累计投放近600亿元。财政部联合人力资源社会保障部、人民银行出台加大创业担保贷款贴息政策，将受疫情影响严重的个体工商户纳入创业担保贷款贴息政策支持范围。

关于“制定文旅促消费计划”。2019年8月，国务院办公厅印发《关于进一步激发文化和旅游消费潜力的意见》，提出推出消费惠民措施、提高消费便捷程度、推进消费试点示范等方面的工作举措。2020年4月，23个部委联合出台《关于促进消费扩容提质加快形成强大国内市场的实施意见》，对推进文化和旅游休闲消费提质升级作出部署。

关于“实施文旅市场复苏行动”。我部联合商务部、体育总局等部门发布了关于旅游景区、餐饮、住宿、剧院演出、娱乐、体育运动、展览等场所企业运营指南，有序推动相关企业复工复产。会同发展改革委研究起草了推动旅游业加快复苏和实现高质量发展的工作方案。2020 年 7 月，文化和旅游部印发通知，恢复旅行社及在线旅游企业跨省游业务。

下一步，我部及有关部门将继续密切跟踪疫情发展趋势，指导各地用好各项政策帮助文化和旅游企业纾解困难，推进文化和旅游消费工作，加快文化和旅游市场复苏。

二、关于“有序应对消费反弹，守牢安全底线”

关于“构建应对突发事件的现代旅游治理体系”。一是建立多部门协调工作机制。我部及有关部门在国务院联防联控工作机制、国务院宏观政策协调机制安排下，统筹制定应对疫情的工作机制和旅游产业政策。二是建立健全处置境内外涉旅突发事件应急机制。我部制定涉旅突发事件应急预案，提高应急处置能力，保障游客生命财产安全。三是统筹谋划应对疫情的长远工作措施。我部会同发展改革委结合“十四五”规划编制工作，对此次疫情催生的产业变革和新型业态予以充分考虑。

关于“主打高频短途周边游”。我部积极做好假日期间文化和旅游市场监测，推动各地强化省内游、短途游、周边游等产品供给。部署推动景区常态化发布疫情防控、旅游人数、接待能力等信息，严控游客流量，推进旅游景区预约常态化。目前，全国 5A 级旅游景区已基本实现分时预约，21 个省份文化和旅游部门已初步建成省级景区预约管理平台。

关于“做好海内外旅游市场的动态研究”。我部持续开展旅游市场疫情影响和应对措施研究，加强国内旅游市场和假日旅游市场调查研究。编发国际文化和旅游市场动态信息近 230 条，为有关部门、旅游企业提供参考。通过国务院及各地联防联控工作机制新闻发布会，及时发布国内旅游市场开放及旅游目的地疫情防控信息。

下一步，我部及有关部门将积极协调配合，共同建立健全应对突发事件的现代旅游治理体制和机制，进一步推动国内旅游市场复苏，加强短途周边游、乡村游产品和线路开发，继续做好国内外旅游市场动态的研究和发布。

三、关于“推进数字赋能，提升服务体验”

一是运用大数据平台，建立游客安全监控体系。我部建立综合监测与应急指挥平台，接入全国 3000 多家 5A、4A 级旅游景区数据，实时了解景区复工复产及流量管控情况。国务院联防联控机制疫情防控组成立大数据分析工作专题组，推动部门间数据共享，支撑各地利用大数据精准防控。二是推进云上旅游。云上旅游等新业态蓬勃发展，在线旅游平台、旅游景区纷纷通过在线直播展示旅游资源、推介旅游线路、销售旅游产品。2020 年文化和自然遗产日期间，举办了“云游非遗 · 影像展”“非遗购物节”活动，开设了《博物馆网上展览》专栏。三是推动智慧景区建设。我部编制印发《智慧旅游景区建设指南》，对全国智慧旅游景区建设进行规范引导，鼓励景区开展在线观光、在线科普和在线营销推广，指导景区应用科技成果提高服务能力和管理水平。

下一步，我部将继续推动文化和旅游企业、机构“上云、用数、赋智”，发挥互联网平台的赋能和效益提升作用。同时，将推动在“十四五”国家重点研发计划有关专项中开展“文化和旅游大数据平台”“景区智能物联网”“沉浸式体验”等方面的应用基础研究、共性关键技术研究和应用示范，加强数字技术在文化和旅游领域的应用和推广。

四、关于“推进产业融合，创新升级产品”

一是推动文化、旅游与相关产业融合发展。近年来，我部积极推动文化、旅游与农业、工业、交通、科技、教育、体育、卫健等领域的融合，印发了一系列产业融合发展的政策文件，打造了全国乡村旅游重点村等产业融合示范品牌。二是积极实施乡村旅游精品工程。我部与发展改革委已认定两批共 1000 个全国乡村旅游重点村，通过加强乡村旅游品牌建设，发布乡村旅游典型案例，进一步引导提升乡村旅游文化内涵和发展质量。我部印发通知，对各地统筹常态化疫情防控和推进乡村旅游市场复苏提出了明确要求，着力促进乡村旅游复工复产各项扶持政策落实落地。三是推动高新科技在文化和旅游领域的应用。我部组织实施中华优秀传统文化数字化转化开发项目，以数字化手段促进优秀传统文化的创造性转化、创新性发展。由我国自主原创的手机（移动终端）动漫标准和数字艺术显示标准经国际电信联盟审议批准成为国际标准。通过举办数字文旅产业创新发展论坛、中国国际动漫游戏博览会及数字艺术、品牌授权等相关行业活动，引导文化和旅游企业创新科技应用，丰富游客文化和旅游体验。

下一步，我部将深入推进文化、旅游与相关产业融合发展，实施一批带动性强的重点融合项目，培育一批以文化和旅游为主业、以融合发展为特色的领军企业，积极推动旅游演艺等融合发展业态提质升级。持续推动整合低质量、同质化的乡村旅游产品，推出更多优质的乡村旅游产品和线路。继续促进文化、旅游与现代技术相互融合，发展基于5G、超高清、虚拟现实、人工智能等技术的新一代沉浸式体验型文化和旅游消费内容，扶持文化和旅游线上平台建设，积极利用信息化手段协助疫情防控和疫后行业复苏。

感谢您对文化和旅游工作的关心与支持!①

文化和旅游部

2020年10月15日

该议案中“高频短途周边游”“乡村旅游精品工程”等提法体现了社会各界人士对乡村发展中依托乡村景观整体氛围打造高品质、高审美、高内涵的乡村旅游产业，发掘乡村景观之文化特性，实现乡村可持续发展目标的关注。

（三）加强农村三产复合发展

《北京城市总体规划（2016年—2035年）》第六章“加强城乡统筹，实现城乡一体化”第二节“全面深化改革，提高城乡发展一体化”第一百零一条规定，切实发挥城市和重点功能区辐射带动作用，推动城乡功能融合对接，多渠道促进农民增收。坚持产出高效、产品安全、资源节约、环境友好的农业现代化道路，积极发展城市功能导向型产业和都市型现代农业。鼓励集体经营性建设用地资源与产业功能区和产业园区对接，利用减量升级后的集体经营性建设用地发展文化创意、科技研发、商业办公、旅游度假、休闲养老、租赁住房等产业。合理调减粮食生产面积，推进高效节水生态旅游农业发展，注重农业生态功能，保障农产品安全，全面建成国家现代农业示范区。利用现有农业资源、生态资源以及集体建设用地腾退后的空间，探索推广集循环农业、创意农业、农事体验于一体的“田园综合体”模式。

为满足市民休闲需求，提升休闲农业发展水平，北京市将实施休闲农业“十百千万”畅游行动，即打造十余条精品线路、百余个美丽休闲乡村、千余个休闲农业园区、近万家民俗接待户，提升北京市休闲农业发展质量与效益。当前，部分京郊休闲农业同质化、低端化、无特色问题严重，重要原因就是休闲产品缺少文化内涵。

---

① 文化和旅游部．文化和旅游部关于政协十三届全国委员会第三次会议第4825号（文化宣传类263号）提案答复的函［EB/OL］.（2020-10-15）［2021-03-15］. http：//zwgk. mct. gov. cn/zfxxgkml/zhgl/jytadf/202012/t20201204_907094. html.

《北京市休闲农业“十百千万”畅游行动实施意见》（以下简称《实施意见》）提出“文化铸魂，创新发展”原则，打造以长城文化、大运河文化和西山永定河文化为核心的市级跨区域休闲农业精品线路和以山水文化、古御道文化等为主题的多条区级休闲农业精品线路，推动休闲农业内涵式发展与地域文化传承发展互促共融。

《实施意见》指出，精品线路建设要着力提升沿线配套设施、配套服务体系、田园景观系统、各休闲农业经营节点品质，形成特色鲜明、品质优良、辨识度高的休闲农业精品线路；美丽休闲乡村建设要突出村庄特色优势、完善配套服务设施、倡导良好乡风民俗、强化乡村品牌建设；园区提升围绕产业发展、绿色生态、示范带动；民俗接待户改造围绕规范经营管理、完善安全设施、美化内外环境、明确主题定位、提升文化内涵、增加休闲体验，升级成为乡村民宿。提升休闲产品品质是休闲农业高质量发展的核心，“十百千万”畅游行动致力于打造休闲农业精品项目，给市民提供简奢、静奢、野奢的美好感受。例如，鼓励园区精心设计农事歌谣、谚语、手工技艺、传统农耕技术、饲养技术、生产习俗、农节时令等内涵丰富的体验活动、伴手产品、工艺品，满足市民农业文化休闲需求；设计农耕过程参与、农村生活体验、农业生产操作、农业高科技应用的休闲农业活动，建设融合农作、森林、渔业、天文、环境、科技等相关领域知识的休闲农业园，满足市民涉农科普教育需求。

《实施意见》还明确指出，鼓励村集体经济组织统筹考虑村庄的区位条件、资源禀赋、市政交通、环境容量和产业发展基础，通过作价回购、统一租赁、农户入股合作等形式，整合闲置农宅资源，进行自主经营或对外合作，发展乡村民宿，增加村集体和村民收入。鼓励农户利用自有合法宅基地，发展乡村民宿，利用自留地或承包地设计农村劳作体验、农业生产活动体验。①

位于北京怀柔区渤海镇北沟村慕田峪长城脚下的瓦厂酒店（如图 4-6、图 4-7 所示）可谓北京“乡村遗产酒店”第一家，2018 年入选“中国乡村遗产酒店”（如图 4-8 所示），是北京唯一入选的荣誉酒店。该酒店于 2010 年竣工，由废弃琉璃瓦厂的烧制作坊改造，设计师为美国人萨洋和留美归来的北

---

① 北京日报．休闲农业“十百千万”行动实施，打造简奢、静奢、野奢京郊游［EB/OL］．（2020-10-15）［2021-01-01］．http://nyncj.beijing.gov.cn/nyj/snxx/gzdt/10813643/index.html.

京人唐亮。25 个房间均可以看到不远处的慕田峪长城，设计师保留了原始的瓦窑作为前台、卫生间和行李房，琉璃碎片被重新粘贴成为装饰，或成为壁画，或成为 Logo，艺术气息浓厚。许多喜欢中国文化的国际人士常年居住在这里。瓦厂酒店还会定期举办各种文娱活动，形成了以民宿为主体、周边“长城游”为主要形式，辅以特色农业、特色餐饮的乡村民宿业。在瓦厂酒店的带动下，北沟村的乡村民宿发展势头强劲。三卅酒店（如图 4-9 所示）位于瓦厂酒店对面，是当地特色民宿新起之秀，由当地村民出资创办，现已成为民宿培训基地。

图 4-6　瓦厂酒店外景 1（作者拍摄于 2021 年 1 月）

图 4-7　瓦厂酒店外景 2（作者拍摄于 2021 年 1 月）

图 4-8　瓦厂酒店“中国乡村遗产酒店”获奖牌
（作者拍摄于 2021 年 1 月）

图 4-9　三卅酒店外景（作者拍摄于 2021 年 1 月）

（四）充分利用乡村红色文化资源，设计特色乡村旅游路线

“红色文化是新民主主义革命时期党和人民在顽强抗争、奋勇拼搏中，用热血与汗水凝结而成的极具中国特色的先进文化，蕴含着丰富的革命精神和厚重的历史文化内涵，它是一个时代的缩影，也是另一个时代的营养剂，激励着新时代中华儿女不忘初心、牢记使命、团结奋进。保护和利用好红色文化资源以及传承弘扬红色文化既是社会主义建设不可或缺的重要内容，也是地方政府经济社会发展进程中用之不竭的精神动力。”这是 2021 年“两会”期间全国人大代表、中国书法家协会副主席、湖南省文联主席鄢福初提出的建议。[①] 他认为，应在全国开展红色文化遗址普查。公布全国红色文化遗址名录，对认定的红色文化遗址遗迹实行统一挂牌保护，提高保护意识和公众知晓率。在此基础上，全力打造一批全国示范性的党史宣传教育基地、爱国主义教育基地、党员干部教育基地，对建设效果好、常年开展特色活动、党员群众参与度高的基地以奖代补给予扶持。

鄢福初说，要鼓励各地收集整理汇编红色故事、红色史实、创作红色题材的文艺作品。丰富并创新红色文化精品创作及宣传宣讲方式，以文学、音乐、戏曲、动漫、书画、短视频、云直播等群众喜闻乐见的形式，拓展多元化传播渠道。鼓励各地创新探索利用红色文化资源推动文旅融合，助推地方经济发展。注重红、绿（自然生态旅游）、蓝（海滨旅游）、俗（民俗风情）等有机融合发展，兼顾寓教于游、娱乐性、趣味性和参与性，打通各红色景点的交通盲点，产生叠加吸引，进一步增强红色文化资源感染力，助推实现“美丽乡村”建设目标，激发农村的经济活力。

基于这条建议，可以对北京传统村落的红色旅游资源进行梳理、整合，助推青少年思想教育实践基地建设，建构中小学生、大学生长期进行思想政治教育的实践平台，并且可以开展形式多样的“乡村红色文化资源研学活动”，通过理论联系实践的方式，做好青少年的思想政治工作。同时，应加大政策扶持力度，实现乡村红色旅游的目标。

为贯彻落实习近平新时代中国特色社会主义思想和党的十九大精神，隆重庆祝中国共产党成立 100 周年，充分展示中国共产党带领全国各族人民在中国革命、建设和改革历史进程中取得的重大成就，文化和旅游部办公厅

① 马思伟．全国人大代表鄢福初：将闲置的农村红色文化资源用起来［EB/OL］.（2021-03-12）［2021-03-26］. https://www.mct.gov.cn/preview/special/9596/9600/202103/t20210312_922879.htm.

2021 年 1 月 28 日印发《关于遴选推出“建党百年百条精品红色旅游线路”活动的通知》（以下简称《通知》）。

《通知》要求，线路设计要充分考虑路程和游览时间，线路时间为1~3天。深入挖掘红色文化内涵，认真梳理历史脉络，以红色精神为指引，以满足人民群众红色教育需求为导向，突出政治效益和社会效益，重点展示我国重大建设工程和科学工程、乡村振兴、脱贫攻坚等社会主义建设的重大成就，引导人民群众就近就便开展实地考察、国情调研。

《通知》明确，报送线路包括三大主题：①“重温红色历史、传承奋斗精神”主题线路，传承红船精神、井冈山精神、改革开放精神、抗震救灾精神、抗疫精神等中国共产党在各个历史时期锻造形成的伟大精神，展现党史、新中国史、改革开放史、社会主义发展史重要标识和中国共产党百年来“为中国人民谋幸福、为中华民族谋复兴”的光辉历程。②“走近大国重器、感受中国力量”主题线路，体现我国在重大科技创新工程、重大基础设施建设工程、重大国土空间布局建设工程领域取得的社会主义发展重大成就。③“体验美丽乡村、助力乡村振兴”主题线路，体现我国在新时代脱贫攻坚、乡村振兴、生态文明建设等方面取得的重大成就。[①]

综上所述，在北京传统村落乡村景观遗产可持续发展的进程中，既要保持以往静态保护传统村落物质文化遗产与非物质文化遗产，又要将传统村落整体性环境所体现的综合性风貌与格局所形成的乡村景观作为一种新型的历史文化遗产，这既符合我国“乡村振兴发展战略”的动态要求，也符合国际公约对乡村文化景观核心要素的发展要求。中国是以农业兴国的国家之一，是世界文明起源地之一，乡村不仅是我们世世代代应该守候的物质性栖息地，更应该是我们国家与民族发展进程中永远的精神家园。乡村在现代化不断推进的过程中遇到的各种各样的矛盾、障碍都是必然的，也是人类发展中无法回避的问题，将乡村景观遗产视作一种可持续发展的资源是我们对乡村最用心的守护。保护乡村要充分考虑乡村所蕴含的精神文化因素，使传统村落在城镇化进程中始终保持乡村乡土气息的独特性。

---

① 资源开发司．文化和旅游部将遴选推出“建党百年百条精品红色旅游线路”［EB/OL］．（2021-01-28）［2021-01-30］．http：//zwgk. mct. gov. cn/zfxxgkml/zcfg/zcjd/202102/t20210223_921762. html.

第二节　传统村落乡村景观遗产保护相关法律政策

一、我国传统村落乡村景观遗产保护现有法律体系

（一）概况

自2012年以来，我国政府关于保护与发展传统村落的政策文件层出不穷，社会各界对传统村落的重视程度也日益高涨。党的十九大报告提出实施乡村振兴战略，明确要求将传统村落的保护与发展作为实施乡村振兴战略的重要内容，为解决“三农问题”、全面激活农村发展新活力作出了指引。

我国目前关于传统村落保护的内容大多数以公共政策的方式体现，既包括由国家立法机关颁布的法律法规，也包括大量政府职能部门出台的规范性文件，见表4-1。

表4-1　传统村落保护相关法律法规、政策一览

名称	通过/施行时间	制定主体	类别
《中华人民共和国文物保护法》	1982年11月	第五届全国人大常委会	法律
《关于加强乡土建筑保护的通知》	2007年4月13日	国家文物局	行政规范性文件
《中华人民共和国城乡规划法》	2007年10月	第十届全国人大常委会	法律
《历史文化名城名镇名村保护条例》	2008年4月2日通过，2008年7月1日起施行	国务院	行政法规
《中华人民共和国非物质文化遗产法》	2011年2月25日	第十一届全国人大常委会	法律
《关于印发〈农村住房建设技术政策（试行）〉的通知》	2011年9月9日	住房城乡建设部建筑节能与科技司	行政规范性文件
《住房城乡建设部 文化部 国家文物局 财政部关于开展传统村落调查的通知》（建村〔2012〕58号）	2012年4月16日	住房和城乡建设部、文化部、国家文物局、财政部	行政规范性文件
《住房城乡建设部等部门关于印发〈传统村落评价认定指标体系（试行）〉的通知》（建村〔2012〕125号）	2012年8月22日	住房城乡建设部、文化部、国家文物局、财政部	行政规范性文件

续表

名称	通过/施行时间	制定主体	类别
《历史文化名城名镇名村保护规划编制要求》（试行）	2012 年 11 月 16 日	住房城乡建设部	行政规范性文件
《住房城乡建设部 文化部 财政部关于加强传统村落保护发展工作的指导意见》	2012 年 12 月 12 日	住房城乡建设部、文化部、财政部	行政规范性文件
《住房城乡建设部 文化部 财政部关于做好 2013 年传统村落补充调查和推荐上报工作的通知》（建村〔2013〕20 号）	2013 年 2 月 4 日	住房城乡建设部 文化部 财政部	行政规范性文件
《住房城乡建设部办公厅关于做好 2013 年全国特色景观旅游名镇名村示范工作的通知》	2013 年 5 月 17 日	住房城乡建设部办公厅	行政规范性文件
《关于做好 2013 年中国传统村落保护发展工作的通知及中国传统村落档案制作要求》	2013 年 7 月 1 日	住房城乡建设部	行政规范性文件
《住房城乡建设部关于印发传统村落保护发展规划编制基本要求（试行）的通知》（建村〔2013〕130 号）	2013 年 9 月 18 日	住房城乡建设部	行政规范性文件
《关于切实加强中国传统村落保护指导意见》（建村〔2014〕61 号）	2014 年 4 月 25 日	住房城乡建设部、文化部、国家文物局、财政部	行政规范性文件
《关于进一步做好全国重点文物保护单位和省级文物保护单位集中成片传统村落整体保护利用工作的通知》（文物保发〔2014〕27 号）	2014 年 9 月 1 日	国家文物局	行政规范性文件
《关于做好中国传统村落保护项目实施工作意见》（建村〔2014〕135 号）	2014 年 9 月 5 日	住房城乡建设部、文化部、国家文物局、财政部	行政规范性文件
《历史文化名城名镇名村街区保护规划编制审批办法》	2014 年 10 月 15 日	住房城乡建设部	行政规范性文件
《住房城乡建设部等部门关于做好 2015 年中国传统村落保护工作的通知》	2015 年 6 月 23 日	住房城乡建设部、文化部、国家文物局、财政部、国土资源部、农业部、国家旅游局	行政规范性文件
《关于坚决制止异地迁建传统建筑和依法打击盗卖构件行为的紧急通知》	2015 年 9 月	住房城乡建设部、国土资源部、公安部	行政规范性文件

续表

名称	通过/施行时间	制定主体	类别
《住房城乡建设部办公厅等部门关于印发〈中国传统村落警示和退出暂行规定（试行）〉的通知》	2016年11月3日	住房城乡建设部办公厅、文化部办公厅、国家文物局办公室、财政部办公厅、国土资源部办公厅、农业部办公厅、国家旅游局办公室	行政规范性文件
《住房城乡建设部办公厅关于做好第五批中国传统村落调查推荐工作的通知》	2017年7月28日	住房城乡建设部办公厅	行政规范性文件
《住房和城乡建设部关于发布国家标准〈传统建筑工程技术标准〉的公告》（2019年第102号）	2019年4月9日	住房城乡建设部	行政规范性文件
《住房和城乡建设部办公厅关于加强贫困地区传统村落保护工作的通知》	2019年9月12日	住房城乡建设部办公厅	行政规范性文件
《住房和城乡建设部办公厅关于实施中国传统村落挂牌保护工作的通知》	2020年5月11日	住房城乡建设部办公厅	行政规范性文件

资料来源：住房城乡建设部官网，表格为自制。

在一国现有法律体系中，宪法为基本法，之后法律是位阶最高的法律形式，继而有行政法规、部门规章、地方性法规、规章等。国家行政机关的行政决策也是当代中国公共政策的重要组成部分。行政决策是指国家行政机关在法定的权力和职能范围，在履行行政职能的过程中，就所面临的相关问题制定的行动方案和行动准则，包括行政法规、行政措施、部门规章、地方性规章、地方性行政措施、决议和命令。我国当下关于传统村落的规范大多数以公共政策为主，有部门规章、行政措施、地方性法规等，行政法规层面暂时没有关于传统村落的相关规定。

《历史文化名城名镇名村保护条例》属于行政法规，但其中未涉及“传统村落”的内容。在《中华人民共和国文物保护法》（2020年修订意见稿）中，第一章总则部分第二条文物的种类中增加了“（四）代表性文化景观”一项，成为传统村落乡村景观遗产保护的最新进展。传统村落是近年来文化遗产保护领域的热门话题。随着传统村落数量的骤减，传统村落所构成的“乡村景观”渐为稀缺，这种独特的自然及历史特征，以其乡村景观的完整性备受关注。数量如此之多的传统村落需要保护，其立法保护的必要性显而易见。有多名专家学者曾撰文提到立法保护传统村落的重要性，由于对“传统村落”和“古村落”概念的泛化使用，最开始的建议多针对“古村落”这一上位概念。

（二）地方性法规

现阶段传统村落保护过程中除相关的文化类基本法律外，主要是以地方为主体出台的大量地方性行政法规，见表4-2。总体来说，出台传统村落保护条例的地区大多数传统村落数量较多，福建省、江苏省、浙江省丽水市、贵州省等都是传统村落聚集的地区。这些地区以出台地方性法规的方式对保护传统村落事宜进行了法律规范，一方面是由于该地区传统村落数量多，依靠法律规范的必要性很大；另一方面也体现了当地政府对文化遗产的保护态度和坚定程度。地方性法规是地方政府实施自我职能的一种重要形式。

表4-2　我国传统村落保护的地方性法规

名称	通过/施行时间	地区
《江西省传统村落保护条例》	2016年9月22日通过，自2016年12月1日起施行	江西省
《信阳市传统村落保护条例》	2016年9月30日通过	河南省
《江苏省传统村落保护办法》	2017年9月28日通过，自2017年12月1日起施行	江苏省
《福建省历史文化名城名镇名村和传统村落保护条例》	2017年3月31日通过，2017年7月1日起施行	福建省
《贵州省传统村落保护和发展条例》	2017年8月3日通过，自2017年10月1日起施行	贵州省
《达州市传统村落保护与利用条例》	2018年1月1日起施行	四川省
《台州市传统村落保护和利用条例》	2018年11月30日批准，自2019年3月1日起施行	浙江省
《湘西土家族苗族自治州传统村落保护条例》	2019年2月28日通过，自2019年6月1日起施行	湖南省湘西自治州
《靖州苗族侗族自治县传统村落保护条例》	2019年8月1日起施行	湖南省
《丽水市传统村落保护条例》	2019年8月1日通过，2019年11月1日起施行	浙江省丽水市
《富川瑶族自治县传统村落保护条例》	2019年9月27日批准，自公布之日起施行	广西壮族自治区
《木垒哈萨克自治县传统村落保护条例》	2019年10月1日起施行	新疆维吾尔自治区

续表

名称	通过/施行时间	地区
《怀化市传统村落保护条例》	2020 年 3 月 1 日起施行	湖南省
《柳州市传统村落保护条例》	2020 年 6 月 1 日起施行	广西壮族自治区
《金华市传统村落保护条例》	2020 年 10 月 1 日起施行	浙江省金华市
《云南省镇沅彝族哈尼族拉祜族自治县传统村落保护条例》	2020 年 10 月 1 日起施行	云南省
《黔东南苗族侗族自治州民族文化村寨保护条例》	2021 年 1 月 1 日起施行	贵州黔东南自治州
《四川省传统村落保护条例》	2021 年 3 月 1 日起施行	四川省
《宣城市传统村落保护条例》	2021 年 5 月 1 日起施行	安徽省宣城市

二、北京传统村落乡村景观遗产保护相关政策及举措

（一）北京传统村落乡村景观遗产保护相关政策

北京市传统村落保护的政策法规主要为地方性法规（《北京历史文化名城保护条例》）和以行政规范性文件表现的大量公共政策（见表 4-3）。

表 4-3　北京传统村落保护性法律法规及政策一览表

名称	通过时间	制定主体	类别
《北京市传统村落保护建设规划设计指南》	2013 年	北京市规划委员会	行政规范性文件
《北京市传统村落修缮技术指导意见》	2015 年 6 月	北京市住房城乡建设委会同市农委	行政规范性文件
《关于北京市传统村落保护发展规划审查工作的指导意见（试行）》	2015 年 12 月	北京市规划和国土资源管理委员会、北京市农村工作委员会	行政规范性文件
《北京市传统村落保护发展规划设计指南》（市规划国土发〔2016〕22 号）	2016 年 9 月 1 日	北京市规划和国土资源管理委员会、北京市农村工作委员会	行政规范性文件
《实施乡村振兴战略扎实推进美丽乡村建设专项行动计划（2018—2020 年）》（京办发〔2018〕5 号）	2018 年 2 月	中共北京市委办公厅 北京市人民政府办公厅	行政规范性文件

续表

名称	通过时间	制定主体	类别
《北京市关于加强传统村落保护发展的指导意见》（京政办发〔2018〕7号）	2018年3月	北京市人民政府办公厅	行政规范性文件
《北京市传统村落修缮技术导则》	2018年9月	北京市住房城乡建设委会同市农委、市规划国土委、市文物局	行政规范文件
《关于落实户有所居加强农村宅基地及房屋建设管理的指导意见》	2020年8月11日	北京市人民政府办公厅	行政规范性文件
《北京历史文化名城保护条例》	2021年1月27日	北京市人民代表大会	地方性法规

北京地区保护传统村落的相关政策法规，除法律、行政法规外的行政规范性文件主要以指导性行政规范[①]为主，这些指导性行政规范对号召大家保护传统村落、提高全民保护村落类文化遗产产生了积极的效果。行政规范虽不属于“法”的范畴，但作为由行政机关代表国家所制定的社会规范，一经发出也会产生普遍的法律约束力，具有法的效力。指导性行政法规不具有强制性，一般依赖行政相对人的接受和自觉遵守，这类行政规范的制定也必须坚持依法行政原则，不能超越行政指导的界限。根据指导传统村落地区保护与发展工作的实际情况，现实中的行政规范主要包括指导建议型规范、技术指南型规范和技术导则型规范。

1. 指导建议型规范

指导建议型规范文件主要体现对传统村落保护工作各方面的总体性规定，包括工作基本原则、目的、方法等。《北京市关于加强传统村落保护发展的指导意见》（京政办发〔2018〕7号）、《关于落实户有所居加强农村宅基地及房屋建设管理的指导意见》均属于指导建议型规范。随着北京地区传统村落保护工作的不断推进，各区域也纷纷开展对区域传统村落保护的指导建议型规范的出台，如《中共南窖乡委员会南窖乡人民政府关于切实加强传统村落保护发展的意见》（南发〔2016〕14号）就是针对北京房山区南窖乡传统村落保护发展的实际需要制定的区域性指导规范。下文为南窖乡传统村落保护的区域性指导规范性文件节选。

① 叶必丰. 行政规范研究［M］. 北京：法律出版社，2002：116-117.

中共南窖乡委员会南窖乡人民政府
关于切实加强传统村落保护发展的意见

（南发〔2016〕14号）

中国历史文化名村、中国传统村落（以下简称“传统村落”）具有较高的历史、文化、科学、艺术、社会、经济价值。承载着中华传统文化的精华，是农耕文明不可再生的文化遗产；保留着民族文化的多样性，是繁荣发展民族文化的根基。但随着工业化、城镇化的快速发展，传统村落衰落、消失的现象日益加剧，加强传统村落保护发展刻不容缓。为贯彻落实中央关于保护和弘扬优秀传统文化的精神，加大传统村落保护力度，现就加强我乡传统村落保护发展工作提出如下意见：

一、指导意义

水峪村是北京市第五个、房山区唯一一个中国历史文化名村；南窖村即将获批中国传统村落，正在积极申报中国历史文化名村，有望成为全市第六个中国历史文化名村。保护和发展好水峪村和南窖村，尤其是做好水峪村保护利用试点和南窖村创新村庄规划试点工作，对做好全市传统村落保护发展工作具有十分重要的指导意义。

在京津冀协同发展和南窖乡产业转型的关键时期，积极主动做好传统村落的保护发展工作，保护和传承前人留下的珍贵历史文化遗产是乡党委政府不可推卸的责任，有利于增强南窖人民的文化自信，有利于保持南窖的乡土特色和文化魅力，更有利于促进南窖经济、社会、文化的协调可持续发展。

二、指导思想、基本原则和发展目标

（一）指导思想。以党的十八大、十八届五中全会精神为指导，牢牢抓住生态和文化两条主线，突出村落保护，着力完善功能设施，弘扬传统文化，培育特色产业，改善人居环境，实现增收致富，保持传统村落的完整性、真实性和延续性，留住文化的根、守住民族的魂，实现传统村落的可持续发展。

（二）基本原则。坚持规划先行、统筹指导，整体保护、兼顾发展，活态传承、合理利用的原则，努力构建“政府引导、市场主导、村民主体、社会参与”的四位一体格局，尽最大限度保存传统村落的原始风貌，协调好传统村落保护开发与当地村民之间的关系，整合多方面力量，共同推进传统村落保护发展。

（三）发展目标。通过市、区、乡、村和社会的共同努力，用3~5年时间，使传统村落得到基本保护，具备基本的生产生活条件、防灾安全保障和保护管理机制，逐步增强传统村落保护发展的综合能力。

三、主要任务

（一）保护并修复传统村落遗迹。保护村落的传统选址、格局、风貌以及自然和田园景观等整体空间形态与环境。全面保护文物古迹、历史建筑、传统民居等传统建筑，尽快启动核心保护区传统建筑的保护修缮工作。

（二）改造基础设施和公共服务设施。规划并改造给水、排水、燃气、电力电信、采暖、综合管网等基础设施和公共服务设施。

（三）整治综合环境和提升公共景观。整治传统村落周边道路、河道、垃圾和污水治理等综合环境；完善消防、防灾避险等必要的安全设施；提升文化遗产周边、公共场地等景观环境。

（四）合理利用文化遗产。引进市场机制，充分挖掘传统村落的历史文化价值和社会经济价值，大力发展文化休闲旅游产业，积极发挥传统村落的品牌效应和集聚效应，将南窖建设成为首都北京独具“文化+”特色的“文创小乡”。

（五）建立保护管理机制。建立健全各项规章制度，落实责任义务，制定保护发展规划，出台支持政策，鼓励村民和公众参与，建立档案和信息管理系统。

四、保护措施

（一）编制保护发展规划。由北京规划院编制完成了《水峪村保护规划（2012—2020）》，正在委托中国建筑设计院依据保护规划编制《水峪村保护发展总体实施方案》，预计三个月左右时间完成编制工作，主要内容包括水峪村的发展定位、产业和旅游规划等，并选取8~10户重点传统建筑作为试点，年内启动保护修缮工作；正在委托北京规划院编制南窖村的创新村庄规划，规划成果将在今年下半年完成。

（二）强化保护管理。乡域内，各村须严格按照乡党委政府的统一要求和部署，做好环境整治和建设活动。尤其是传统村落及周边范围内新建、修缮、改造和拆除等建设活动应符合保护规划的要求，不得损害历史文化遗产的真实性和完整性，不得对其传统格局和历史风貌构成破坏性影响。有关单位和个人必须提前将有关信息报乡政府备案或审核，经乡政府报区有关部门批准后，方可执行。

（三）强化政策保障。积极争取中央、市、区传统村落保护发展专项扶持资金；创新投融资方式，采用PPP、农民合作社等模式，鼓励社会资本参与传统村落保护发展，多渠道筹措保护发展资金，建立政府推动、社会参与的协同保护发展机制。

（四）强化组织领导。区政府“中国历史文化名村保护和发展领导小组”

负责统筹推进传统村落保护工作，凡涉及传统村落（南窖村、水峪村）重大规划编制、重要建筑保护修缮、基础设施建设、重大项目实施、重大投融资项目、其他重大事项等，须经领导小组会议研究通过后，方可实施；乡政府设立传统村落保护管理专门机构，负责传统村落保护规划的实施，对保护项目的资金使用、项目管理、实施效果负主要责任；村集体要发挥传统村落保护主体作用，根据保护发展规划，将保护要求纳入村规民约，村“两委”要承担起传统村落保护管理的具体工作。

（五）强化宣传引导。充分发挥“中国历史文化名村”“中国传统村落”的品牌影响力，利用电视、广播、报刊等传统媒介和微博、微信、APP客户端等新兴媒体对传统村落进行广泛宣传报道，提高群众对传统文化资源的认知和了解，增强全民保护传统村落的自觉性，提升水峪、南窖的社会认知度和美誉度，不断扩大南窖的知晓面和影响力。

（六）强化监督指导。定期、不定期对传统村落保护情况进行督促检查，对违反保护发展规划行为及时进行处理。建立传统村落动态监测信息系统，对传统村落保护实施跟踪监测。建立公开举报电话、邮箱和微信等平台，接受公众监督。对违反保护要求或因保护不力造成传统文化遗产资源破坏的，要进行警告并通报批评，情节严重的要追究相关人员的责任。

五、专家队伍建设完备

北京市住房和城乡建设委员会于2014年8月6日印发各区县住房城乡建设委，东城、西城区住房城市建设委，经济技术开发区建设局，各有关单位关于北京市住房城乡建设委传统民居（传统村落）保护专家委员会专家名单和北京市住房城乡建设委传统民居（传统村落）保护专家委员会工作组名单。该工作组及专家队伍是为促进我市传统民居和传统村落（以下简称“传统民居”）保护工作，加强对传统民居建造、修缮的技术研究和指导，按照住房城乡建设部建村函〔2014〕111号通知要求，结合工作实际决定成立。其主要任务是负责提供传统民居保护决策咨询，提出传统民居保护政策建议，进行传统民居保护技术研究和技术指导，参与传统民居的调查、记录和整理，参加分类谱系和建造技术的编写及审定等技术工作。同时，在北京市房地产科学技术研究所设立专家委员会工作组，承担专家委员会开展各项工作的组织协调任务。

2. 技术指南型规范

2013年北京市规划委员会颁布的《北京市传统村落保护建设规划设计指

南》是北京地区较早的关于传统村落的规范性文件。该指南是根据北京市规划委员会的要求，在广泛的实地调查、参考国内外先进标准、广泛征求意见的基础上制定的，主要技术内容包括总则、术语、现状调研与评估、村庄保护规划、村庄发展规划、重点地段设计引导、规划实施建议、成果要求等，并附有中国历史文化名村（北京市部分）、中国传统村落（北京市部分：第一批与第二批中国传统村落）名单两项设计资料。该指南由北京市规划委员会归口管理，北京市城市规划设计研究院负责具体解释工作，日常管理机关为北京市城乡规划标准化办公室。

2016 年 9 月 1 日发布的《北京市传统村落保护发展规划设计指南》，批准部门为北京市规划和国土资源管理委员会，也是技术指南型规范的代表。

3. 技术导则型文件

2015 年《北京市传统村落修缮技术指导意见》与 2018 年《北京市传统村落修缮技术导则》均为典型的技术导则型指导性规范。2018 年《北京市传统村落修缮技术导则》为 2015 年《北京市传统村落修缮技术指导意见》的升级版（见表 4-4）。

表 4-4　《北京市传统村落修缮技术指导意见》与《北京市传统村落修缮技术导则》的比较

	2015 年《北京市传统村落修缮技术指导意见》	2018 年《北京市传统村落修缮技术导则》
制定目的	依据国务院《历史文化名城名镇名村保护条例》，住房城乡建设部、文化部、国家文物局、财政部《关于切实加强中国传统村落保护的指导意见》（建村〔2014〕61 号）和住房城乡建设部、文化部、国家文物局《关于做好中国传统村落保护项目实施的工作意见》（建村〔2014〕135 号）等文件要求，为保护北京市传统村落的传统风貌，规范传统民居房屋的修缮和改造行为，保障房屋质量安全和居住功能，保存、传承和更新发展传统村落民居的历史和人文信息，特编制本指导意见	为贯彻党的十九大精神，落实中央农村工作会议提出的实施乡村振兴战略和深入挖掘中华优秀传统文化蕴含的思想观念、人文精神、道德规范等要求，以及国务院《历史文化名城名镇名村保护条例》，住房城乡建设部、文化部、国家文物局、财政部《关于做好中国传统村落保护项目实施工作意见》（建村〔2014〕135 号），住房城乡建设部、文化部、国家文物局、财政部《关于切实加强中国传统村落保护指导意见》（建村〔2014〕61 号）和北京市《实施乡村振兴战略扎实推进美丽乡村建设专项行动计划（2018—2020 年）》（京办发〔2018〕5 号）等文件要求，为保护北京市传统村落的风貌，规范传统村落中建筑的修缮和改造行为，保障房屋质量安全和居住功能，保护和传承传统村落的历史和人文信息，避免对传统村落进行大面积建设开发，防止现代风格建筑对历史传统风貌造成破坏，统一北京市传统村落修缮保护工作的内容和技术要求，确保这项工作的有效性，特制定本导则

续表

	2015 年《北京市传统村落修缮技术指导意见》	2018 年《北京市传统村落修缮技术导则》
制定基础及目的	本指导意见在总结北京市农宅综合改造技术经验的基础上，结合北京市传统民居的调查研究成果及北京市传统村落民居的特点编制而成，可为北京市传统村落的修缮、保护提供技术指导	本导则在总结北京市农宅综合改造技术经验的基础上，结合北京市传统村落民居的调查研究成果及北京市传统村落的特点编制而成，可为北京市传统村落的修缮、保护提供技术指导
结构章节	本指导意见共分为 6 章，主要内容包括：总则、传统村落、传统民居院落及建筑、传统村落民居建筑结构安全与抗震、传统村落居住环境提升、传统村落公用设施提升	本导则共分为 8 章，主要内容包括：总则、术语、基本规定、传统村落修缮保护与功能提升、传统风貌建筑修缮与节能改造、传统风貌建筑结构修缮、其他建筑修缮、建筑风貌改善
负责主体	本指导意见由北京市住房和城乡建设委员会、北京市农村工作委员会共同负责管理，由北京市房地产科学技术研究所负责具体技术内容的解释工作	本导则由北京市住房和城乡建设委员会、北京市农村工作委员会共同负责管理，由北京市住房和城乡建设科学技术研究所负责具体技术内容的解释工作
主编单位	北京市房地产科学技术研究所	北京市住房和城乡建设科学技术研究所
参编单位	北京建筑大学 北京市古代建筑研究所 中国建筑设计研究院・城镇规划设计研究院	北京建筑大学 北京市古代建筑研究所 中国建筑设计院・城镇规划院

资料来源：数据来自于住建部官网，表格为自制。

（二）北京传统村落乡村景观遗产保护相关举措

1. 修订《北京历史文化名城保护条例》

2020 年 9 月，《北京历史文化名城保护条例》（以下简称《条例》）修订工作正式启动，北京市政府网站与北京市规划和自然资源委员会网站均公布了《条例》修订征集意见稿，这是该条例自 2005 年 3 月 25 日通过施行以来的首次修订。该条例属法律体系中的地方性法规，在北京历史文化名城保护工作中发挥着重要的指导作用。原《条例》第十条规定："北京历史文化名城的保护内容包括：旧城的整体保护、历史文化街区的保护、文物保护单位的保护、具有保护价值的建筑的保护。”

《条例》修订征集意见稿中提到，“北京历史文化名城涵盖本市全部行政区域，主要包括老城和三山五园地区两大重点区域和大运河文化带、长城文化带、西山永定河文化带三条文化带等”，同时确定了北京历史文化名城的保护对象包括世界遗产和文物，历史建筑和革命史迹，历史文化街区、特色地区和地下文物埋藏区，名镇、名村和传统村落，历史河湖水系和水文化遗产，山水格局和城址遗存，历史街巷和传统地名，风景名胜区、历史名园和古树名木，非物质文化遗产和法律、法规规定的其他保护对象。此次修订稿，正式将“传统村落”列入历史文化名城保护体系，这是对《北京城市总体规划（2016 年—2035 年）》第四章第五十四条“加强名镇名村和传统村落文化遗产保护传承与合理利用”内容的立法回应，也是北京历史文化名城整体性保护的时代要求，对传统村落保护工作来说无疑是利好的法治保障。

（1）《条例》中“传统村落”的概念。

新修订的《条例》第七章附则第七十六条第（九）项对传统村落进行了明确定义：传统村落是指拥有物质形态和非物质形态文化遗产，具有较高的历史、文化、科学、艺术、社会、经济价值的村落。

《条例》第二章“保护体系”第一节“保护对象”的第十三条规定，北京历史文化名城的范围涵盖本市全部行政区域，主要包括老城、三山五园地区以及大运河文化带、长城文化带、西山永定河文化带等。第十四条规定：“北京历史文化名城保护对象包括下列内容：（一）世界遗产；（二）文物；（三）历史建筑和革命史迹；（四）历史文化街区、特色地区和地下文物埋藏区；（五）历史文化名镇、名村和传统村落；（六）历史河湖水系和水文化遗产；（七）山水格局和城址遗存；（八）传统胡同、历史街巷和传统地名；（九）风景名胜、历史名园和古树名木；（十）非物质文化遗产；（十一）法律、法规规定的其他保护对象。历史建筑包括优秀近现代建筑、工业遗产、挂牌保护院落、名人旧（故）居等。”其中，第（一）项规定的保护对象，“法律、行政法规已规定认定标准的，依照执行；法律、行政法规未规定认定标准的，北京历史文化名城保护委员会应当组织相关部门制定职责范围内保护对象的认定标准”。第十五条规定：“本市以连线、成片方式对保护对象实施整体保护，对保护对象周边传统风貌、空间环境的建筑高度和建筑形态、景观视廊、生态景观以及其他相关要素实施管控。”

《条例》第二章第二节“老城、三山五园地区等重点保护区域”第十八条规定："三条文化带重点保护下列内容：（一）元、明、清时期的大运河；（二）各历史时期的长城；（三）西山永定河沿线的历史文化资源密集区；（四）大运河、长城、西山永定河沿线的古村落、古道、山水格局以及其他保护对象。"

从上述条款可以清晰看出，《条例》对"传统村落"的概念进行了明确的内涵界定，同时强调传统村落保护实施整体保护，三条文化带沿线的传统村落属于重点保护对象，与此前北京市政府2018年公布的《北京市关于加强传统村落保护发展的指导意见》中对传统村落保护的精神完全一致，实现了政策与法律的衔接。

(2)《条例》中"传统村落"保护的主体单位。

新修订的《条例》第一章"总则"第四条规定：本市建立健全党委领导、政府统筹、单位实施、公众参与、社会监督的北京历史文化名城保护工作机制。涉及北京历史文化名城保护的重大事项，应当经首都规划建设委员会审议，向党中央、国务院请示报告。

第五条规定：市人民政府负责历史文化名城保护工作，将北京历史文化名城保护纳入本市国民经济和社会发展规划、计划，统筹安排保护资金，完善体制机制和政策保障，推进世界遗产申报和历史文化名城保护与发展。区人民政府负责本行政区域内的历史文化名城保护工作，将历史文化名城保护纳入本级国民经济和社会发展规划、计划，落实保护利用、改善民生等责任。街道办事处、乡镇人民政府加强对本辖区的历史文化名城保护情况的巡查，引导动员公众参与历史文化名城保护工作。居民委员会、村民委员会协助街道办事处、乡镇人民政府做好历史文化名城保护相关工作。

第六条规定：北京历史文化名城保护委员会负责北京历史文化名城保护的总体谋划、统筹协调、整体推进和督促落实，并纳入首都规划建设委员会工作体系。北京历史文化名城保护委员会的日常工作由市规划和自然资源主管部门承担。北京历史文化名城保护委员会建立专家咨询机制，为历史文化名城保护重大事项提供评审、论证、咨询等服务。

第七条规定：规划和自然资源主管部门负责历史文化名城，历史文化街区、名镇、名村、传统村落和历史建筑保护的规划管理工作。住房和城乡建设主管部门负责历史建筑，历史文化街区和名镇范围内文物以外的建筑物、构筑物的修缮技术指导服务。文物主管部门负责世界遗产申报的具体实施，指导督促革命史迹的保护管理以及其他法律、法规规定的有关历史文化名城保护工作。农业农村主管部门负责指导历史文化名村和传统村落的保护发展。其他相关部门依照各自职责，做好历史文化名城保护工作。

第八条规定：保护北京历史文化名城是全社会的共同责任。任何单位和个人都有保护北京历史文化名城的义务，有权对保护规划的制定和实施提出意见和建议，对破坏北京历史文化名城的行为进行监督、举报。

从上述条文可知，北京传统村落的保护工作已进入历史文化名城保护体系，建立了党委领导负责、政府统筹、农业农村主管部门负责指导、乡镇人民政府做好实施配合工作、广大村民积极参与、社会各界主动监督的工作机制，形成“乡村是我家、保护靠大家”的良好格局。

（3）《条例》中“传统村落”的具体保护措施。

新修订的《条例》第二章“保护体系”第三节“保护名录”第二十条规定：区人民政府应当按照北京历史文化名城保护委员会的年度工作计划，对历史建筑和革命史迹，历史文化街区、名镇、名村和传统村落，历史河湖水系，传统胡同，历史街巷，历史名园等保护对象组织开展普查工作。

第二十一条规定：北京历史文化名城保护实行保护名录制度。区人民政府应当根据普查情况，组织专家论证，依据有关认定标准，提出保护名录初选名单，向社会公示。公示时间不得少于三十日。公示期结束后，区人民政府应当将保护名录初选名单、专家论证意见和公示结果报送北京历史文化名城保护委员会复审。任何单位和个人可以向所在地的区人民政府申报、推荐保护对象。对符合认定标准而没有被列入保护名录初选名单的，北京历史文化名城保护委员会可以向其所在地的区人民政府提出列入建议；仍不列入的，可以直接向市人民政府提出纳入保护名录的建议。

第二十二条至第二十四条规定了保护名录的报送流程。北京历史文化名城保护委员会负责对区人民政府报送的材料进行评审，拟订保护名录，报市人民政府批准、公布。保护对象因不可抗力损毁、灭失或者保护等级、类型发生变化的，所在地的区人民政府应当提出保护名录调整方案，按照原审批程序报送审批。尚未纳入保护名录，区人民政府初步确认具有保护价值的，应当确定为预先保护对象，并自确定之日起七个工作日内向所有权人、使用人发出预先保护通知，告知其应当采取的保护措施。任何单位和个人不得损坏、擅自迁移、拆除预先保护对象。确定为预先保护对象的，所在地的区人民政府应当在预先保护通知发出之日起两个月内向北京历史文化名城保护委员会提出将预先保护对象纳入保护名录的建议；北京历史文化名城保护委员会应当在收到建议之日起两个月内报市人民政府批准、公布。逾期未纳入的，预先保护通知自然失效。

新修订的《条例》第三章“保护规划”对传统村落保护发展规划的相关事项进行了明确规定。北京历史文化名城的保护规划体系包括北京历史文化名城保护规划，老城、三山五园地区、历史文化街区、名镇、名村保护规划和传统村落保护发展规划等。规划编制部门应当有计划地编制保护规划，并作为专项规划纳入相应层级的国土空间规划。传统村落保护发展规划可以与村庄规划合并编制。保护规划应当包括保护范围、总体目标、保护内容、保护要求、保障措施等。

传统村落保护发展等规划，应当包括下列内容：“（一）保护范围、保护原则；（二）城乡建设用地面积、国土空间规划用途；（三）人口容量；（四）需要保护的建筑物、构筑物和周边历史环境要素；（五）传统风貌的建筑高度、体量、色彩等控制指标；（六）建筑的分类保护和整治措施；（七）保护利用和人居环境改善措施；（八）实施保护规划的具体措施；（九）其他应当纳入保护规划的内容。”历史文化街区、名镇、名村和传统村落的保护范围应当包括核心保护范围和建设控制地带。传统村落保护发展规划由所在地的乡镇人民政府组织编制。组织编制机关应当在报送审批前依法将保护规划草案向社会公示，充分征求专家和公众意见。公示时间不得少于三十日。传统村落的保护发展规划经市规划和自然资源、农业农村主管部门组织审查，由区人民政府批准，报区人民代表大会常务委员会以及市规划和自然资源、农业农村主管部门备案。上述规划应当自批准之日起三十日内通过公共媒体向社会公布。经依法批准的保护规划，不得擅自修改；确需修改的，保护规划的组织编制机关应当向原审批机关提出专题报告，经同意后，方可编制修改方案。修改后的保护规划，应当按照原审批程序报送审批和备案。

市规划和自然资源主管部门应当会同农业部门根据保护规划编制传统村落内建设项目的规划综合实施方案。规划综合实施方案应当包含建设工程设计要求、土地权属、规划指标、市政以及交通条件、实施时序、功能业态、风貌管控、投资主体和工程定额、保护更新模式、房源保障等内容。市人民政府应当将历史文化名城保护的体检评估工作纳入本市国土空间规划体检工作，对发现的问题应当及时纠正、处理。

新修订的《条例》第四章“保护措施”中规定了一系列具体可行的保护措施。北京历史文化名城保护实施保护责任人制度，传统村落的保护责任人为乡镇人民政府。区人民政府应当在保护名录公布后，告知保护责任人应当承担的保护责任。

传统村落所在的三条文化带所在地的区人民政府应当履行下列保护责任：“（一）保护沿线世界遗产，文物；（二）保护与修复沿线山水林田湖草生态系统；（三）挖掘、展示历史文化和景观价值；（四）支持相关文化产业发展、改善沿线村镇人居环境。”市人民政府应当建立跨区保护协调机制，统筹协调三条文化带的保护利用。

乡镇人民政府在区人民政府的领导下，实施辖区内的传统村落保护工作，履行下列保护责任：“（一）保持保护范围内历史格局、街巷肌理和传统风貌、空间尺度和历史环境要素的完整性；（二）开展日常巡查，及时处置危害保护对象的行为，并向相关主管部门报告；（三）落实街区保护更新和人居环境改善工作；（四）协助有关部门做好安全、防灾等工作。”在传统村落的保护范围内，禁止从事下列对保护对象可能造成破坏性影响的活动：“（一）开山、采石、开矿等破坏传统格局和历史风貌的活动；（二）占用保护规划确定保留的园林绿地、河湖水系、道路等；（三）修建生产、储存爆炸性、易燃性、放射性、毒害性、腐蚀性物品的工厂、仓库等；（四）在历史建筑上刻划、涂污；（五）从事突破建筑高度、容积率等控制指标，违反建筑体量、色彩等控制要求的建设活动；（六）擅自拆除既有建筑；（七）破坏保护规划确定的历史格局、街巷肌理和传统风貌。”在传统村落的核心保护范围进行新建、改建、扩建的，不得改变历史格局、街巷肌理和传统风貌；建筑外立面的维修应当尽可能采用传统工艺和传统材料。在传统村落的建设控制地带内新建、改建、扩建建筑物、构筑物的，应当符合保护规划确定的建设控制要求，严格控制建筑物、构筑物的高度、体量、色彩、容积率等，与核心保护范围风貌相协调。

在传统村落保护范围内新建、改建、扩建和拆除既有建筑或者改变既有建筑的外立面、屋顶或者结构的，应当按照规定向规划和自然资源主管部门或者乡镇人民政府申请办理规划许可或者审批手续；规划和自然资源主管部门或者乡镇人民政府核发规划许可或者批准，应当征求区农业农村、文物主管部门的意见。在传统村落的保护范围、成片传统平房区和特色地区内改善通风采光、节能保温、给排水、环境卫生等居住条件的，应当符合风貌管控和公共安全的要求。对于传统村落的历史格局、街巷肌理、传统风貌、空间环境，不符合保护规划有关建筑高度、建筑形态、景观视廊等要求，以及严重影响居住安全的建筑物、构筑物或者其他设施，所在地的区人民政府或者产权单位可以依法通过申请式退租、房屋置换、房屋征收等方式组织实施腾退或者改造。具体办法由市人民政府制定。市农业农村主管部门应当会同相关主管部门编制传统村落保护范围内历史建筑和文物以外的建筑物、构筑物的修缮技术标准。

传统村落所在地的区人民政府，应当按照集约用地原则，统筹安排建设用地指标，优先保障因实施保护规划所需的居民、村民住宅以及公共服务设施建设。因保护传统村落需要开辟新址建设的，乡镇人民政府应当在不影响原有村庄格局和风貌的区域内确定选址。传统村落保护范围内的居民、村民应当按照有关保护规划和修缮技术标准，维护和修缮历史建筑以外的建筑物、构筑物；按照前述要求进行维护和修缮的，区人民政府可以给予资金等补助，区住房和城乡建设或者农业农村主管部门应当提供技术指导。市财政部门会同市农业农村等主管部门和有关区人民政府按照本市规定，建立健全传统村落保护资金筹措机制，统筹相关政策，支持历史文化名镇、名村和传统村落的保护发展。传统村落内的公共交通站点、照明系统等公共设施的设置、城市景观的设计等，应当与所在区域的历史风貌相协调。任何单位和个人不得擅自更改各类保护对象涉及的传统地名。

市人民政府、区人民政府可以发起建立保护基金，支持北京历史文化名城保护相关领域的发展。基金的使用应当公开透明，接受社会监督。基金的捐赠人、受益人依照有关法律、法规的规定享受税收优惠。本市支持与北京历史文化名城保护相关的传统工匠的培养、传统工艺的传承、传统材料的生产，依法保护相关知识产权，完善修缮技术专利交易的市场机制。市住房和城乡建设主管部门应当会同市人力资源和社会保障、农业农村等主管部门组织开展传统工匠专业培训和职业技能认定，建立传统工匠等级评定体系。鼓励和支持高等院校、中等职业学校以及社会力量开设相关课程，培养专业技术人才。

（4）《条例》中“传统村落”的活化利用。

新修订的《条例》第五章“保护利用”中规定：本市鼓励和支持传统村落的合理利用和有序开放。市规划和自然资源主管部门根据历史文化保护传承的需求，制定传统村落保护利用的正面或者负面清单，明确鼓励、支持或者限制、禁止的活动。保护责任人对传统村落的保护利用应当遵守先保护后利用的原则，注重整体风貌保护，符合正面或者负面清单的要求，合理控制商业开发规模，完善公共服务设施，传承传统文化。传统村落应根据保护规划要求，发展多样化特色产业，适度开展旅游、传统工艺和传统技艺加工制作等与传统文化相协调的经营活动。鼓励当地居民、村民参与传统村落和历史建筑的保护利用。支持传统村落的居民、村民从事当地特色手工产业的生产经营等相关活动，以促进传统村落原有形态、生活方式的延续传承。加强对传统节日、特色民俗、传统工艺、方言的研究记录工作。加强对具有历史价值的老字号、老物件、老手艺、老剧目等的保护利用，形成稳定、经典的传统文化品牌；合理布局非物质文化遗产传承空间，为其提供生存、传播和发展的空间。鼓励老字号原址、原貌保护。

市规划和自然资源主管部门组织建立统一信息平台，对纳入保护名录的保护对象建立保护档案和相关数据库，记载保护对象的历史、权属、测绘数据、利用情况、相关研究成果等信息；并将保护档案和相关数据信息通过互联网等平台向社会公开，展示历史文化资源，为组织和个人查阅信息、共享研究成果、开展保护利用提供便利；依法应当保密的除外。鼓励通过现代科学技术手段，实现保护对象的展示与管理。

2. 成立专门机构——乡村振兴学院

2020 年 12 月 15 日，北京首家乡村振兴学院——北京乡村振兴学院在北京农业职业学院举行揭牌仪式，农业农村部、农广校、北京市农业农村局、北京市教委、首农食品集团等单位领导受邀出席并揭牌，有关专家、媒体及北京农业职业学院师生共 130 余人参加了揭牌仪式。北京乡村振兴学院立足于送技能、送培训、送文化，以农业职业学院为依托，以北京市农业广播电视学校为龙头，以京郊职业学校、农广校分校为骨干，统筹协调各类培训场地，优化各级涉农教育和培训资源配置，切实提升服务“三农”的能力和水平，着力打造高素质农民职业能力提升工程、乡村干部治理能力提升工程、高素质农民学历提升工程、农技推广队伍建设提升工程、乡村文明整体提升工程五大培训服务品牌工程，积极探索新时代高素质农民教育培训新模式。

北京乡村振兴学院围绕五大品牌工程，采取一系列扎实有效的举措促学增效。一是融合教育链、产业链，深化人才培养模式改革。建立职业培训与中高等职业教育衔接贯通的一体化培养机制，促进教育和农村产业联动发展。二是实施送教下乡，完善教育服务网络，把优质教育资源送到农村，满足农民就地就近就需参加学习。三是开展“互联网+农业”网络课程。实现农民随时随地接受教育培训，让手机成为农民的“新农具”。四是引智帮扶，培育乡村振兴新产业新业态。按照“政府主导、教育先行、对口帮扶”模式，构建农村一二三产业融合发展体系，帮助低收入地区打造新的经济增长点。五是开展农民职业技能大赛，大力弘扬和培育工匠精神。不断细化、完善教育质量评估体系，加强对农民教育和培训的监督评价。

北京乡村振兴学院的成立，是落实北京市政府《北京市乡村振兴战略规划（2018—2022 年）》的具体举措，更是落实中央乡村振兴战略的生动实践。北京乡村振兴学院将在北京市政府的领导下，全面贯彻十九大乡村振兴精神，不断加强产教融合，带动乡村经济转型升级，推动北京乡村建设高质量发展。

3. 建立健全城乡融合发展机制和政策体系

党的十九大报告提出，建立健全城乡融合发展体制机制和政策体系，是在总结中外城乡发展经验基础上，着眼于当前城乡关系发展实际和未来新型城乡关系发展趋势作出的重大战略部署，也是新时代做好“三农”工作、实现乡村振兴、加快推进农业农村现代化的根本遵循和战略方向。

健全城乡融合发展体制机制和政策体系，是站在新的历史方位实现乡村振兴、满足人民日益增长的美好生活需要的客观要求。经过几十年的快速城镇化和大规模人口迁徙，城乡发展不平衡、农村发展不充分的客观矛盾已经成为制约当下人们追求美好生活的现实障碍。生活在城市的人，希望有更加优美的环境、更加安全的食品。生活在乡村的人，希望有更加完善的基础设施和公共服务、更加生态宜居的生产生活环境。

近十几年来，中央对推进城乡发展一体化作出了很多重大部署，初步形成了工业反哺农业、城市支持乡村的发展框架。但是，城乡融合水平不高、城乡二元分割的结构仍是当前社会突出的结构特征。因此，彻底打破城乡二元结构，走融合发展之路是当务之急。只有建立健全城乡融合发展的体制机制和政策体系，推动城乡规划布局、要素配置、产业发展、公共服务、生态保护等方面的共同发展，才能在新形势下满足人们对城市和乡村功能的需求，推动城市和乡村健康发展。

建立健全城乡融合发展体制机制和政策体系，要充分发挥市场在城乡要素资源配置中的决定性作用。城乡融合发展是对城乡优势资源的统筹利用，以及对城乡各自偏颇和缺点的规避。城乡融合的发展过程是要素资源在城乡之间的大发展、大流动，涉及各类主体、各项制度，关系方方面面、千家万户，没有高效率的配置方式，就难以实现融合发展的目的。必须发挥市场在资源要素配置中的决定性作用，利用市场机制实现取长补短、互通有无、优势互补，做好“人”“钱”“物”等多篇文章，推动城乡要素平等交换，统筹解决好城乡各自面临的重点任务。

建立健全城乡融合发展体制机制和政策体系，要更好地发挥政府在推进城乡基本公共服务均等化中的作用。与城市相比，农村是短板。如果放任城市乡村自由发展，城镇化的“虹吸效应”会让乡村一步步走向衰落。破败衰落的乡村既不是我们想看到的，也不利于整体社会持续、协调、健康发展。因此，必须通过建立健全城乡融合发展的体制机制和政策体系，逐步缩小城乡发展差距，推进农业农村优先发展，推动要素资源更多向农村配置，加快推进城乡基本公共服务均等化，加大农村各项事业建设力度，提升农村的“内在气质”和“外在颜值”，强健农村发展的“骨骼”和“血肉”，形成工农互惠、城乡融合的新型工农城乡关系，乡村振兴才会有持久的动力基础，城市发展也才会不断增强活力。

建立健全城乡融合发展体制机制和政策体系，要靠改革破解制度障碍。我们必须看到，当前仍有很多制度不利于城乡要素的高效率配置。要进一步深化各项制度改革，尤其是要推进农村集体产权制度改革、农民市民化，并在农村居民基本公共服务和社会保障等方面推出“创新版”“加强版”的改革措施。城市和乡村的发展都要服务城乡融合发展大局，要有城乡一盘棋的概念，加大改革力度，统筹推进各项改革措施，为城乡融合发展创造良好的制度环境。

实施乡村振兴战略，是党的十九大作出的重大决策部署。着眼未来城乡居民最大福祉，必须建立健全城乡融合发展的体制机制和政策体系，推进新时代城乡社会和谐、稳定、健康、持续而有活力地发展，为乡村振兴和实现农业农村现代化，进而为实现中华民族伟大复兴的中国梦作出更大贡献。

第五章 北京传统村落乡村景观遗产可持续发展的法治路径设计

2018 年 7 月 2 日，北京市人民政府对政协十三届全国委员会第一次会议第 2086 号（城乡建设类 059 号）提案作出答复[①]，主要内容如下。

我们对“关于加快北京市传统村落保护开发步伐 解决乡村发展不平衡不充分问题的提案”进行了认真研究，现答复如下：

长期以来，我市高度重视传统村落的保护开发工作，积极将优秀传统村落纳入保护名录，实施重点保护。截至目前，我市共有 21 个村庄入选住房城乡建设部等国家部委公布的传统村落名录、44 个村落列入北京市第一批市级传统村落名录，分布在海淀、门头沟、房山、通州、顺义、昌平、平谷、怀柔、密云、延庆等 10 个区 26 个乡镇。

对这些传统村落的保护发展主要采取了以下措施：

一是加强组织领导。建立了北京市传统村落保护发展工作联席会议制度和保护发展专家组，健全了市、区保护发展工作机制。制定了《关于加强传统村落保护发展的指导意见》，明确要求建立传统村落保护资金筹措机制，统筹农村环境整治资金、农村综合改革资金、文物及历史文化名城保护资金和美丽乡村建设、煤改清洁能源、农民住宅抗震节能改造等现有资金和政策，支持传统村落保护发展。对列入整村保护修缮试点的传统村落，市级财政按照院落房屋修缮最高审定金额的 50%给予补助，市政府固定资产投资加大对基础设施和公共服务设施建设的支持。

二是加大宣传力度。通过北京电视台、《美丽乡村》杂志等渠道和制作中

① 北京市人民政府办公厅．对政协十三届全国委员会第一次会议第 2086 号（城乡建设类 059 号）提案的答复［EB/OL］．（2018－07－02）［2021－01－01］．http://www.beijing.gov.cn/gongkai/cbqgjyta/201809/t20180906_1839958.html.

英文版《北京传统村落保护发展报告》等形式，充分展示北京传统村落的魅力和价值。邀请住房城乡建设部村镇建设司、城乡规划司和北京市政协的有关专家、委员到传统村落现场考察调研。组织培训班，专题解读传统村落保护发展工作政策，研讨保护发展措施。对5个优秀传统村落建立数字博物馆，数字化展示优秀传统村落的保护发展情况。

三是编制保护规划。2018年底前，21个纳入中国传统村落名录村庄的保护发展规划将全部编制完成，并逐一建立传统村落档案。启动了16个中国传统村落志的编纂工作，计划用3年左右的时间编制全市传统村落志。

四是出台技术规范。研究制定了《北京市传统村落保护规划设计指南》《北京市传统村落保护发展规划审查工作的指导意见（试行）》《北京市传统村落修缮技术指导意见》《北京传统村落一村一表一图》《关于加强历史文化名城名镇名村传统村落及文物建筑消防安全工作的实施意见》《关于坚决制止异地迁建传统建筑和依法打击倒卖构件行为的紧急通知》等多个相关技术规范和管理文件，着力规范传统村落保护发展工作。

五是开展保护修缮。截至目前，我市21个列入中国传统村落名录的村，获得了中央财政补助资金6000万元，用于改善传统村落的人居环境。同时，国家文物局下拨了999万元保护修缮专项资金，市财政配套1008万元，用于门头沟区爨底下村的保护修缮。在门头沟区灵水村、房山区水峪村开展传统村落保护修缮试点，市财政已安排专项补助资金1.99亿元。目前，灵水村保护修缮已经启动，1.49亿元支持资金已到位；已安排水峪村前期启动资金5000万元，待保护修缮设计方案、实施方案通过审查后即启动实施。

提案中所提出的意见建议很有前瞻性、针对性和可操作性。我们将认真研究、充分吸纳，继续做好我市传统村落的保护发展工作。

一是深入实施乡村振兴战略，认真落实党中央、国务院关于加强传统村落保护发展的各项部署要求，切实发挥北京市传统村落保护发展工作联席会议制度和保护发展专家组的作用，稳步开展保护修缮试点，积极推进传统村落保护发展规划的编制和审查审批工作，不断加强指导督导，确保各项部署要求落地落实。

二是启动《北京市传统村落保护修缮监督管理办法》《北京市传统村落保护修缮技术导则》《北京市传统村落保护发展总体规划》《北京市传统村落中协调性院落建筑综合改造研究》等相关技术规范的编制，统筹各项政策，加大资金投入，为传统村落保护发展提供政策资金支持和技术支撑。

三是将传统村落纳入“一城三带”（以历史文化名城保护为根基，建设好长城文化带、大运河文化带、西山永定河文化带）非物质文化遗产整体保护，加强传统村落非遗记录、保存工作，讲好乡土故事，保护好传统村落非物质文化遗产的真实性、完整性和可持续性，继承与弘扬传统村落文化。对市级传统村落内的不可移动文物安全进行摸底调查核实，对存在严重安全隐患的不可移动文物，制定抢修计划及方案，并抓紧组织实施。

对这份提案的答复进行分析后，可以肯定北京市政府在关于传统村落的保护与发展问题上采取积极支持、出台必要措施、大力弘扬优秀传统文化的文化政策。2021 年 1 月 27 日通过的《北京历史文化名城保护条例》，已经将“传统村落”列入历史文化名城的保护内容，法治思维对传统村落保护工作具有更符合时代要求的重要意义。

第一节　建构完善有效的地区传统村落法律体系

一、《北京历史文化名城保护条例》的引领作用

“法治”是一种系统工程，它不仅包括物质层面的法律制度，还包括精神层面的法律文化。在构设保护传统村落整体性法律保护制度的过程中，不能仅停留在法律制度的物质层面——法律条文、法律制度本身，更要强调精神层面的法律文化，包括公众的法律意识、法律心理以及法律观念等。保护传统村落是“乡村振兴”不可分割的组成部分。中国当下的特殊国情要求我们必须重视中国传统村落形成的基底——聚落文化，在保护传统村落的过程中，既不能忽视这些历史文化因素，也不能无视当下城乡一体化对乡村的冲击力，选择“自上而下”还是“自下而上”的治理模式应该视实际的国情而定。“政府—农民—新乡贤—村民—社会”“五位一体”的上下齐动模式是较为理想的，有助于激发乡村更新活化的动力，实现我们自己的“乡村振兴”。

我国目前关于传统村落整体性保护并没有专门的单行法，以《历史文化名城名镇名村保护条例》第二十一条“历史文化名城、名镇、名村应当整体保护，保持传统格局、历史风貌和空间尺度，不得改变与其相互依存的自然景观和环境”的规定作为基本法律依据。我国现行法律体系中并没有关于历

史文化名城和古村落整体性保护的相关法律，这不能不说是一种遗憾，也为整体性保护的具体实施埋下了隐患。从另一个角度而言，基层政府没有足够的视野去理解或者实施这么具有长远意义的理念，而法律又是缺位的，在现实中整体性保护被忽略是情理中的事情。

我国法律体系遵循“法律—行政法规—部门规章—地方性法规”的层阶关系。其中，法律是国家立法机关制定的具有绝对约束力的法律形式，立法机关是全国人大，解释权归全国人大常委会。《中华人民共和国文物保护法》就属此种。行政法规是各级行政机关制定的具有法律约束力的法律形式，包括条例、办法等。《历史文化名城名镇名村保护条例》《中华人民共和国文物保护实施条例》属于此种法律形式。《北京历史文化名城保护条例》属于地方性法规，从法律效力上来说，要低于上述几种法律形式。

最理想的措施就是立法解决整体保护的问题，制定《历史文化名城整体风貌保护法》。有些国家已经采用这种做法，比如日本就有《古都风貌法》《景观法》，从宏观的角度考虑历史风貌保存的重要意义。但目前来看，这种做法在我国还不具备相关条件，只能寄希望于《中华人民共和国文物保护法》的修改，希望能够增加关于“传统村落”的专章或专条，丰富“不可移动文物”保护的内容。2018 年，浙江省出台《城市景观风貌条例》。该条例是国内第一个针对城市整体景观的行政法规，条文不多，所涉及的内容就是一些基本理念，这意味着在国内，浙江省率先意识到整体保护城市风貌是迫在眉睫的事情。这是值得借鉴的先进经验。北京市政府也可以采纳此种模式，尝试保护北京市的历史风貌，真正实现“文化之都”的功能。传统村落与北京中心城区的距离虽然很远，但它们是北京历史文化名城不可分割的一部分，在保护北京历史文化进程中不容忽视。

2020 年 12 月 24 日，市十五届人大常委会第二十七次会议对《北京历史文化名城保护条例（草案）》进行了三次审议。三审稿中提出，对于危害不可移动文物、历史建筑安全，破坏老城、三山五园地区和历史文化街区、名镇、名村以及传统村落的历史格局、街巷肌理、传统风貌、空间环境，不符合保护规划有关建筑高度、建筑形态、景观视廊等要求，以及严重影响居住安全的建筑物、构筑物或者其他设施，所在地的区政府或产权单位可以依法通过申请式退租、房屋置换、房屋征收等方式组织实施腾退保护和改造。[①] 这一条款中强调了“保护传统村落整体性”思维，并对影响传统村落整体乡村景观的因素予以止损和应变。

2021 年 4 月 16 日，北京市第十五届人民代表大会常务委员会第三十次会议通过了《北京市生态涵养区保护和绿色发展条例》，该条例已于 2021 年 6 月 5 日起正式施行。生态涵养区包括门头沟区、平谷区、怀柔区、密云区、延庆区以及房山区、昌平区的山区。生态涵养区所秉承的理念就是可持续发展，前文提到的北京 44 座传统村落全部包含在生态涵养区内。这种“生态涵养”理念就是尊重乡村作为整体的景观效应，以及所产生的连锁正面反应，与本书中提到的“乡村景观遗产”理念异曲同工。

二、深入实施北京传统村落保护发展的各项政策文件

乡村振兴战略是党的十九大作出的重大决策部署，是决胜全面建成小康社会、全面建设社会主义现代化国家的重大历史任务，是新时代“三农”工作的总抓手。

各地区各部门要充分认识实施乡村振兴战略的重大意义，把实施乡村振兴战略摆在优先位置，坚持五级书记抓乡村振兴，让乡村振兴成为全党全社会的共同行动。坚持乡村全面振兴，抓重点、补短板、强弱项，实现乡村产业振兴、人才振兴、文化振兴、生态振兴、组织振兴，推动农业全面升级、农村全面进步、农民全面发展。要尊重广大农民意愿，激发广大农民积极性、主动性、创造性，激活乡村振兴内生动力，让广大农民在乡村振兴中有更多获得感、幸福感、安全感。要坚持以实干促振兴，遵循乡村发展规律，规划先行，分类推进，加大投入，扎实苦干，推动乡村振兴不断取得新成效。

三、谨慎编写各类技术性导则

在 2018 年 7 月 2 日的答复文件[②]中，提到“建议二”是启动《北京市传统村落保护修缮监督管理办法》《北京市传统村落保护修缮技术导则》《北京

---

① 高枝．破坏老城风貌的建筑有望依法腾退改造［EB/OL］．（2020-12-25）［2021-01-01］．http://www.beijing.gov.cn/ywdt/gzdt/202012/t20201225_2185394.html.

② 北京市人民政府办公厅．对政协十三届全国委员会第一次会议第 2086 号（城乡建设类 059 号）提案的答复［EB/OL］．（2018-7-2）［2021-1-1］．http://www.beijing.gov.cn/gongkai/cbqgjyta/201809/t20180906_1839958.html.

市传统村落保护发展总体规划》《北京市传统村落中协调性院落建筑综合改造研究》等相关技术规范的编制，统筹各项政策，加大资金投入，为传统村落保护发展提供政策资金支持和技术支撑。

《北京传统村落修缮技术导则》的作用是为村民“该做什么”“该怎么做”提供指导，2018 年版的《北京市传统村落保护修缮技术导则》比 2015 年版的《北京市传统村落保护修缮技术指导意见》内容更丰富、体系更周全，但会不会真正起到技术指导的作用，而不是在另一个层面导致“千村一景”的效果，则要在实施一段时间后根据调研结果来评估。

四、借鉴其他地区传统村落保护立法经验

截至 2021 年，我国共有 19 个省（区、市）出台了传统村落保护方面的地方性法规，名称主要是“传统村落保护条例”或“传统村落保护和利用条例”“传统村落保护和发展条例”。北京的传统村落只有 44 个，数量相对较少，从立法成本方面考虑，单独出台地方性法规的可能性较小，况且 2021 年 1 月刚刚颁布了新修订的《北京历史文化名城保护条例》，其中已将“传统村落”列入历史文化名城保护体系。

从长远来看，北京地区的“中国传统村落”虽然目前数量较少，但继续列入保护名录的乡村数量会不断增加。在“乡村振兴”基本国策的指引下，发掘历史悠久的古村落并将其列入“北京传统村落”名录是文化振兴乡村的重要路径。在保护古村落的过程中，如何活化利用古村落，使其更好地发展才是保护的最终目的，因此择机出台地方性法规是必然趋势。

以 2019 年 11 月 1 日开始施行的《丽水市传统村落保护条例》为例，法规中主要包括“总则、规划编制、保护措施、合理利用、监督检查、法律责任、附则”七大部分，其中第四部分“合理利用”的内容非常有新意。例如，第二十七条规定，传统村落的村民可以以房屋、资金、劳务和农村土地（林地）承包经营权等入股的方式，参与传统村落保护和利用工作。利用传统村落资源从事经营活动的，应当尊重村民意愿，并依法对权益分配等事项作出约定。第二十八条规定，市、县（市、区）人民政府应当将传统村落纳入本级旅游发展规划和乡村旅游规划，支持传统村落参与乡村旅游品牌认定。支持在传统村落内开展下列经营活动：①发展特色种植养殖、农产品加工、休闲观光、创意农业等；②利用传统建筑开设博物馆、纪念馆、非物质文化遗产传习和展示场所以及传统作坊、传统商铺、中医中药馆、名家工作室、农

家乐、民宿等；③利用红色资源开展教育培训活动等；④发展现代服务业、电子商务和文化创意产业等；⑤其他符合传统村落实际的经营活动。第二十九条规定，市、县（市、区）人民政府应当统筹安排建设用地指标，优先保障传统村落保护发展规划实施需要。编制传统村落保护发展规划时，有条件的村落应当预留建设区。传统村落村民经批准易地建造住宅的，应当与村民委员会或者农村集体经济组织依法就原宅基地上的传统建筑处置达成协议。原宅基地上的传统建筑按照处置协议收归村民委员会或者农村集体经济组织所有，且不用于村民日常居住的，其占地面积不计入村庄规划的村民住宅用地。第三十条规定，市、县（市、区）文化主管部门应当会同有关部门，对传统村落中留存的民俗文化、耕读文化、地名文化、传统技艺等传统文化进行调查、收集、整理、研究，推动传统文化保护、传承和传播。

这些具体的合理利用传统村落的措施言简意赅且抓住了问题的要害，从村落中民居、土地等的用益物权的角度解决了农民参资入股经营的核心问题，对村落中可以开展的乡村旅游相关活动也作出了明确的说明，给村民以实质性的、有重点的指引，很好地体现了政府及相关文化部门的主导作用。

再如，2020 年 11 月 13 日通过的《宣城市传统村落保护条例》，是最新的地方传统村落保护行政性法规，于 2021 年 5 月 1 日起施行。该条例包括“总则、规划编制、保护利用、法律责任、附则”五部分，“总则”中对传统村落的定义第一次突出了传统村落作为乡村的“生态性”特征，第二条的表述为“本条例所称传统村落，是指形成较早，拥有较丰富的传统资源，具有一定历史、文化、科学、艺术、社会、生态、经济价值，列入国家级、省级传统村落名录的村落”。以往的地方性法规都遵循了 2012 年《住房城乡建设部、文化部、国家文物局、财政部关于开展传统村落调查的通知》中对传统村落历史、文化、科学、艺术、社会和经济价值的定义方法。《宣城市传统村落保护条例》从各地相互学习、相互借鉴的角度为其他需要立法的地区提供了更符合“乡村振兴战略规划”精神的传统村落价值界定及概念明确方法。该条例第十一条也第一次将“村落自然景观”作为规划的主要内容，列在第（五）项。最具亮点的是第三部分“保护利用”中的第十五条，明确规定“传统村落实行整体保护。传统建筑、河塘水系、古桥、古井、古道、古树、名木等应当保持原有的传统格局和传统风貌，不得改变、破坏与其相互依存的自然景观和环境。鼓励原住村民在原址居住，促进村落原有形态、生活方式的传承延续”。《丽水市传统村落保护条例》提出“整体保护”理念，但只强调了

“村落空间”和“生态环境”的完整性，而《宣城市传统村落保护条例》中提到的“自然景观和环境”的概念，则充分展示了宣城市地方政府积极吸纳最新文保理念，紧跟国际发展趋势，以整体性理念、“大历史观”规划地区传统村落，合理利用良好文化遗产资源，符合“乡村景观遗产”的保护宗旨和目标。

第二节　充分履行地方政府的文化保护职能

一、加强地方基层治理能力

（一）加强农村基层组织建设和乡村治理

乡村景观遗产保护及可持续发展问题与乡村振兴及脱贫攻坚事业均关系到发展农村经济、振兴农村、提高农民生活水平，在此过程中应充分发挥农村基层领导作用，坚决惩治侵害农民利益的腐败行为。坚持和完善向重点乡村选派驻村“第一书记”和工作队制度。加大在优秀农村青年中发展党员的力度，加强对农村基层干部的激励和关怀，提高工资补助，改善工作生活条件，切实解决实际困难。推进村委会规范化建设和村务公开“阳光工程”。开展乡村治理试点示范创建工作。创建民主法治示范村，培育农村学法、用法示范户。加强乡村人民调解组织队伍建设，推动就地化解矛盾纠纷。深入推进平安乡村建设。建立健全农村地区扫黑除恶常态化机制。加强县乡村应急管理和消防安全体系建设，做好对自然灾害、公共卫生、安全隐患等重大事件的风险评估、监测预警和应急处置。

（二）加强新时代农村精神文明建设

弘扬和践行社会主义核心价值观，以农民群众喜闻乐见的方式，拓展新时代文明实践中心建设，深化群众性精神文明创建活动。深入挖掘、继承创新优秀传统乡土文化，把保护传承和开发利用结合起来，赋予中华农耕文明新的时代内涵。持续推进农村移风易俗，推广积分制、道德评议会、红白理事会等做法，加强对高价彩礼、人情攀比、厚葬薄养、铺张浪费、封建迷信等不良风气的治理，推动形成文明乡风、良好家风、淳朴民风。

（三）健全乡村振兴考核落实机制

各省（区、市）政府每年向国务院报告实施乡村振兴战略进展。对市县领导干部开展乡村振兴实绩考核，纳入领导干部综合考核评价，加强考核结果应用，注重提拔使用乡村振兴实绩突出的市县领导干部。对考核排名落后、履职不力的政府主要负责同志进行约谈，建立常态化约谈机制。将巩固拓展脱贫攻坚成果纳入乡村振兴考核。强化乡村振兴督查，完善督查方式，及时发现和解决存在的问题，推动政策举措落实落地。持续纠治形式主义、官僚主义，将减轻村级组织不合理负担纳入中央基层减负督查重点内容。坚持实事求是、依法行政，把握好农村各项工作的时度效。加强乡村振兴宣传工作，在全社会营造共同推进乡村振兴的浓厚氛围。

（四）进一步落实各项集体土地流转盘活机制

在传统村落乡村景观遗产保护与发展中，政府发挥着重要的引导作用。这种引导作用不仅体现在支持基础研究方面，还体现在对大量涌入传统村落的社会资金进行规范和管控方面，这样才能从宏观上把控好乡村景观活化利用与传统建筑保护之间的矛盾。中国文物保护基金会理事长励小捷在 2019 年 5 月 25 日山西碛口结束的第四届古村镇大会上提到，在传统村落保护上，无法绕开个人产权问题。我国传统村落民居 80% 以上不属于国有，但它们是我国古建筑遗产的重要组成部分。传统村落建筑既涉及产权人利益，也涉及公共利益。我们应根据宪法以及物权法、文物保护法的相关规定，发挥所有权人的主体作用与政府的公共管理职责，明晰权属、盘活资金、加强保护，随着宅基地制度改革不断破题。目前，国家级传统村落保护工作均以政府投入为主。私产民居整体保护修缮资金是一大短板。根据我国自然资源部的统计，国务院在 33 个试点进行的“三块地”改革，到 2018 年底，腾退零星闲置宅基地约 14 万户 8.4 万亩；集体经营性建设用地入市 1 万余宗，面积 9 万余亩，总额约 257 亿元。

2019 年，中央印发了《关于建立健全城乡融合发展体制机制和政策体系的意见》，提出适度放活宅基地和农民宅基地使用权，对存量宅基地实行退出有偿机制。可以说，盘活闲置宅基地、推进农村不动产登记、保护传统村落建筑迎来了难得的活化发展机遇。2019 年 8 月 26 日通过的《中华人民共和国土地管理法》已于 2020 年 1 月 1 日正式施行，该法确立了以土地公有制为基础、以耕地保护为目标、以用途管制为核心的土地管理基本制度，其中较大的突破是破除了集体经营性建设用地进入市场的法律障碍，允许集体经营性建设用地在符合规划、依法登记，并经本集体经济组织 2/3 以上成员或村民代表同意的条件下，通过出让、出租等方式交由集体经济组织以外的单位或者个人直接使用，同时，使用者取得集体经营性建设用地使用权后可以转让、互换或者抵押。该法还完善了宅基地制度，推出农民自愿有偿退出宅基地、宅基地有偿使用、下放宅基地审批权限等新举措。

基于上述法律政策新的变化和发展，北京市政府于 2020 年先后出台了《北京市人民政府关于落实户有所居加强农村宅基地及房屋建设管理的指导意见》《关于进一步加强和规范农村宅基地及建房审批管理的通知》，对宅基地的相关事宜进行了更为细化的规范。在此基础上，门头沟地区率先推出《门头沟区农村宅基地及建房管理办法（试行）》，通州区也出台了相应的区政策规范。上述相关法律法规中明确提出了“一户一宅”的政策要点，同时鼓励村民将闲置的宅基地予以合法流转，鼓励盘活闲置民房，大力发展民宿业。2019 年 12 月 18 日，北京市文化和旅游局、北京市农业农村局、北京市公安局、北京市规划和自然资源委员会、北京市住房和城乡建设委员会、北京市卫生健康委员会、北京市市场监督管理局、北京市消防救援总队八部门联合制定并出台了《关于促进乡村民宿发展的指导意见》，提出“业态融合、品质发展”的理念，强调通过生态环境的介质，借助独特的文化审美、乡情乡趣以及京郊传统文化和乡俗风情，形成内涵丰富、特色鲜明的乡村民宿发展格局。这样的发展理念与“乡村景观遗产”的整体性理念完全一致，乡村遗产酒店发展前景广阔。

在北京传统村落乡村景观的可持续发展过程中，地方政府发挥着重要的主导作用，比如古北口村、遥桥峪村、岔道村等地，政府统一指导翻盖新屋的行为就非常具有代表意义。如果政府在此项活动中能够像浙江松阳县政府一样，给出较为科学合理的、尊重历史的“老屋修缮指南”，那么很多有历史价值、艺术价值的老屋就可能被保留，而不是被彻底拆除。为了发展旅游事业重新盖仿古建筑，无疑是一种舍本求末的做法，而这种做法在全国很多地区上演，且有越演越烈的趋势。这种急功近利的行为体现的是缺乏审美、缺乏对历史的敬畏，是一种短平快的追求经济利益的做法。

治理乡村是一项充满艺术性的工作，不仅仅是管理村民，更重要的是带领村民生存下去，并且是充满诗意地活下去。在当下市场经济冲击乡村生活的前提下，现代化的生活模式让村民无限憧憬，农民也希望像城市居民一样住上大房子。这个时候，是否要保护老房子、是否要保护农村原有的乡土风貌，就和基层政府的审美格调息息相关。如果基层政府能从长远考虑，有可持续发展的眼光，就会看到这些老屋的价值，并努力挖掘其经济价值，而不是拆旧盖新，“拯救老屋行动”就是最完美的例证——老屋的外形被保护了，而内里做了更专业的修复，给游客带来了更多的精神享受，同时保护了村落的古风貌，让乡村的原住民不仅获得了经济上的高效益，更获得了精神上的归属感。加强政府履职能力是法治工程不可缺少的一个环节，是立法之后保证法律法规真正落实到位的一种执法理念。

二、保护规划的强制实施

近年来，各传统村落已先后公布了经有关专家参与制定的保护规划，这些保护规划是保护传统村落整体风貌的重要依据，应积极贯彻实施。比如，《北京市门头沟爨底下历史文化名村保护规划》就是爨底下村整体性保护工作的立足点。该村后来又出台了《北京门头沟爨底下村传统村落保护规划（2020—2035年）》。严格贯彻执行相关法律法规及保护规划，是传统村落整体性乡村景观保护工作的基本出发点和根本保证。前文中提到的周庄和新场古镇能够成功地保存原汁原味的乡村景观，与早期开发过程中由有远见、有情怀的建筑师牵头进行了详尽周密的保护利用规划，并得以扎实地贯彻实施有直接关系。规划意味着有原则、有规则，以专业的视角、可持续的理念稳步平稳地保护文化遗产，有条不紊地活化利用文化遗产中的历史、文化、艺术价值。随着各地区对传统村落保护工作的逐渐重视，编制传统村落保护规划成为基层政府的重要职能体现，该职能的履行程度也成为其考核中重要的参考因素，加强基层政府对传统村落保护利用规划的编制与实施，不仅涉及执行力，更涉及发展思路。

第三节　大力引入社会力量参与乡村振兴

一、引入社会资本大力发展乡村旅游事业

乡村遗产酒店是当下非常时尚的民宿项目，“康养”也是近年来流行的一种新型养老模式，更有高端的民宿类型“野奢”逐渐进军酒店市场。这些都可以看作乡村景观遗产的发展载体。这类产业大多数为乡村引入资本依托古民居开发出的民宿旅游产业，这种模式既对乡村本土的房屋、土地等问题提

出了新的课题，也对乡村的资本运作模式提出了挑战，这项事业不仅是社会资本本身的事情，政府的扶持政策和明确的规则确定更是重中之重。

二、吸纳社会贤士振兴乡村事业

中国乡村治理自古以来就存在“皇权”“官权”之外的“绅权”，士绅阶层在中国古代历史上对治理乡村产生了极大的作用。士绅是乡村中一个介于国家权力与普通百姓之间的特定阶层，他们因物质基础较为丰厚，也会有接受良好教育的机会，通常是当地除地方官以外一个较为中立的社会阶层。新时代乡绅阶层已随历史而消失，但乡绅曾经承载的社会功能可以由新的社会阶层来承担，这个阶层可以称为基层精英阶层，其代表可以是具有较高学历回乡创业的青年农民，也可以是事业已经很成功转而返乡的中老年农民，还可以是来农村发展创业的具有高学历的城市居民。这些人因具有较高的审美素养和判别能力、欣赏能力，对农村的古建筑具有独到的鉴别力，可以充分调动他们的积极性，使他们在历史文化保护方面发挥作用。汇聚全社会力量，强化乡村振兴人才支撑，实施乡村振兴战略，必须打破人才瓶颈。要把人力资本开发放在首要位置，畅通智力、技术、管理下乡通道，造就更多乡土人才，聚天下人才而用之。

（一）大力培育新型职业农民

全面建立职业农民制度，完善配套政策体系。实施新型职业农民培育工程。支持新型职业农民通过弹性学制参加中高等农业职业教育。创新培训机制，支持农民专业合作社、专业技术协会、龙头企业等主体承担培训。引导符合条件的新型职业农民参加城镇职工养老、医疗等社会保障制度。鼓励各地开展职业农民职称评定试点。

（二）加强农村专业人才队伍建设

建立县域专业人才统筹使用制度，提高农村专业人才服务保障能力。推动人才管理职能部门简政放权，保障和落实基层用人主体自主权。推行乡村教师“县管校聘”。实施边远贫困地区、边疆民族地区和革命老区人才支持计划，如“三支一扶”、特岗教师计划等，组织实施高校毕业生基层成长计划。支持地方高等学校、职业院校综合利用教育培训资源，灵活设置专业（方向），创新人才培养模式，为乡村振兴培养专业化人才。扶持培养一批农业职业经理人、经纪人、乡村工匠、文化能人、非遗传承人等。

（三）发挥科技人才支撑作用

全面建立高等院校、科研院所等事业单位专业技术人员到乡村和企业挂职、兼职和离岗创新创业制度，保障其在职称评定、工资福利、社会保障等方面的权益。深入实施农业科研杰出人才计划和杰出青年农业科学家项目。健全种业等领域科研人员以知识产权明晰为基础、以知识价值为导向的分配政策。探索公益性和经营性农技推广融合发展机制，允许农技人员通过提供增值服务合理取酬。全面实施农技推广服务特聘计划。

（四）鼓励社会各界投身乡村建设

建立有效的激励机制，以乡情乡愁为纽带，吸引企业家、党政干部、专家学者、医生、教师、规划师、建筑师、律师、技能人才等，通过下乡担任志愿者、投资兴业、包村包项目、行医办学、捐资捐物、法律服务等方式服务乡村振兴事业。研究制定管理办法，允许符合要求的公职人员回乡任职。吸引更多的人才投身现代农业，培养造就新农民。加快制定鼓励引导工商资本参与乡村振兴的指导意见，落实和完善融资贷款、配套设施建设补助、税费减免、用地等扶持政策，明确政策边界，保护好农民利益。发挥工会、共青团、妇联、科协、残联等群团组织的优势和力量，发挥各民主党派、工商联、无党派人士的积极作用，支持农村产业发展、生态环境保护、乡风文明建设、农村弱势群体关爱等。实施乡村振兴"巾帼行动"。加强对下乡组织和人员的管理服务，使之成为乡村振兴的建设性力量。

（五）创新乡村人才培育引进使用机制

建立自主培养与人才引进相结合，学历教育、技能培训、实践锻炼等多种方式并举的人力资源开发机制。建立城乡、区域、校地之间人才培养合作与交流机制。全面建立城市医生、教师、科技文化人员等定期服务乡村机制。研究制定鼓励城市专业人才参与乡村振兴的政策。

第四节　有效增强村落保护的公众参与机制

"在城市更新发展的过程中，建筑遗产保护的软环境格外重要，这些软环境包括有关建筑遗产保护的法律制度、决策者和执行者的保护理念、社区及公民的保护意识。”①《宣城市传统村落保护条例》中提出“传统村落保护应当遵循科学规划、保护优先，活态传承、合理利用，政府引导、村民主体、社会参与的原则”。《丽水市传统村落保护条例》提出“传统村落保护应当遵循保护优先、合理利用、活态传承、政府引导、村民主体的原则”。由此可见，“村民主体”原则是必须的，没有原住村民的积极参与，传统村落的保护工作就是无源之水。

《宣城市传统村落保护条例》第八条明确指出，“传统村落保护应当尊重村民意愿，发挥村民主体作用，保障村民合法权益”。第九条规定，“各级人民政府应当加强传统村落保护的宣传教育，增强社会各界对传统村落保护的意识。任何组织或者个人有权对传统村落的保护利用提出意见和建议，有权对破坏、损害传统村落的行为进行劝阻和举报”。这些条款的设计与前述“村民主体”的原则相呼应，既实现了法律逻辑上的自洽，又突出了该条例总则部分所强调的村民及公众参与保护传统村落的重要性。

在传统村落保护过程中，要提高村民的公众参与意识，必须加强美育教育，只有这样，才能完成真正意义上的参与意识的培养，而不是形式上的“投票表决”。

一、加强农村思想道德建设

以社会主义核心价值观为引领，坚持教育引导、实践养成、制度保障三管齐下，采取符合农村特点的有效方式，深化中国特色社会主义和中国梦宣传教育，大力弘扬民族精神和时代精神。加强爱国主义、集体主义、社会主义教育，深化民族团结进步教育，加强农村思想文化阵地建设。深入实施公民道德建设工程，挖掘农村传统道德教育资源，推进社会公德、职业道德、家庭美德、个人品德建设。推进诚信建设，强化农民的社会责任意识、规则意识、集体意识、主人翁意识。

二、传承农村优秀传统文化

立足乡村文明，汲取城市文明及外来文化优秀成果，在保护传承的基础上，创造性转化、创新性发展，不断赋予时代内涵，丰富表现形式。切实保

① 吴尧，Francisco Vizeu Pinheiro. 建筑遗产保护整体性原则的重新解读［J］. 合肥工业大学学报（自然科学版），2010，33（2）：279-282.

护好优秀农耕文化遗产，推动优秀农耕文化遗产合理适度利用。深入挖掘农耕文化蕴含的优秀思想观念、人文精神、道德规范，充分发挥其在凝聚人心、教化群众、淳化民风中的重要作用。划定乡村建设的历史文化保护线，保护好文物古迹、传统村落、民族村寨、传统建筑、农业遗迹、灌溉工程遗产。支持优秀戏曲曲艺、少数民族文化、民间文化等的传承发展。

三、加强农村公共文化建设

按照有标准、有网络、有内容、有人才的要求，健全乡村公共文化服务体系。发挥县级公共文化机构辐射作用，推进基层综合性文化服务中心建设，实现乡村两级公共文化服务全覆盖，提升服务效能。深入推进文化惠民，公共文化资源要重点向乡村倾斜，提供更多更好的农村公共文化产品和服务。支持“三农”题材文艺创作生产，鼓励文艺工作者不断推出反映农民生产生活尤其是乡村振兴实践的优秀文艺作品，充分展示新时代农村农民的精神面貌。培育挖掘乡土文化本土人才，开展文化结对帮扶，引导社会各界人士投身乡村文化建设。活跃繁荣农村文化市场，丰富农村文化业态，加强农村文化市场监管。

四、开展移风易俗行动

广泛开展文明村镇、星级文明户、文明家庭等群众性精神文明创建活动。遏制大操大办、厚葬薄养、人情攀比等陈规陋习。加强无神论宣传教育，丰富农民群众精神文化生活，抵制封建迷信活动。深化农村殡葬改革。加强农村科普工作，提高农民科学文化素养。

第六章 结束语

2021 年 1 月，法国参议院颁布了一条特殊的法案，用来保护法国乡村地区的“感官遗产”，法案中提到，今后法国乡村的教堂钟声、公鸡叫声，甚至牛粪味道都将受到法律的保护。法国议会通过的这条法案源自 2019 年 7 月发生的一起“公鸡莫里斯案”。当时，一对搬到法国西部小镇圣皮埃尔多勒龙生活的夫妇把邻居家一只名叫“莫里斯”的公鸡告上法庭，因为这只公鸡每天清晨的打鸣让他们无法安睡。当地法院驳回了这对夫妻关于“公鸡制造噪声”的起诉，并判定他们支付公鸡主人 1000 欧元诉讼费。“这可是一只公鸡啊，打鸣是它的权利!”莫里斯的主人认为邻居的起诉不可理喻。该案件暴露了法国城市与乡村生活的巨大差异。

相关的新闻报道中说，“法国乡村有越来越多来自城市的新移民，他们向往那里的清新空气和充沛阳光，却又难以忍受乡间的虫鸣鸟叫和拖拉机声”。在当地政府和法国立法部门看来，保护公鸡的“打鸣权”也是在保护所有法国自然文化遗产中的“感官遗产”。对于这条法律的通过，圣皮埃尔多勒龙当地居民普遍表示欢迎：“很高兴法律可以保护我们的动物，以及我们的乡村生活方式。”镇长克里斯托弗 · 苏尔对媒体表示，法院的判决是在维护常识，“我完全支持这一决定，公鸡打鸣就是法国传统”。法国农业事务部长若艾尔 · 吉罗也表示支持法律条文在国民议会和参议院的通过，“这对乡村社区来说是真正的胜利，我们每个人都应尽全力保护乡村”。法律条文通过后，需要当地政府定义“哪些属于乡村‘感官遗产’”，并对各种“声音和味道”进行具体划分，以避免邻里之间再次发生“公鸡莫里斯案”这类纠纷。

法国是大陆法系国家，法律渊源为制定法、成文法，因此这项法案涉及的法律条文将会成为日后司法实践中直接适用的法律依据。这里提到的“感官遗产”，就属于本书一再讨论的“乡村景观遗产”范畴，乡村就该有乡村的样子，保护鸡打鸣不仅是当地村民的自主意识，更被写入国家的制定法，从文化遗产保护的角度来说，不仅是一种超前的意识，更是文化法治的具体体现。

2021年2月14日17时40分，云南省临沧市翁丁古寨发生了严重火灾，由于房子大多是木头和茅草结构的，加上当时风很大，火势凶猛，再加上交通和水源问题，导致村民和消防人员来不及灭火，“105户房子只剩下三四户没被烧毁”，“这些房子一个小时就不在了”。事发后，很多研究传统村落的学者纷纷在网络平台表示痛心和惋惜，翁丁古寨有着400多年的历史，在佤语中的意思是云雾缭绕的地方，保留了完整的佤民族风俗，也是目前中国保存最完整的原生态佤族村落，是中国部落文化最后的“活体”。之后，翁丁古寨作为风景旅游区的运营弊端被曝光——当地政府将翁丁古寨交给旅游运营公司运营，发生火灾当天，工作人员“古寨住民”都已下班离开古寨，加上消火栓没有出水，给灭火工作带来实质性困难，导致古寨被毁的悲剧。

尽管相关管理部门及时进行了责任的追究溯源，但原始的“翁丁古寨”一去不复返。有的技术专家说，“复建”一个翁丁古寨不会很难，但复建之后的古寨是否具有原来古寨的遗产意义就另当别论了。“翁丁古寨事件”为我们敲响了警钟：乡村景观遗产的“古村落”“传统村落”的开发与活化运营不仅仅是政府的事情，也不仅仅是村民的事情，应该是更多人的事情，应该是全民的法律保护意识、权利保护意识的体现。在乡村景观遗产保护中，“自上而下”与“自下而上”需要一个很好的自洽过程，这就需要法律文化的连接，当全民都具有遗产保护意识的时候，遗产保护就不会成为问题了。假设运营公司的负责人不是只关注景区运营收入、人流量，而是一个文保爱好者，相信他一定会把翁丁古寨当作生命一样去珍惜、去维护，对于涉及景区的各个环节也就会尽心尽责地去管理，恪守职责。翁丁注定是古寨村民的翁丁，而不应该是游客或运营公司的翁丁。

人类发明“建筑”这样的事物是基于生存本能。笔者在宁波博物馆参观的时候看到干栏式建筑，其最初的功能就是从潮湿的土地上腾空，使人有一些干燥的地方可以居住、活动，避风挡雨，同时可以远离野兽的侵扰，这样的建筑形式与北方地区在黄土中挖出“窑洞”来达到冬暖夏凉的效果性质完全相同。“建筑”从一开始就被人类赋予了更多超越动物本能需求的功能。随着人类世界不断发展，不断出现阶级社会，区分了统治者与被统治者，建筑逐渐有了宫殿、寺庙、墓葬、民居等一系列不同的形式，并被人类赋予完全不同的等级标签和意义。不管人类世界现在如何追求公平正义，历史上出现过的建筑形式一定是建立在完全不同的社会形态基础上。埃及金字塔、雅典卫城、罗马斗兽场，甚至中国的紫禁城，哪一项不是与权力相联系？

建立在土地基础上的房屋也一样，在不同时期，土地的性质决定了建筑的权属性质。当我们把镜头拉向乡村，看到的不同时期的村落、民居，也都是历史长河中不同土地性质下的产物。

现在乡村依然可以自建房屋，但现在盖房子和过去盖房子的出发点不同了，时代在发展，人们对房屋的功能需求也在改变。以北方农村为例，过去盖房子要考虑冬暖夏凉，由于取暖资源主要是煤，老百姓家里也没那么多钱，所以盖房子一定要考虑利用自然地势，坐北朝南，正房一定要采光好，选择合院也是为了更好地御风御寒，夏天还可以保持院落通风。现在盖房子材质更新了，取暖可以选择空调，也可以选择自采暖，如果村落里管道允许，能够通天然气，这样的自采暖远比原来的“大通铺”更暖和。北方的冬天一般要持续 4 个月时间，取暖的时间有 5 个月左右，在现代化的今天，人们考虑更多的是房子盖起来怎样更省材料，具有更多功能，更气派和与众不同，展示屋主人身份的标志不再是墙体外在有没有砖雕、木雕，而是谁的房子盖得更西洋化，小楼更高，里面的现代化设施更齐全。这就是现代农村盖房子最真实的诉求和出发点。县城里有了带电梯的高层楼房，谁不愿意去住呢？乡村不断“空心化”是必然的趋势。

有一位历史建筑保护工程专业的老师曾经说，如果允许农民自由地翻盖自己农村的房子，不管怎么翻盖，最终还会形成一种乡村景观景象。我对这句话深有感触。过去盖房子的不也是农民自己吗？才渐渐形成了今天一再强调的“乡村景观”。过去科学不发达，人们为了祈求祖先和神灵保佑自己和家人平安幸福，祭祀祖先、祭祀天地是头等大事。现在科学发达了，人们也清楚地知道有没有神灵保佑都要靠自己的双手劳动，都要相信科学才能发家致富，这个时候村落的家族文化还能不能像过去一样发挥凝聚村民精气神儿的作用，就全看村落本身的文化建设了。当互联网连接了世界的每一个角落，乡村聚落曾经赖以建立的神秘感、宁静感、安详感等一切美好的感觉会随着信息的互通而慢慢被消解。乡村的改变本就是必然的，我们一定要借助“乡村景观”企图留下些什么，或者使一些正在改变的事物减缓变化的速度，这本身就具有功利意义。

文化遗产不可否认具有一定的政治意义，在历史上，乡村承载了文化中“仁”“孝”“德”“忠”“信”等儒家所推崇的种种品德，在农业社会，人们为了生存下去而聚集在一起，以一种仁和的方式凝聚起来，是保证社会安全的一种必要的治理方式。随着时代的进步，如果没有外力，这些过去有力量的治理因素都会慢慢消逝，人们会以一种更城市化的方式相处，尤其是年轻人，需要更多的个人空间，而不是一大家子人共享一个公共空间。为了让家族、家庭依然能够发挥凝聚人心、保持安定的作用，保留“乡村”不仅是空间意义上的问题，更是精神意义上的课题。乡村，如一件艺术品，是岁月留给人类的一件礼物，保护好乡村，就是给我们自己保留一个完美的精神后花园。

建筑师们力图在快速现代化中找到“乡土”这个元素消逝最慢的方式。王澍先生的“新乡土主义”是其中最有代表意义的，他的宁波博物馆以整体的方式展现了他所希望留住的“乡土”精神的内核（如图 6-1 至图 6-3 所示）。

乡村是农民的乡村，我们保护乡村也应该是为了农民。

图 6-1　宁波博物馆（作者拍摄于 2018 年）

图 6-2　宁波博物馆外墙砖，设计师使用了旧城拆迁的老建筑的砖瓦构件（作者拍摄于 2018 年）

图 6-3　宁波博物馆，独特的外立面，以小窗做点缀，令人回想老建筑，屋顶有竹林做装饰，满满的“新乡土”气息（作者拍摄于 2018 年）

参考文献

［1］吕勤智，黄焱著．乡村景观设计［M］．北京：中国建筑工业出版社，2020.

［2］温铁军，张兰英，刘亚慧．我们的生态化：二十年转型辑录［M］．北京：东方出版社，2020.

［3］胡文娜，史英静．徽村意象：安徽优秀传统村落遗产研究［M］．北京：中国建筑工业出版社，2020.

［4］温铁军．解构现代化：温铁军演讲录［M］．北京：东方出版社，2020.

［5］《秘境松阳》编委会．秘境松阳［M］．杭州：西泠印社出版社，2020.

［6］史密斯．遗产利用［M］．苏小燕，张朝枝，译．北京：科学出版社，2020.

［7］温铁军．告别百年激进［M］．北京：东方出版社，2020.

［8］温铁军，梁少雄，刘良．乡建笔记：新青年与乡村的生命对话［M］．北京：东方出版社，2020.

［9］杜晓帆．乡村文化遗产的未来：堂安论坛纪实与贵州实践［M］．北京：知识产权出版社，2019.

［10］安国辉．农村新社区建设规划［M］．北京：中国建筑工业出版社，2019.

［11］北京市农业农村局．北京传统村落：第一批［M］．北京：中国建筑工业出版社，2019.

［12］董筱丹，温铁军．去依附：中国化解第一次经济危机的真实经验［M］．北京：东方出版社，2019.

［13］费孝通．乡土重建［M］．上海：华东师范大学出版社，2019.

［14］王晓军．乡村规划新思维［M］．北京：中国建筑工业出版社，2019.

［15］贺雪峰．最后一公里村庄［M］．北京：中信出版社，2019.

［16］鲁苗．环境美学视域下的乡村景观评价研究［M］．上海：上海社会科学院出版社，2019.

［17］万伦军．传统村落［M］．北京：北京出版社，2019.

［18］王佃利，王玉龙，黄晴．古城更新：空间生产视角下的城市振兴［M］．北京：北京大学出版社，2019.

［19］罗德胤．走读中国乡村［M］．北京：中国建材工业出版社，2019.

［20］黄铮．乡村景观设计［M］．北京：化学工业出版社，2018.

［21］王召东．乡土建筑［M］．北京：中国建筑工业出版社，2018.

［22］彭兆荣．重建中国乡土景观［M］．北京：中国社会科学出版社，2018.

［23］张艳玲．历史文化村镇评价体系［M］．北京：中国建材工业出版社，2018.

［24］祁嘉华．营造的初心：传统村落的文化思考［M］．北京：中国建材工业出版社，2018.

［25］彭一刚．传统村镇聚落景观分析［M］．北京：中国建筑工业出版社，2018.

［26］周武忠．新乡村主义：乡村振兴理论与实践［M］．北京：中国建筑工业出版社，2018.

［27］胡彬彬，吴灿．中国传统村落文化概论［M］．北京：中国社会科学出版社，2018.

［28］谢小芹．制造景观：基于黔东南乡村旅游实践的叙事［M］．北京：社会科学文献出版社，2018.

［29］程彼得．生态乡村学［M］．北京：中国建筑工业出版社，2018.

［30］贺雪峰．乡村治理与农业发展［M］．武汉：华中科技大学出版社，2017.

［31］吴盈颖．乡村社区空间形态低碳适应性营建方法与实践研究［M］．南京：东南大学出版社，2017.

［32］刘海波．江苏古村落寻查［M］．北京：中国建筑工业出版社，2017.

［33］张东．中原地区传统村落空间形态研究［M］．北京：中国建筑工业出版社，2017.

［34］章毅．理学、士绅和宗族：宋明时期徽州的文化与社会［M］．杭州：浙江大学出版社，2017.

［35］边婷．城镇风景组织的传承与嬗变［M］．北京：中国建筑工业出版社，2017.

［36］郤艳丽．乡村管理走向乡村治理［M］，北京：中国建筑工业出版社，2017.

[37] 贺雪峰. 治村 [M]. 北京：北京大学出版社，2017.

[38] 孙秋云. 族群文化与乡村建设 [M]. 北京：社会科学文献出版社，2016.

[39] 褚兴彪. 山东乡村聚落景观优化模式研究 [M]. 青岛：中国海洋大学出版社，2016.

[40] 孙炜玮. 乡村景观营建的整体方法研究：以浙江为例 [M]. 南京：东南大学出版社，2016.

[41] 徐朝卫. 古村落治理的历史变迁与路径选择 [M]. 太原：山西人民出版社，2016.

[42] 段友文. 古村镇文化景观整体保护与扶贫策略研究：以山西“三河一关”20个古村镇为中心 [M]. 北京：中国社会科学出版社，2016.

[43] 福建农林大学课题组，温铁军，张俊娜，邱建生. 居安思危：国家安全与乡村治理 [M]. 北京：东方出版社，2016.

[44] 张克新. 浙北水乡古镇民居建筑文化 [M]. 北京：中国建筑工业出版社，2016.

[45] 杨贵庆. 乌岩古村：黄岩历史文化村落再生 [M]. 上海：同济大学出版社，2016.

[46] 王鑫. 晋中传统聚落与建筑形态 [M]. 北京：清华大学出版社，2016.

[47] 赵之枫. 传统村镇聚落空间解析 [M]. 北京：中国建筑工业出版社，2015.

[48] 阮仪三，居平. 留住乡愁 [M]. 上海：华东师范大学出版社，2015.

[49] 单彦名，梅静，陈云波. 昆明市域传统风貌村镇调查及保护策略研究 [M]. 北京：中国建筑工业出版社，2015.

[50] 杰克逊. 发现乡土景观 [M]. 俞孔坚，陈义勇，译. 北京：商务印书馆，2015.

[51] 边经卫. 城乡规划管理：法规、实务和案例 [M]. 北京：中国建筑工业出版社，2015.

[52] 丁夏君. 城市边缘地带历史文化建筑的保护和利用 [M]. 北京：中国建筑工业出版社，2015.

[53] 王世仁. 文化遗产保护知行录 [M]. 北京：中国建筑工业出版社，2015.

[54] 阮仪三，袁菲，葛亮. 新场古镇：历史文化名镇的保护与传承 [M]. 东方出版中心，2014.

［55］王云霞．公众参与文化遗产保护的法律机制［M］．北京：文物出版社，2014.

［56］程彼得．生态德国［M］．北京：中国建筑工业出版社，2014.

［57］王舒扬．中国农村可持续住宅建设与设计［M］．南京：东南大学出版社，2014.

［58］萧伊．建筑遗产的寓意［M］．寇庆民，译．北京：清华大学出版社，2013.

［59］晏阳初．平民教育与乡村建设运动［M］．北京：商务印书馆，2014.

［60］王岗．北京历史文化资源调研报告［M］．北京：中国经济出版社，2013.

［61］浦欣成．传统乡村聚落平面形态的量化方法研究［M］．南京：东南大学出版社，2013.

［62］贺雪峰．新乡土中国［M］．北京：北京大学出版社，2013.

［63］陈志华．北窗杂记三集［M］．北京：清华大学出版社，2013.

［64］霍耀中，刘沛林．黄土高原聚落景观与乡土文化［M］．北京：中国建筑工业出版社，2013.

［65］温铁军．八次危机：中国的真实经验 1949—2009［M］．北京：东方出版社，2013.

［66］袁青．城乡统筹背景下的城乡风貌规划研究［M］．北京：中国建筑工业出版社，2012.

［67］楼庆西．乡土景观十讲［M］．北京：生活·读书·新知三联书店，2012.

［68］王云霞．文化遗产法：概念、体系与视角［M］．北京：中国人民大学出版社，2012.

［69］张杰．中国古代空间文化溯源［M］．北京：清华大学出版社，2012.

［70］梁漱溟．乡村建设理论［M］．上海：上海人民出版社，2011.

［71］何重义．古村探源：中国聚落文化与环境艺术［M］．北京：中国建筑工业出版社，2011.

［72］吴焕加．吴焕加文集［M］．武汉：华中科技大学出版社，2010.

［73］王绚．传统堡寨聚落研究：兼以晋秦地区为例［M］．南京：东南大学出版社，2010.

［74］亨廷顿，哈里森．文化的重要作用：价值观如何影响人类进步

[M]. 程克雄，译 . 北京：新华出版社，2010.

[75] 陈志华 . 文物建筑保护文集 [M]. 南昌：江西教育出版社，2008.

[76] 张松 . 历史城市保护学导论：文化遗产和历史环境保护的一种整体性方法 [M]. 上海：同济大学出版社，2008.

[77] 陈志华，李秋香 . 乡土建筑遗产保护 [M]. 合肥：黄山书社，2007.

[78] 蒂莫西，博伊德 . 遗产旅游 [M]. 程尽能，译 . 北京：旅游教育出版社，2007.

[79] 徐坚，周鸿 . 城市边缘区（带）生态规划建设 [M]. 北京：中国建筑工业出版社，2005.

[80] 李培林 . 村落的终结：羊城村的故事 [M]. 北京：商务印书馆，2004.

[81] 吴晓勤 . 皖南古村落规划保护方案保护方法研究 [M]. 北京：中国建筑工业出版社，2002.

[82] 叶必丰，周佑勇 . 行政规范研究 [M]. 北京：法律出版社，2002.

[83] 曹锦清，张乐天，陈中亚 . 当代浙北乡村的社会文化变迁 [M]. 上海：上海远东出版社，2001.

[84] 曹锦清 . 黄河边的中国：一个学者对乡村社会的观察与思考 [M]. 上海：上海文艺出版社，2000.

[85] 吴家骅 . 景观形态学 [M]. 北京：中国建筑工业出版社，1999.

[86] 刘作翔 . 法律文化理论 [M]. 北京：商务印书馆，1999.

[87] 刘沛林 . 古村落：和谐的人聚空间 [M]. 上海：上海三联书店，1997.

[88] 王沪宁 . 当代中国村落家族文化：对中国社会现代化的一项探索 [M]. 上海：上海人民出版社，1991.

[89] 凌霓，张姮 . 2000 年以来国际乡村遗产旅游研究特征与趋势 [J]. 衡阳师范学院学报（自然科学版），2020，41（6）：84-96.

[90] 王海霞 . 乡村振兴战略背景下乡村景观遗产的活化与保护 [J]. 大众文艺，2020（10）：250-251.

[91] 石磊 . 传统村落整体性保护的法治基础：写在《文物保护法》修订征集公众意见之际 [J]. 华北电力大学学报（社会科学版），2020（3）：96-103.

[92] 陈兴贵，王美 . 中国传统村落保护利用研究 30 年 [J]. 湖北民族大学学报（哲学社会科学版），2020（2）：114-125.

［93］王院成．传统村落保护与发展的三个重要逻辑［N］．中国文物报，2020-02-14（5）．

［94］李立敏，郭依奇，宋鹏．运用 Citespace 综述国内近十年建筑学传统村落研究［J］．南方建筑，2020（1）：35-40．

［95］来博旭，沈云涛，张衡，等．乡村旅游持续发展的要素初探：以袁家村和东黄小镇为例［J］．安徽农业科学，2019，47（15）：124-129．

［96］曾钰成．谁的乡村建设?：基于乡村建筑变迁观察和思考［J］．西北农林科技大学学报（社会科学版），2019（5）：35-42．

［97］高翔，李建军．传统村落保护：实践困境与制度缺陷［J］．华南农业大学学报（社会科学版），2019（5）：130-140．

［98］石磊．京郊历史文化保护区整体性保护法律制度研究［J］．遗产与保护研究，2018（12）：28-34．

［99］谈佳洁，王晓静．大都市周边传统村落保护与开发的困境和对策：基于上海五个传统村落的实地调查［J］．城市，2018（4）：58-63．

［100］张大玉，甘振坤．北京地区传统村落风貌特征概述［J］．古建园林技术，2018（3）：82-89．

［101］徐玲，肖双喜．古村落闲置住宅及宅基地处置策略研究：基于皖南古村落的实证分析［J］．中原工学院学报，2018（4）：85-90．

［102］黄源成，许少亮，陶勇．“景村融合”视角下传统村落更新的空间策略探索：以钟腾榜眼府文化景区概念规划设计为例［J］．小城镇建设，2018（3）：23-30．

［103］曾钰诚．民族传统村落法律保护的问题与出路：基于贵州黔东南镇远县爱和村田野考察［J］．天水行政学院学报，2018（1）：94-98．

［104］文永辉．新型城镇化建设背景下传统村落的法治化保护探析［J］．求实，2018（1）：87-98．

［105］张颖．日本乡土景观研究的历史与方法：从柳田国男的“乡土研究”谈起［J］．中南民族大学学报（人文社会科学版），2017（9）：96-100．

［106］吕勤智，丁于容．论传统村落景观形态整体性保护与发展的作用与意义［J］．浙江工业大学学报（社会科学版），2017（3）：17-21．

［107］李川．活化是古村落保护的重要途径［J］．神州，2015（34）：16-21．

［108］徐希友．古村落法律制度保护相关产权问题研究［J］．福州党校

学报，2015（3）：41-45.

［109］赵帅，宗栋．法治背景下的农村居民法律意识现状：以平遥县西张赵村为例［J］．中共山西省直机关党校学报，2015（2）：60-76.

［110］胡彬彬．立法保护传统村落文化迫在眉睫［J］．当代贵州，2013（22）：30.

［111］王巍溪．北沟村的和谐乡村发展之路［J］．农机质量与监督，2013（12）：11-12.

［112］邓琪．京西传统村落的整体保护与规划实施述略［J］．北京规划建设，2013（3）：82-89.

［113］王小明．传统村落价值认定与整体性保护的实践与思考［J］．西南民族大学学报（人文社会科学版），2013（2）：156-160.

［114］张杰，吴淞楠．中国传统村落形态的量化研究［J］．世界建筑，2010（1）：118-121.

［115］陈喆，董明晋，戴俭．北京地区长城沿线戍边城堡形态特征与保护策略探析［J］．建筑学报，2008（3）：84-87.

［116］阮仪三，袁菲．从守护到传承：江南水乡古镇保护实践30年［J］．中国名城，2006（6）：4-7.

［117］宋晓龙，吕海虹．北京编制第二批历史文化保护区保护蓝本：上［J］．北京规划建设，2004（4）：118-122.

［118］宋晓龙，吕海虹．北京编制第二批历史文化保护区保护蓝本：下［J］．北京规划建设，2004（5）：106-107.

［119］王路．村落的未来景象：传统村落的经验与当代聚落规划［J］．建筑学报，2000（11）：16-22.

［120］陈志华．由《关于乡土建筑遗产的宪章》引起的话［J］．时代建筑，2000（3）：20-24.

［121］王路．农村建筑传统村落的保护与更新［J］．建筑学报，1999（11）：16-21.

［122］公丕翔．法制现代化的概念架构［J］．法律科学，1998（4）：3-12.

［123］阮仪三，黄海晨，程俐聪．江南水乡古镇保护与规划［J］．建筑学报，1996（9）：22-25.

［124］郝铁川．法律观念比法制模式更重要：法律文化现代化探索之一［J］．天津社会科学，1992（6）：79-80.

附录 A

依法护城、一路同行

——高校师生推动公众参与文化遗产法律保护创新实践纪实

“历史文化名城法律保护学术小组”是我与北京建筑大学法律系本科学生组织成立的大学生公益学术团队。2018 年 5 月，“历史文化名城法律保护学术小组”正式成立，正式成员最多时有 18 位同学。该小组创办了科研实践平台——“历史文化名城法律保护”微信公众号（以下简称“公众号”），定期向公众推送关于历史文化名城的文化艺术、国学经典以及相关法律法规的最新资讯，将最开始设置的“教学—科研—实践”相融合的融入式思政—专业互动教育模式真正付诸行动。这种“润物细无声”的养成、培育虽然是一件比较慢的事情，可能短时间内并不能看到实效，但是可以在青年人的心中种下“善的种子”，这些种子必将在不远的将来开出美丽的花朵。文化自信必须落到实处，这也是大学生以实际行动表达对文化的不断思考、不断创新的可持续进程！

我们的团队致力于提高学生的历史文化素养及培养建筑遗产法律保护领域的交叉学科专业人才，是一个以学生为主导力量的大学生建筑遗产法律保护学术社团，成员不仅获得了文化遗产保护方面的知识普及，更获得了学术上的专业化提高。我们将教师在科研活动中获得的基本理论创新融入教学过程，同时创办一个寓教于乐的大学生公众参与平台（公众号），让学生尽可能地参与其中，发挥学业专长，有学术潜力的学生还可以深入研究，形成自己的科研成果。这样一个教学与科研相融合、互动相长的良性模式，必将大大提高学生的自信心、价值感、成就感。最重要的是，这种模式必然会使学生在一种自我养成的模式中形成对历史文化名城的热爱之情，自觉自愿地加入保护历史文化名城的行列，用专业的法学思维解决历史文化名城保护中的理论与实践问题。

通过线上线下学术活动相结合的模式，学生们可以更清晰地感知我国传统历史文化的魅力，更深刻地体会到依法治国法治观培育的重要性，同时通过亲身参与活动，不断强化大学生对国家未来发展的使命感和责任感。“少年强则国强”，这是我们推动该项目的动力所在。

在栏目初创期，在没有任何外部资金资助的情况下，指导教师和五位组员仅凭自己的文化情怀坚持了下来。这几位学生均为外地生源，分别来自贵州、云南、内蒙古等地，他们除了实现自己的学业追求外，更多的是希望为身边的师生、为社会、为文化的传承奉献自己的力量。现在，公众号的运行已经进入平稳阶段，读者也越来越多。最值得称赞的是《桑梓之地》栏目。该栏目在全校范围内广泛吸收历史文化名城保护志愿者，志愿者积极为栏目供稿，同时参与了很多理论学习与文化推广活动，在历史文化名城整体性保护工作中充分发挥了现代大学生的作用。值得一提的是，学术小组成员所做的工作全部是无偿的。作为一名基层教师，科研经费有限，团队最开始没有获得任何校方的资助。在这样的情况下，小组成员能够不问回报地持续奉献非常难得，都说“90 后”“00 后”比较物质，但我们看到的却是他们可贵的使命感和责任心，这些品质也随着团队的不断扩大得以更充分地展现！

公众号运行过程中，一方面，向全校师生传递关于历史文化名城保护的各种基础知识，涵盖历史、文化、艺术、法律等学科，关注的群体也渐渐扩展为文保爱好者、文保专业人员。历史文化遗产技术保护与法律制度的建立必然是一个备受关注的领域，我认为我们小组的实际工作已经让很多人意识到依法护城的重要意义。另一方面，公众号也给法学本科学生带来了非常充实的历史文化名城法律保护方面的各种知识，很多爱好者开始从法律的角度思考相关问题。法律系很多学生开始选择文化遗产法律保护方面的论题。如果说大学的宗旨是培养能够回馈社会的人才，而不仅仅是利用知识的工具，那么我们现在所做的一切努力，都会成为未来值得期盼的价值的一部分。

从 2018 年到 2021 年，团队 17 名同学由最开始的陌生、不甚了解到互助互利、相互学习，结下了深厚的友谊。这样的团队模式也使同学们在一种良性的氛围下不断进步和成长。段余宇同学的学术功底逐渐显现，在“案例分析”专栏发表的“聊城整改记”一文获得了 4.5 万多次的阅读量。他从法律的专业角度分析了聊城当年“大拆大建”的弊端，对公众正确认识该事件具有引导价值。在段余宇的指导下，组员杜雨晴、都艺、姬明洁分别对“梁林故居维修性拆除事件”“西安城墙被拆事件”“扬州考古队员被打事件”进行了深入的法律分析。在文物保护以及历史文化名城保护领域，这是一种亟须的专业引导，只有这样，才能做到依法护城。

孔子有言："知之者不如好之者，好之者不如乐之者。"教导学生成为"乐之者"，老师有责。从教者应该遵循教育规律，与时俱进，积极学习先进教育理念，运用科学的教学方法，从学业、品行、心理等方面关心、引导学生，带动学生快乐学习、健康成长。在从事教育工作的 18 年中，我深刻地领悟了上述道理，并不断践行。"教学相长"是教育的最高境界，单纯地讲授并不能带来快乐，只有受教育者真正体会到其中的乐趣和意义，才是真正地实现了教育的价值。我特别希望在工作过程中将更多知识和思想传递给学生，以及更多的人，这也是我创办学术小组和公众号的初衷。在社会发展的过程中，有一些历史和文化是需要我们花大力气去留住的，在这过程中，规范的法律制度、先进的保护理念必不可少，这也是我想传达给后辈的基本学术理念。如果我们创办的学术小组可以将这种理念传递给更多的人，就证明我们所做的事情是有意义的。"将声音传递出去就够了"，这是我们小组之前的成员施瑶同学的一句名言，也是我坚持这项事业的动力。

这个小组的创办虽然与我有直接关联，但是其成长和壮大却处处渗透着我的组员的心血，是他们的不断成长、不断努力、不断完善使这件事具有了更深远的意义。我认为，这也是一种非常成功的思政教育。我们在实践中潜移默化地实现了对学生人生观、世界观、价值观的正向引导，使他们不断朝着对社会、对他人、对家庭、对个人更有价值的方向前进，我认为这也是教育的终极价值所在。我为我们学术小组感到骄傲和自豪！

随着参与公众号的法律系以及其他学院学生的增多，建筑遗产保护与法学学科的融合也会逐渐增强，希望以建筑遗产法律保护为主题的毕业论文数量的稳定让这个交叉学科成为一个较为稳定的研究方向，如果有可能，我希望能设置这样的研究生招生专业，为法律专业和建筑遗产保护专业的交叉建设培养更多有用的人才。我们在交叉学科建设方面，已经迈出了实质性的第一步：组建了稳定的交叉学科教师团队，形成了"建筑遗产法律保护学术创新团队"，为后续交叉学科的发展做了充分的准备工作。2018 年 11 月，该学术团队成功申报了北京建筑大学教育科研重点项目"建筑遗产法律保护人才创新培养模式初探"，该项目致力于培养建筑遗产法律保护交叉学科人才。我们还开设了"历史文化名城法律保护"专业课程，以不断促进交叉学科知识的普及和推广。

2019 年 3 月，“历史文化名城法律保护学术小组”入选西城区“四名”汇智计划（如图 A-1 所示），该计划是西城区历史文化名城保护促进中心与名城委青年工作委员会开展的名城保护行动支持计划，旨在支持“自下而上”的名城保护活动，培育社会力量、推动共识建立、助力名城保护。入选后，小组开展了多次学术研讨交流活动，将“依法护城”的理念推广开来，以提高公民的参与度，为保护历史文化名城尽绵薄之力。

北京市「四名」汇智计划理事会
Historical Town, Traditional Business, Celebrities, Scenanes Preservation Cooperation Programme Committee, Beijing

特此表彰
Presents This Certificate To

历史文化名城法律保护学术小组

圆满完成
For the Fully Completion of

西交民巷四合院活化成果考察
郭守敬纪念馆及什刹海文化展示中心调研记
历史文化名城法律保护公众参与学术研讨会

城业
人景

项目入选2019年度「四名」汇智并获得支持

2019年度「四名」汇智计划

Supported by
Historical Town, Traditional Business, Celebrities, Scenaries Preservation Cooperation Programme 2019

北京市西城区历史文化名城保护委员会办公室
北京市规划和自然资源委员会西城分局
2019

图 A-1 “历史文化名城法律保护学术小组”入选西城区 2019 年度“四名”汇智计划

都说“星星之火，可以燎原”，在与学生推进这项小小事业的 3 年中，我充分认识到提高全民法律意识对于依法治国的重要意义。在保护我们国家优秀文化遗产这项利国利民的大事上，更不能没有法治的参与，而在法治的参与中，既有管理者，也有参与者，他们都以“人”的身份在其中运转。我们始终相信，把“法治”这颗“善的种子”种在每一个人的心田，终有一日会开出美丽的花朵、结出丰硕的果实。当我们以教育、公众普及这样的方式把依法保护文化遗产的理念传递给大学生或公众时，我们也会收获更多关注文化遗产保护的人们发自内心的对文化遗产的精心爱护和规范保护行为，这就是我们这项小小事业最想实现的目标。

2021 年，在“历史文化名城法律保护学术小组”的基础上，我和学生成立了师生自治学术研究机构“历史文化名城保护与发展法治研究中心”，现有成员 10 位，分别为 5 位法律系教师、4 位建筑学院教师和 1 位人文学院教师，历史文化名城法律保护学术小组为该研究中心的组成部分，现有 10 位 2019 级、2020 级和 2021 级法律系学生，后续会根据每年入学新生情况吸纳新成员。

唯愿未来更美好，后辈更努力！

请允许我以“历史文化名城法律保护学术小组”组长、北京建筑大学城市经济与管理学院（原文法学院）法 2016 级本科毕业生唐珂发表于公众号平台的一篇原创美文作为本篇纪实的结尾。该文以真挚的情感描写了生于 20 世纪末、长在 21 世纪初的新生一代的桑梓之情。唐珂同学是“历史文化名城法律保护学术小组”的第一批成员，也是组长，她从 2018 年到 2020 年毕业前夕一直是小组的核心力量，承担着大量组稿、编辑工作，最后的毕业论文《贵州传统村落古民居法律保护机制初探》得到了答辩组成员的一致好评，虽然该论文未获得校级优秀毕业论文，但是从交叉学科发展的视角来看，唐珂在小组中付出的努力会成为她未来无限可能性的充沛动力。我与唐珂相差 20 岁，一直认为她是我在大学教学过程中遇到的最好的学生，我们一直互称“战友”，铭记着一起走过的那段探索之路，正如组员们所说——“依法护城、一路同行”！

旧日老屋——人生第一个八年

文/唐珂

消失的是老宅，回不去的是故乡。怀念老宅里的春夏秋冬，那些闪着光的日子。

我的老家在贵州省铜仁市白水村，村落中村舍点缀，炊烟袅袅，村子里的鸡啼声、狗吠声、牛叫声以及人们的欢声笑语，是一幅田园诗画般的南国农村景色。南方地区的住宅院落很小，四周房屋连成一体，多使用穿斗式结构，房屋组合比较灵活。以我家的老宅为例，坐南朝北，典型的穿斗式结构，是由青灰色的砖、黑色的瓦和石灰修建而成的一座简单的瓦房。最初的老宅由 7 个房间以及房前屋后两个大院子组成，北边左右两间房用来居住，最中间的称为堂屋，放有祖辈的灵牌。从堂屋往里走是厨房，厨房左右是养鸡鸭鹅和存放粮食用的，还有一间是后院的厕所。老宅于 1984 年 7 月开始修建，爷爷当时是白水中学的校长，每月的工资仅有百来块钱，家里有 5 个孩子，所以经济并不宽裕，但为了改善家庭的居住条件，爷爷省吃俭用决心要修建一座自己的房子。修建房子并不容易。那时，除了日常的教学任务，我家还分了 6 个人的责任田，爷爷白天在学校上课，晚上和星期天在家修房子和干农活。房子从下脚修地基到运砖、挖沙子、买石灰（当时还不用水泥），都是爷爷亲力亲为。那个年代的砖 5 分钱一块，家里一共买了两万多块砖。沙子可以自己去挖，爷爷便利用中午下课的两个小时午休时间去挖建房子用的沙子，再用拖拉机运回家。房子最终于 1984 年 9 月建成，对爷爷来说，不仅家庭的居住条件改善了，也总算是有了一个真正属于自己的家。

我于 1998 年 8 月出生，在老宅中度过了 8 年时光，虽然很短暂，却很美好。对老宅以及在老宅生活的记忆是上了小学以后才渐渐丰富起来的。小时候，我家养过很多只猫咪和狗狗，我的乐趣之一就是和它们玩耍，以至于到现在还很喜欢小动物。老宅的前院种了一棵仙桃树、一棵桑树，还有奶奶的很多花；后院种了一棵李子树、一株夹竹桃，春天时枝繁叶茂，开始开花，一朵朵粉色的桃花真是美丽极了。印象中的老宅，朴素又热闹，到了盛夏，卖冰棍的一来，把孩子们都招出来了，大人们便会在家里备很多冰棍。记得小学一放学，撒欢儿地跑回家，把书包放下，打开冰箱取出一根冰棍，大概是整个夏天最幸福的事了。夏天的时候，爷爷的渔网就会撑在院子里。午时，爷爷坐在桃树下拿着锥子和鱼线补渔网，下午便带着花花（一只狗）和渔网一起出门。爷爷回来时，会叫我去看他网到的鱼，晚餐就会增加一道菜。夏天骄阳似火，听着蝉叫声，却不会烦。透着树荫，听着虫鸣，躺在竹凉席上，奶奶的蒲扇扇起清凉的风，我便酣然睡去。记得家里有两口水缸，水缸上面用木质的盖子盖着。那时自来水还没接通，需要每天去水井挑水，我便跟着大人一起去，井水又凉又清澈，可以直接饮用，水里还有一些小鱼。小时候，奶奶告诉我和妹妹，有一位井水公公住在井里，每天负责清理，如果有人故意弄脏井水，就会被井水公公拉进水里去，于是我们对这口水井非常敬畏。在家里的屋檐下，有一窝小燕子，它们的窝是由泥土和各种小谷子组成的，刚开始屋檐下只是有一些泥土，不经意间燕子窝就变得很大。小时候，对一切新鲜事物都特别好奇，经常抬着头观察小燕子一家。家里还有自己的菜园，每到做饭前，我就会和妈妈一起去菜园里面采摘新鲜的蔬菜。我们这代人不曾劳作过，缺少面朝黄土背朝天的生活体验，不容易体会生活的来之不易。

春种秋收，一分耕耘，一分收获，这是最朴素的耕种道理，也是我们的生活道理。在那个网络和手机还没有普及的年代，家家户户都会装一部座机。我现在还记得我家第一部座机的电话号码——5205615，只要电话铃一响，我肯定第一个冲去接电话，那时便通过这一方小小的座机和远方的家人联系。秋天是家里最繁忙的时候了，桃树结的桃子红了，李子树上的李子也非常甜了。家里人会用一整天来摘桃子和李子，附近的街坊邻居也会来帮忙，大人们借助木梯子爬上树，把一颗颗成熟的果实摘下来，放进箩筐里。爷爷说，李子树每年都会结 100 多斤李子。我印象中的桃儿和仙桃一般大，又脆又甜。采摘完毕，妈妈会让我端着一篮子李子和桃子，同街坊邻居一起分享。

老家的冬天非常冷，每年都会下雪，记得当时去上学得提着一个小火盆，里面放上一些炭火，这样在教室才不会被冻着。在厨房后面，有一个嵌入式火塘，冬天的时候，一家人会围着火塘坐一圈，底下烧的是爷爷秋天砍好的备用柴，头顶上熏着腊肉和腊香肠，晚饭后家人们会坐在一起聊天，而我总是早早就睡着了。

在我三年级的时候，父母在城区买了房子，爷爷奶奶就和我们一起搬到了城区居住，老家的房子也就没人了，空了。后面几年，仅是在过年过节时匆匆忙忙祭拜完祖先就离开，老家的房子和里面的物件也开始积灰尘，变得陈旧了。2014 年，爸爸、伯伯、姑姑商量把老屋推掉，在原有的地基上修建楼房，遭到了爷爷的强烈反对。爷爷说，这个房子是他的心血，辛辛苦苦修建起来的，一家三代人都曾在里面生活过。最终，故乡的老宅在 2015 年被推翻重建，过去的故事也化成碎片存在岁月里。

时光在流逝，我们也在成长，现在只能靠一些老照片来回忆以前的老宅，老宅的墙壁上到处是我的涂鸦，还有那口火塘，在记忆中如从前般温暖，温暖的故乡，忘不了的老宅。

国际古迹遗址理事会与国际风景园林师联合会关于乡村景观遗产的准则

(基于第十九届 ICOMOS 大会提交的版本，分发给 ICOMOS 成员的最终版)

序　言

乡村景观是人类遗产的重要组成部分，也是延续性文化景观中最常见的类型之一。全世界的乡村景观丰富多样，它们也代表了多样的文化和文化传统。乡村景观为人类社会提供多种经济和社会效益、多样化的功能、文化支持和生态系统服务。本文件旨在从国际到地方管理各级，以及涉及的各个层面，就乡村景观系统的伦理、文化、环境和可持续转化，鼓励深入思考并提供指导。

认识到以文化为基础的食物生产与对可再生自然资源的利用所具有的全球重要性，以及在当代文化、环境、经济、社会及法律背景下面临的问题和挑战；

考虑到《联合国世界人权宣言（1948 年)》《联合国生物多样性公约（1992 年）》《联合国教科文组织世界文化多样性宣言（2001 年）》《联合国原住民权利宣言（2007 年）》《粮食和农业的植物遗传资源国际条约》（粮食和农业组织，2011 年）等国际公约均阐明，所有人类都有权享受充足、健康和来源安全的食物和水；

考虑到《关于古迹遗址保护和修复的威尼斯宪章（1964）》、《联合国教科文组织保护世界文化和自然遗产公约（1972）》、《国际古迹遗址理事会-国际风景园林师联合会关于历史公园的佛罗伦萨宪章（1981）》、《国际古迹遗址理事会关于历史城镇和城区保护的华盛顿宪章（1987）》、《国际古迹遗址理事会关于真实性的奈良文件（1994）》、《联合国教科文组织保护非物质文化遗产公约（2003）》、《国际古迹遗址理事会关于保护文物建筑、遗址和遗产区域的背景环境的西安宣言（2005）》、《联合国教科文组织关于历史城市景观的建议（2011）》、《国际古迹遗址理事会关于作为人类价值的遗产与景观的佛罗伦萨宣言（2014）》、《联合国教科文组织关于生物和文化多样性关联的佛罗伦萨宣言（2014）》、联合国教科文组织将可持续发展观纳入世界遗产公约议程的政策（2015）等国际文件都与景观的遗产和文化价值相关；

考虑到区域及国家层面诸多文件都与乡村景观有关，如《欧洲景观公约（2000）》《欧洲乡村遗产观察指南（CEMAT，2003）》《欧洲委员会关于文化遗产的社会价值的法罗公约（2005）》《关于神圣自然遗产地和文化景观在生物和文化多样性保护中的作用的东京宣言（2005）》《关于加勒比文化景观的古巴圣地亚哥宣言（2005）》《拉丁美洲景观行动（LALI）（2012）》《国际古迹遗址理事会澳大利亚国家委员会关于保护具有文化意义的场所的宪章（巴拉宪章）（1999—2013）》《国际风景园林师联合会亚太地区景观宪章（2015）》；

考虑到联合国教科文组织世界遗产中心颁布的《实施保护世界遗产公约的操作指南（2015）》，自1992年以来就将乡村景观认定为“延续性的文化景观”；

考虑到将乡村景观作为遗产的《国际古迹遗址理事会—国际风景园林师联合会文化景观科学委员会（ISCCL）关于乡村景观的米兰宣言（2014）》；

考虑到世界自然保护联盟（IUCN）在其管理体系中对第五类受保护陆地景观和海洋景观的认可，IUCN对维持传统游牧所做的努力（关于可持续畜牧业的全球倡议，2008），以及国际古迹遗址理事会（ICOMOS）与世界自然保护联盟（IUCN）联合倡议“自然与文化联合实践”，认识到人们与周围环境进行互动的方式维系了生物—文化多样性（包括农业生物多样性以及文化和精神价值）；

考虑到联合国粮食及农业组织（FAO）《全球重要农业遗产（GIAHS）》项目旨在确认和保护卓越的具有遗产价值和丰富的全球重要农业生物多样性及知识体系的土地利用系统和景观；

考虑到其他与乡村景观相关的文件，如《关于农业遗产的巴伊萨宪章（2012）》、在匈牙利托卡伊通过的《关于葡萄园文化景观的世界遗产主题专家会议的建议（2001）》以及其他关于将乡村文化景观作为遗产的主题专家会议；

国际古迹遗址理事会和国际风景园林师联合会承诺将扩大双方的合作，

通过传播和使用下述准则，来提升将乡村景观遗产作为人类社会和文化的组成部分以及世界范围内重要资源的理解、有效保护、可持续转化、传播和欣赏。

本准则旨在通过对乡村景观遗产价值的认知、保护和推广，寻求方法应对乡村景观及其相关社区所面临的损失和负面改变。目的是推动实现经济、社会、文化及环境各方之间的适度平衡。

准 则

定 义

乡村景观：就本文件而言，乡村景观指在人与自然之间的相互作用下形成的陆地及水生区域，通过农业、畜牧业、游牧业、渔业、水产业、林业、野生食物采集、狩猎和其他资源开采（如盐），生产食物和其他可再生自然资源。乡村景观是多功能资源。同时，生活在这些乡村地区的人和社区还赋予其文化意义：一切乡村地区皆是景观。

乡村景观是变化着的活态体系，包括使用传统方法、技术、累积的知识、文化习俗等生产并管理的地区，以及那些传统生产方式业已改变的地区。乡村景观系统包括乡村元素、其内部及与更广泛背景的功能、生产、空间、视觉、象征和环境的关系。

乡村景观包括管理良好的、已退化或废弃但仍可再利用或开垦还原的区域，如广阔的乡村空间、城市边缘以及建成区域内的小型空间等。乡村景观涵盖地面、亚表土及资源、土地上空以及水域。

乡村景观遗产：就本文件而言，乡村景观遗产指的是乡村地区的物质及非物质遗产。乡村景观遗产的物理特征包括生产性土地本身、结构形态、水、基础设施、植被、聚落、乡村建筑和中心区、本土建筑、交通和贸易网络等，以及更广阔的物理、文化、与环境关系及背景。乡村景观遗产还包括相关的文化知识、传统、习俗、当地社区身份及归属感的表达、过去和现代族群和社区赋予景观的文化价值和含义。乡村景观遗产包含涉及人与自然关系的技术、科学及实践知识。

乡村景观遗产反映了社会结构及功能组织，及其在过去和现在的形成、使用和变革。乡村景观遗产包括文化、精神和自然属性，这些都对生物文化多样性的延续意义重大。

独特或普通，传统还是被现代活动改变，所有乡村地区都可以被当作遗产解读：遗产以不同的类型和层次存在，与多个历史时期相关，如同羊皮纸上的文字，可以被重叠书写。

重要性

乡村景观历经数千年得以形成，代表了地球上人类和环境发展史、生活方式及遗产的重要部分。世界许多地区对当地社区、原住民和参观者都是重要的食物、可再生自然资源、相应的世界观与福祉的源泉。用于生产或收获包括可食用资源的动植物资源的乡村景观，反映出广阔区域内人类与其他物种间的复杂关系。农业、林业、畜牧业、渔业和水产业、野生动植物资源以及其他资源活动的多样性对全球人类生活未来的适应力和复原力至关重要。

威　胁

不断增加的人口数量和气候变化导致乡村景观非常脆弱，面临损失和遗弃或巨变的风险。乡村景观受到的威胁反映出三种互相关联的变化类型：

1. 人口和文化（城市地区人口增长而乡村地区人口减少，城市扩张，密集的基础设施建设，开发压力，传统习俗、技艺、当地知识及文化的丧失）；

2. 结构（全球化，贸易及贸易关系的改变和增长，经济增长或衰退，农业实践和技术的强化，土地功能转变、天然牧场和驯化物种多样性的丧失）；

3. 环境（气候变化，污染和环境退化，包括不可持续资源的开采、对土壤、植被和空气质量的影响，生物多样性及农业生物多样性的丧失）。

挑　战

因其代表的重大价值，遗产应该在认识、保护和促进乡村景观和生物文化多样性上都发挥重要作用。通过支持乡村和城市居民、地方社区、政府、工业和集体，作为地区动态属性、威胁、风险、优势和潜力综合管理的一部分，遗产可以助力维护和增强乡村景观的适应性和应变力。保护乡村遗产的完整性和真实性，应集中确保在乡村景观内工作和生活的当地居民的生活水平和质量。与所有其他遗产一样，乡村遗产也是一种经济资源，应对其加以适当利用，为当地长期可持续发展提供重要支撑。

效　益

乡村景观是未来人类社会和世界环境发展的关键资源：它们提供了食物、原材料以及身份认同感；它们代表了经济、空间、环境、社会、文化、精神、健康、科学、技术以及在某些区域，休闲娱乐的要素。除了提供食物和原材料外，乡村景观还有助于土地保护（自然、环境、土壤、水文网络），有助于将乡村文化（技艺、环境知识、文化传统等）传递给下一代。与遗产价值的提升和传播充分结合，乡村景观往往能创造独特的经济和旅游收益。

在过去的几十年里，环境和文化遗产越来越成为国际、跨学科的和学科间研究的对象。作为知识所有者的当地社区或地方行动，利益相关方、乡村和城市居民与专家学者之间的合作，都有助于乡村景观作为珍贵的共享资源的保护、认知和价值提升。许多国际、国家和地方管理机构已通过立法和政策来支持这一概念。

乡村景观的可持续性

许多乡村体系已在长时间被证明具备可持续性和发展弹性。这些乡村体系的多个方面，可为未来乡村活动管理提供参考，为保护和提高生物文化多样性提供支持，并有助于保障人们获得充足、优质食物和原材料的权利。

由于景观会经历持续的、不可逆的以及不可避免的变化过程，在制定乡村景观政策时，应将重点放在对可接受和适当的变化的管理，以及对遗产价值的保护、尊重和提升。

行动标准

具体措施：理解、保护、可持续管理、交流传播景观及其遗产价值。

理解乡村景观及其遗产价值

1. 认识到所有的乡村景观都具有遗产价值，无论被评估为突出还是一般价值，这些遗产价值在规模和特征上呈现出多样性（形状、材质、用途和功能、历史时期、变化等）。

2. 记录乡村景观的遗产价值，以此作为有效规划、决策制定和管理的基础。清单、目录、地图集、地图为乡村景观的空间规划、环境和遗产的保护与管理、景观设计和监测提供基础信息。

3. 形成关于乡村景观物理及文化特征的基线知识：乡村景观的现状；其历史演变及物质和非物质遗产的表现；对景观历史的、内在的及当代社会文化中的感知；乡村景观体系内不同要素之间（天然和人造，物质和非物质）存在的历史与当代联系（空间、文化、社会、生产及功能上的）；以及过去和当今涉及的利益相关方。清查和编目既是为描述乡村景观的现状，也是为明确其历史变迁。

4. 制定不同层面的乡村景观（世界、区域、国家、地方）的清单目录。这些工具应整合当地传统的和科学的知识体系，利用已有的、系统化的、适合专业和非专业人士使用的方法，以在国际及地方层面收集、比较乡村景观的信息。为建立有效的数据库，清单目录应考虑复杂性、人力成本、数据收集和整理时间安排等因素，并鼓励专家学者和当地居民的共同参与。

5. 形成相关知识体系，以比较不同层级（世界、区域、国家、地方）的乡村景观，监测历史变化、支持共享学习，促进从地方与国际、公共及私人利益相关方间的合作。

6. 认识到当地居民是信息持有者，在很多情况下能够帮助塑造并维护景观，因此应积极参与到集体知识的创建中来。

7. 就研究、信息共享、技术支持，在各管理层级合作开展大范围知识创建活动等方面，推动公共机构、非政府组织和大学间展开广泛而持续的合作。

保护乡村景观及其遗产价值

1. 审查并实施相关立法和政策框架，确保在应对来自全球、国家及地方的威胁、风险和机遇，利用和转化乡村景观时，保持生物文化发展的可持续性和适应性。

2. 落实政策：通过法律、法规、经济战略、监管方法、信息共享和文化支持。由于乡村景观具有较大的复杂性特征，为此必须形成详细的、跨领域的政策，从更广泛的层面考虑文化、社会、经济、环境等因素。

3. 明确动态保护、修复、创新、适应性转化、维护和长期管理的策略和行动。应寻求全球与当地方法间的平衡，确保在有效设计和日常管理过程中所有利益相关方、社区的参与和合作。

4. 考虑到乡村景观的遗产价值包括经济、社会、环境、文化、精神及空间等不同纬度，对每一乡村景观的价值的良好认知，将有助于对遗产未来适当和有效地、更好地管理。

5. 制定有效的方针政策，应先获取景观相关的地方知识、了解其强项和弱项，以及潜在的威胁和机遇。制定目标，选择适当的工具，形成项目行动计划，明确长期、中期、短期管理目标。

6. 明确监测策略，审查政策实施的有效性，重新评估与监测结果相关的短期、中期和长期目标。

7. 考虑到有效实施既定方针政策，有赖于公众有足够的知识和意识，能够支持所需的战略方针，并积极参与进来。有必要与其他行动相互补充。公共管理机构应支持积极主动的和自下而上的行动。

持续管理乡村景观及其遗产价值

1. 考虑到食物和自然资源生产的生态文化权利。应实施有规划的管理方法，认识到景观具有动态特征，是活着的遗产，并尊重生活在其中的人类和非人类物种。尊重、珍视并支持文化多样性以及不同族群不同的与自然相处的方式。

2. 确认乡村景观的关键利益相关方，包括乡村居民、与当地有紧密联系的当地社区、原住民和移民群体；他们在塑造和维护景观中发挥的作用，以及他们关于自然和环境状况的知识、历史和当下的重要事件、当地文化和传统以及数世纪以来不断试验和实施的科学和技术方案。承认乡村居民高标准高质量的生活将有助于促进乡村活动的开展、维护乡村景观、将乡村实践和文化传递至下一代，源远流长。

3. 考虑在制定作为遗产资源的乡村景观可持续管理战略时，大小规模景观在文化、自然、经济和社会等不同方面之间的关联。

4. 考虑乡村景观和城市景观的相互联系。乡村景观是全球都市居民提升生活品质（休闲娱乐、食物的品质和数量、木柴、水和洁净的空气、园艺种植等）的重要资源。城市可以为乡村景观出产的产品提供经济机会，并根据城市居民的需求融入其他休闲、教育、农业旅游等多样功能。应鼓励乡村、城郊以及城市居民积极合作和实践，促进共享乡村景观遗产知识和分担管理职责。

5. 在长期可持续（经济、社会、文化、环境）资源使用与遗产保护、乡村工人短期内提升生活品质的需求之间寻求平衡。这是维持和促进乡村景观活动的前提条件。生活品质包括收入、社会认同、教育等公共服务的供给、文化权利的认可等。这需要找到适当的方法和方式，使活态遗产价值可以被认可，社会变革与遗产价值的保护、利用和传播能够相融合，与乡村景观遗产的经济增效相一致。

6. 支持对乡村景观实施公平治理，鼓励当地民众、利益相关方、城市及农村居民积极参与到乡村景观遗产的管理和监测中来，参与知识生产和传播，肩负相关责任。这是因为许多乡村景观包含私人、企业和政府等多种所有权形式，为此形成合作式工作关系是有必要的。

乡村景观遗产和价值的沟通及传递

1. 通过协同分享活动来传播对乡村景观遗产价值的认知，如共享学习、教育、能力建设、遗产阐释和研究活动等。制定参与计划和实践方案，将民间团体、私营组织、公共管理机构等纳入进来，吸引城市及乡村居民的参与。

2. 提升人们对相关方式方法的认识，促进传统知识、技艺和实践的传承，开展相关案例研究，并推广最佳实践。

3. 使用各种工具、方法和文化实践活动支持共享学习、培训和研究，如文化地图、信息共享、教育、现场培训等，吸引当地社区、遗产专家、来自不同学科、学校和大学的专家学者等利益相关方以及媒体的积极参与。

附录 C

北京历史文化名城保护条例

（2021 年 1 月 27 日北京市第十五届人民代表大会第四次会议通过）

目　录

第一章　总则
第二章　保护体系
第一节　保护对象
第二节　老城、三山五园地区等重点保护区域
第三节　保护名录
第三章　保护规划
第四章　保护措施
第五章　保护利用
第六章　法律责任
第七章　附则

第一章　总则

第一条　为了加强对北京历史文化名城的保护，传承城市历史文脉，改善人居环境，统筹协调历史文化保护利用与城乡建设发展，根据有关法律、行政法规，结合本市实际，制定本条例。

第二条　本条例适用于北京历史文化名城的保护及其相关活动。

第三条　北京历史文化名城保护应当坚持科学规划、分类管理、严格保护、合理利用、共治共享、区域协同的原则，维护历史文化遗产的真实性、历史风貌的完整性、社会生活的延续性、城市功能的多样性，保持历史文化底蕴，促进优秀历史文化和现代生活的融合，保留人民群众对北京历史文化的记忆和情感。

第四条　本市建立健全党委领导、政府统筹、单位实施、公众参与、社

会监督的北京历史文化名城保护工作机制。

涉及北京历史文化名城保护的重大事项，应当经首都规划建设委员会审议，向党中央、国务院请示报告。

第五条　市人民政府负责历史文化名城保护工作，将北京历史文化名城保护纳入本市国民经济和社会发展规划、计划，统筹安排保护资金，完善体制机制和政策保障，推进世界遗产申报和历史文化名城保护与发展。

区人民政府负责本行政区域内的历史文化名城保护工作，将历史文化名城保护纳入本级国民经济和社会发展规划、计划，落实保护利用、改善民生等责任。

街道办事处、乡镇人民政府加强对本辖区的历史文化名城保护情况的巡查，引导动员公众参与历史文化名城保护工作。

居民委员会、村民委员会协助街道办事处、乡镇人民政府做好历史文化名城保护相关工作。

第六条　北京历史文化名城保护委员会负责北京历史文化名城保护的总体谋划、统筹协调、整体推进和督促落实，并纳入首都规划建设委员会工作体系。北京历史文化名城保护委员会的日常工作由市规划和自然资源主管部门承担。

北京历史文化名城保护委员会建立专家咨询机制，为历史文化名城保护重大事项提供评审、论证、咨询等服务。

第七条　规划和自然资源主管部门负责历史文化名城，历史文化街区、名镇、名村、传统村落和历史建筑保护的规划管理工作。

住房和城乡建设主管部门负责历史建筑，历史文化街区和名镇范围内文物以外的建筑物、构筑物的修缮技术指导服务。

文物主管部门负责世界遗产申报的具体实施，指导督促革命史迹的保护管理以及其他法律、法规规定的有关历史文化名城保护工作。

农业农村主管部门负责指导历史文化名村和传统村落的保护发展。

其他相关部门依照各自职责，做好历史文化名城保护工作。

第八条　保护北京历史文化名城是全社会的共同责任。任何单位和个人都有保护北京历史文化名城的义务，有权对保护规划的制定和实施提出意见和建议，对破坏北京历史文化名城的行为进行监督、举报。

第九条　本市建立北京历史文化名城保护资金多渠道筹集机制。通过下列渠道筹集资金，用于本条例规定的保护对象的普查认定、保护修缮、抢险，以及相关的环境整治、基础设施建设，学术研究和规划设计，教育培训，考古，保护利用等工作：

（一）市、区人民政府财政预算安排的保护资金；

（二）社会捐赠；

（三）历史文化名城所涉及的国有建筑物转让、抵押、出租收益；

（四）其他依法筹集的资金。

第十条 鼓励单位和个人以捐赠、资助、志愿服务等方式，参与保护利用、名录认定、宣传教育、规划编制等北京历史文化名城保护工作。

对保护北京历史文化名城作出突出贡献的单位和个人，市、区人民政府或者有关主管部门按照国家和本市规定予以表彰或者奖励。

第十一条 鼓励通过组织市民公开课、专题报告、专家讲座、场景体验等多种形式开展北京历史文化名城保护的宣传活动，增强社会公众的保护意识；支持学校开展与历史文化名城保护相关的实践教育活动。

第十二条 本市加强与天津市、河北省以及周边地区的协作，推进京津冀历史文化名城保护体系建设。

第二章 保护体系

第一节 保护对象

第十三条 北京历史文化名城的范围涵盖本市全部行政区域，主要包括老城、三山五园地区以及大运河文化带、长城文化带、西山永定河文化带（以下统称三条文化带）等。

第十四条 北京历史文化名城保护对象包括下列内容：

（一）世界遗产；

（二）文物；

（三）历史建筑和革命史迹；

（四）历史文化街区、特色地区和地下文物埋藏区；

（五）历史文化名镇、名村和传统村落；

（六）历史河湖水系和水文化遗产；

（七）山水格局和城址遗存；

（八）传统胡同、历史街巷和传统地名；

（九）风景名胜、历史名园和古树名木；

（十）非物质文化遗产；

（十一）法律、法规规定的其他保护对象。

历史建筑包括优秀近现代建筑、工业遗产、挂牌保护院落、名人旧（故）居等。

本条第一款规定的保护对象，法律、行政法规已规定认定标准的，依照执行；法律、行政法规未规定认定标准的，北京历史文化名城保护委员会应当组织相关部门制定职责范围内保护对象的认定标准。

第十五条　本市以连线、成片方式对保护对象实施整体保护，对保护对象周边传统风貌、空间环境的建筑高度和建筑形态、景观视廊、生态景观以及其他相关要素实施管控。

第二节　老城、三山五园地区等重点保护区域

第十六条　老城保护涵盖明清时期北京城护城河及其遗址以内的区域。本市加强老城整体保护，保护下列内容为重点的历史传统风貌和空间格局：

（一）传统中轴线和长安街；

（二）“凸”字形城廓；

（三）明清皇城；

（四）历史河湖水系和水文化遗产；

（五）传统胡同、历史街巷和传统地名；

（六）胡同—四合院建筑形态；

（七）平缓开阔的空间形态；

（八）景观视廊和街道对景；

（九）传统建筑色彩和形态特征；

（十）古树名木和大树；

（十一）坛、庙等其他相关遗存。

第十七条　三山五园地区保护涵盖以北京西北郊清代皇家园林为代表的各历史时期文化遗产，重点保护下列内容：

（一）古典园林；

（二）山水相依的景观格局；

（三）历史河湖水系和水文化遗产；

（四）古村落、古道和传统地名；

（五）优秀近现代教育传播地；

（六）革命史迹；

（七）稻田景观；

（八）其他相关遗存。

第十八条 三条文化带重点保护下列内容：

（一）元、明、清时期的大运河；

（二）各历史时期的长城；

（三）西山永定河沿线的历史文化资源密集区；

（四）大运河、长城、西山永定河沿线的古村落、古道、山水格局以及其他保护对象。

第十九条 有关区应当加强历史文化名城保护机构建设，完善机制，充实力量，强化管辖区域内老城和三山五园地区等重点区域保护的统筹协调和组织实施工作。

第三节 保护名录

第二十条 区人民政府应当按照北京历史文化名城保护委员会的年度工作计划，对历史建筑和革命史迹，历史文化街区、名镇、名村和传统村落，历史河湖水系，传统胡同，历史街巷，历史名园等保护对象组织开展普查工作。

第二十一条 北京历史文化名城保护实行保护名录制度。

区人民政府应当根据普查情况，组织专家论证，依据有关认定标准，提出保护名录初选名单，向社会公示。公示时间不得少于三十日。

公示期结束后，区人民政府应当将保护名录初选名单、专家论证意见和公示结果报送北京历史文化名城保护委员会复审。

任何单位和个人可以向所在地的区人民政府申报、推荐保护对象。

对符合认定标准而没有被列入保护名录初选名单的，北京历史文化名城保护委员会可以向其所在地的区人民政府提出列入建议；仍不列入的，可以直接向市人民政府提出纳入保护名录的建议。

第二十二条 北京历史文化名城保护委员会负责对区人民政府报送的材料进行评审，拟订保护名录，报市人民政府批准、公布。

第二十三条 保护对象因不可抗力损毁、灭失或者保护等级、类型发生变化的，所在地的区人民政府应当提出保护名录调整方案，按照原审批程序报送审批。

第二十四条　尚未纳入保护名录，区人民政府初步确认具有保护价值的，应当确定为预先保护对象，并自确定之日起七个工作日内向所有权人、使用人发出预先保护通知，告知其应当采取的保护措施。

任何单位和个人不得损坏、擅自迁移、拆除预先保护对象。确定为预先保护对象的，所在地的区人民政府应当在预先保护通知发出之日起两个月内向北京历史文化名城保护委员会提出将预先保护对象纳入保护名录的建议；北京历史文化名城保护委员会应当在收到建议之日起两个月内报市人民政府批准、公布。逾期未纳入的，预先保护通知自然失效。

第三章　保护规划

第二十五条　北京历史文化名城的保护规划体系包括北京历史文化名城保护规划，老城、三山五园地区、历史文化街区、名镇、名村保护规划和传统村落保护发展规划等。

规划编制部门应当有计划地编制保护规划，并作为专项规划纳入相应层级的国土空间规划。传统村落保护发展规划可以与村庄规划合并编制。

第二十六条　北京历史文化名城保护规划应当包括保护范围、总体目标、保护内容、保护要求、保障措施等。

第二十七条　老城、三山五园地区、历史文化街区、名镇、名村保护和传统村落保护发展等规划，应当包括下列内容：

（一）保护范围、保护原则；

（二）城乡建设用地面积、国土空间规划用途；

（三）人口容量；

（四）需要保护的建筑物、构筑物和周边历史环境要素；

（五）传统风貌的建筑高度、体量、色彩等控制指标；

（六）建筑的分类保护和整治措施；

（七）保护利用和人居环境改善措施；

（八）实施保护规划的具体措施；

（九）其他应当纳入保护规划的内容。

历史文化街区、名镇、名村和传统村落的保护范围应当包括核心保护范围和建设控制地带。

第二十八条　保护规划按照下列规定组织编制：

（一）北京历史文化名城、老城和三山五园地区的保护规划由市规划和自然资源主管部门组织编制；

（二）历史文化街区、名镇、名村的保护规划由所在地的区人民政府组织编制；

（三）传统村落保护发展规划由所在地的乡镇人民政府组织编制。

组织编制机关应当在报送审批前依法将保护规划草案向社会公示，充分征求专家和公众意见。公示时间不得少于三十日。

第二十九条 保护规划按照下列规定审批和备案：

（一）北京历史文化名城、老城和三山五园地区的保护规划经北京历史文化名城保护委员会审议，由市人民政府批准，报市人民代表大会常务委员会备案，北京历史文化名城保护规划还应当依法报国务院有关主管部门备案；

（二）历史文化街区、名镇、名村的保护规划经市规划和自然资源、文物主管部门组织审查，由市人民政府批准；

（三）传统村落的保护发展规划经市规划和自然资源、农业农村主管部门组织审查，由区人民政府批准，报区人民代表大会常务委员会以及市规划和自然资源、农业农村主管部门备案。

上述规划应当自批准之日起三十日内通过公共媒体向社会公布。

第三十条 经依法批准的保护规划，不得擅自修改；确需修改的，保护规划的组织编制机关应当向原审批机关提出专题报告，经同意后，方可编制修改方案。修改后的保护规划，应当按照原审批程序报送审批和备案。

第三十一条 市规划和自然资源主管部门应当会同相关部门根据保护规划编制历史文化街区、名镇、名村、传统村落和成片传统平房区、特色地区内建设项目的规划综合实施方案。

规划综合实施方案应当包含建设工程设计要求、土地权属、规划指标、市政以及交通条件、实施时序、功能业态、风貌管控、投资主体和工程定额、保护更新模式、房源保障等内容。

第三十二条 市人民政府应当将历史文化名城保护的体检评估工作纳入本市国土空间规划体检工作，对发现的问题应当及时纠正、处理。

第四章 保护措施

第三十三条 北京历史文化名城保护实行保护责任人制度。

保护责任人按照下列规定确定：

（一）老城、三山五园地区、三条文化带的保护责任人为所在地的区人民政府；

（二）历史文化街区、名镇、名村和传统村落的保护责任人为所在地的街道办事处、乡镇人民政府；

（三）历史建筑的所有权人为保护责任人，所有权人下落不明或者权属不明的，使用人为保护责任人；

（四）保护对象单独设立保护管理单位的，该单位为保护责任人；

（五）保护对象跨辖区的，由共同上一级人民政府指定保护责任人。

无法确定保护责任人的，由市、区人民政府指定。

区人民政府应当在保护名录公布后，告知保护责任人应当承担的保护责任。

第三十四条 老城所在地的区人民政府应当履行下列保护责任：

（一）禁止破坏各类保护对象和成片传统平房区，实现应保尽保；

（二）推动重点文物、历史建筑的腾退，强化文物保护以及周边环境整治，促进合理开放利用；

（三）推动历史文化街区、成片传统平房区的保护和有机更新，严格控制建设规模和建筑高度，保护传统风貌；

（四）制定优化老城城市功能的政策和措施，改善基础设施、公共服务设施和人居环境。

第三十五条 三山五园地区所在地的区人民政府应当履行下列保护责任：

（一）整体保护山水田园的自然历史风貌；

（二）严格控制建设规模和建筑高度，保护景观视廊和空间格局；

（三）逐步开展环境整治、生态修复，恢复大尺度绿色空间。

第三十六条 三条文化带所在地的区人民政府应当履行下列保护责任：

（一）保护沿线世界遗产，文物；

（二）保护与修复沿线山水林田湖草生态系统；

（三）挖掘、展示历史文化和景观价值；

（四）支持相关文化产业发展、改善沿线村镇人居环境。

市人民政府应当建立跨区保护协调机制，统筹协调三条文化带的保护利用。

第三十七条 街道办事处、乡镇人民政府在区人民政府的领导下，实施辖区内的历史文化街区、名镇、名村和传统村落保护工作，履行下列保护责任：

（一）保持保护范围内历史格局、街巷肌理和传统风貌、空间尺度和历史环境要素的完整性；

（二）开展日常巡查，及时处置危害保护对象的行为，并向相关主管部门报告；

（三）落实街区保护更新和人居环境改善工作；

（四）协助有关部门做好安全、防灾等工作。

第三十八条 所有权人、使用人应当对历史建筑履行下列保护责任：

（一）日常维护和修缮，保持原有的历史格局和传统风貌；

（二）保障建筑安全，确保防灾设施设备的正常使用，发现安全隐患或者险情，及时采取隐患或者风险排除措施，并向有关主管部门报告；

（三）转让、出租、出借历史建筑的，与受让人、承租人、使用人书面约定双方的保护责任。

不动产登记机构应当及时将历史建筑产权登记信息通报历史建筑所在地的区人民政府。

第三十九条 在历史文化街区、名镇、名村和传统村落的保护范围内，禁止从事下列对保护对象可能造成破坏性影响的活动：

（一）开山、采石、开矿等破坏传统格局和历史风貌的活动；

（二）占用保护规划确定保留的园林绿地、河湖水系、道路等；

（三）修建生产、储存爆炸性、易燃性、放射性、毒害性、腐蚀性物品的工厂、仓库等；

（四）在历史建筑上刻划、涂污；

（五）从事突破建筑高度、容积率等控制指标，违反建筑体量、色彩等控制要求的建设活动；

（六）擅自拆除既有建筑；

（七）破坏保护规划确定的历史格局、街巷肌理和传统风貌。

第四十条 在历史文化街区、名镇、名村的核心保护范围内，除必要的市政基础设施、公共服务设施以及按照保护规划进行风貌恢复建设外，不得进行新建、改建、扩建活动。

在历史文化街区、名镇、名村的核心保护范围内进行必要的市政基础设施、公共服务设施以及按照保护规划进行风貌恢复建设的，应当严格保护历史格局、街巷肌理和传统风貌。鼓励聘用传统工匠，尽可能采用传统工艺和传统材料。

在传统村落的核心保护范围内进行新建、改建、扩建的，不得改变历史格局、街巷肌理和传统风貌；建筑外立面的维修应当尽可能采用传统工艺和传统材料。

第四十一条　在历史文化街区、名镇、名村和传统村落的建设控制地带内新建、改建、扩建建筑物、构筑物的，应当符合保护规划确定的建设控制要求，严格控制建筑物、构筑物的高度、体量、色彩、容积率等，与核心保护范围风貌相协调。

第四十二条　在历史文化街区、名镇保护范围内新建、改建、扩建和拆除既有建筑或者改变既有建筑的外立面、屋顶或者结构的，应当向规划和自然资源主管部门申请核发规划许可，并同时提交保护设计方案；规划和自然资源主管部门核发规划许可应当征求同级住房和城乡建设、文物主管部门的意见。

在历史文化名村和传统村落保护范围内新建、改建、扩建和拆除既有建筑或者改变既有建筑的外立面、屋顶或者结构的，应当按照规定向规划和自然资源主管部门或者乡镇人民政府申请办理规划许可或者审批手续；规划和自然资源主管部门或者乡镇人民政府核发规划许可或者批准，应当征求区农业农村、文物主管部门的意见。

第四十三条　在成片传统平房区和特色地区内新建、改建、扩建建筑物、构筑物，按照保护要求使用新材料、新技术和现代设计手法的，应当注重保护历史格局、街巷肌理和传统风貌。

第四十四条　在历史文化街区、名镇、名村和传统村落的保护范围、成片传统平房区和特色地区内改善通风采光、节能保温、给排水、环境卫生等居住条件的，应当符合风貌管控和公共安全的要求。

第四十五条　对于危害不可移动文物、历史建筑安全，破坏老城、三山五园地区和历史文化街区、名镇、名村以及传统村落的历史格局、街巷肌理、传统风貌、空间环境，不符合保护规划有关建筑高度、建筑形态、景观视廊等要求，以及严重影响居住安全的建筑物、构筑物或者其他设施，所在地的区人民政府或者产权单位可以依法通过申请式退租、房屋置换、房屋征收等方式组织实施腾退或者改造。具体办法由市人民政府制定。

第四十六条　市规划和自然资源主管部门应当会同市住房和城乡建设、农业农村、文物、经济信息化等主管部门编制历史建筑保护图则。保护图则主要包括基本信息、历史价值、风貌特色、保护范围、保护建议等内容。

市住房和城乡建设主管部门应当会同相关主管部门依据历史建筑保护图则，编制历史建筑、历史文化街区和名镇保护范围内文物以外的建筑物、构筑物的修缮技术标准。

市农业农村主管部门应当会同相关主管部门编制历史文化名村、传统村落保护范围内历史建筑和文物以外的建筑物、构筑物的修缮技术标准。

第四十七条 历史建筑保护责任人对历史建筑进行维护和修缮的，应当按照历史建筑保护图则和修缮技术标准编制保护设计方案，报区规划和自然资源主管部门审批；并依据经批准的保护设计方案编制施工方案，报区住房和城乡建设主管部门审批。日常保养或者进行不涉及体现历史风貌特色的部位、材料、构造、装饰等维修除外。

历史建筑保护责任人应当按照批准的保护设计方案和施工方案对历史建筑进行维护和修缮。保护责任人按照规定维护和修缮历史建筑的，区人民政府可以给予资金等补助，区住房和城乡建设主管部门应当提供技术指导。

第四十八条 具备维护和修缮条件的历史建筑有损毁危险，但是保护责任人拒绝履行维护和修缮义务的，区住房和城乡建设主管部门应当采取措施排除危险，所需费用由保护责任人承担。

第四十九条 任何单位和个人不得损坏或者擅自迁移、拆除历史建筑。

建设工程选址，应当避开历史建筑；因特殊情况不能避开的，建设单位应当尽可能实施原址保护。确因公共利益需要进行建设，对历史建筑无法实施原址保护、必须迁移异地保护或者拆除的，建设单位应当提供迁移或者拆除的可行性论证报告、迁移新址的资料以及其他资料，报市规划和自然资源主管部门会同市住房和城乡建设、文物主管部门共同审批。必要时由市规划和自然资源主管部门报市人民政府决定。

不具备维护和修缮条件的历史建筑有损毁危险的，保护责任人可以向市规划和自然资源主管部门申请原址复建。市规划和自然资源主管部门应当组织专家进行评审，会同市住房和城乡建设、文物、生态环境等主管部门共同审批。必要时由市规划和自然资源主管部门报市人民政府决定。

拆除历史建筑的，建设单位应当做好标记，保存相关资料；复建历史建筑时，尽可能使用原有建筑构件和材料。

第五十条 历史文化街区、名镇、名村和传统村落所在地的区人民政府，应当按照集约用地原则，统筹安排建设用地指标，优先保障因实施保护规划所需的居民、村民住宅以及公共服务设施建设。

因保护历史文化名村、传统村落需要开辟新址建设的，乡镇人民政府应当在不影响原有村庄格局和风貌的区域内确定选址。

历史文化街区、名镇、名村和传统村落保护范围内的居民、村民应当按照有关保护规划和修缮技术标准，维护和修缮历史建筑以外的建筑物、构筑物；按照前述要求进行维护和修缮的，区人民政府可以给予资金等补助，区住房和城乡建设或者农业农村主管部门应当提供技术指导。

第五十一条　市财政部门会同市农业农村等主管部门和有关区人民政府按照本市规定，建立健全历史文化名镇、名村和传统村落保护资金筹措机制，统筹相关政策，支持历史文化名镇、名村和传统村落的保护发展。

第五十二条　区人民政府应当自市人民政府公布保护名录之日起六个月内，在保护对象主要出入口等具有标志意义的地点设置保护标志。保护标志的设置标准和维护要求由市人民政府统一确定。

任何单位和个人不得擅自设置、移动、拆除或者损毁、涂改、遮挡保护标志。

第五十三条　历史河湖水系和水文化遗产的保护，应当记录历史功能、位置、形态、材料等历史信息，并符合下列保护要求：

（一）不得改变历史河湖水系的总体走向，尽可能维护河道原有形态和传统堤岸；

（二）合理控制水文化遗产的使用强度；

（三）修缮水文化遗产，尽可能采用传统工艺和传统材料；

（四）禁止从事其他损害历史河湖水系和水文化遗产的活动。

第五十四条　历史文化街区、名镇、名村和传统村落内的公共交通站点、照明系统等公共设施的设置、城市景观的设计等，应当与所在区域的历史风貌相协调。

任何单位和个人不得擅自更改各类保护对象涉及的传统地名。

第五十五条　市、区人民政府可以发起建立保护基金，支持北京历史文化名城保护相关领域的发展。

基金的使用应当公开透明，接受社会监督。

基金的捐赠人、受益人依照有关法律、法规的规定享受税收优惠。

第五十六条　本市支持与北京历史文化名城保护相关的传统工匠的培养、传统工艺的传承、传统材料的生产，依法保护相关知识产权，完善修缮技术专利交易的市场机制。

市住房和城乡建设主管部门应当会同市人力资源和社会保障、农业农村等主管部门组织开展传统工匠专业培训和职业技能认定，建立传统工匠等级评定体系。

鼓励和支持高等院校、中等职业学校以及社会力量开设相关课程，培养专业技术人才。

第五十七条 因历史文化名城保护需要，相关建筑或者工程不能按照建筑间距、建筑退线退界、绿化、消防、节能、抗震等标准或者规范要求进行设计、施工的，市规划和自然资源主管部门应当会同市文物、住房和城乡建设、城市管理、生态环境、水务、交通、应急管理、人民防空、地震等相关主管部门组织专家论证，制定适应需要的规划指标或者保障方案，报北京历史文化名城保护委员会审议后公布实施。

第五章 保护利用

第五十八条 本市鼓励和支持历史建筑、历史文化街区、名镇、名村和传统村落等北京历史文化名城保护对象的合理利用和有序开放。

市规划和自然资源主管部门根据历史文化保护传承的需求，制定历史建筑、历史文化街区、名镇、名村和传统村落保护利用的正面或者负面清单，明确鼓励、支持或者限制、禁止的活动。

第五十九条 市人民政府应当组织编制保护对象腾退规划和实施计划，做好与非首都功能疏解计划的衔接。

非首都功能疏解腾退的空间和场所可以用于保护对象腾退单位或者个人的安置。

第六十条 保护责任人对历史文化街区、名镇、名村和传统村落的保护利用应当遵守先保护后利用的原则，注重整体风貌保护，符合正面或者负面清单的要求，合理控制商业开发规模，完善公共服务设施，传承传统文化。

第六十一条 区人民政府可以根据需要统筹各方资源，建立房屋置换、收储企业运营平台，引导、鼓励历史文化街区、成片传统平房区和特色地区的房屋所有权人、使用人，自愿通过申请式退租、房屋置换等方式改善居住条件。

第六十二条 公房管理机构应当按照风貌保护要求，对受托管理、申请腾退的直管公房进行保护性修缮，逐步恢复原有院落格局，完善市政基础设施，合理使用腾退空间。

第六十三条 革命史迹的保护利用应当维护革命史迹本体安全和特有的历史风貌。

鼓励结合重大历史事件等，依托革命史迹组织开展纪念活动，注重发掘整理、宣传展陈史料和英烈史迹，弘扬爱国主义和革命传统精神。

鼓励将革命史迹与其他保护对象整合，拓展展示路线和内容；展示利用应当防止过度商业化、娱乐化，杜绝低俗化。

第六十四条 历史建筑可以依法转让、抵押、出租。

工业遗产等历史建筑在符合规划、正面清单以及结构、消防、环保等要求的前提下，实际使用用途与权属登记中土地用途不一致的，可以向规划和自然资源主管部门申请变更使用用途，有关部门按照变更后的用途依法办理审批手续。

第六十五条 鼓励历史建筑结合自身特点和周边区域的功能定位，引入图书馆、博物馆、美术馆、实体书店、非遗展示中心等文化和服务功能；鼓励历史名园采取多种方式开放，使历史名园贴近市民生活。

第六十六条 历史文化街区、名镇、名村和传统村落根据保护规划要求，发展多样化特色产业，适度开展旅游、传统工艺和传统技艺加工制作等与传统文化相协调的经营活动。

第六十七条 鼓励当地居民、村民参与历史文化街区、名镇、名村、传统村落和历史建筑的保护利用。

支持历史文化名镇、名村和传统村落的居民、村民从事当地特色手工产业的生产经营等相关活动，促进历史文化名镇、名村和传统村落原有形态、生活方式的延续传承。

第六十八条 加强对传统节日、特色民俗、传统工艺、方言的研究记录工作。

加强对具有历史价值的老字号、老物件、老手艺、老剧目等保护利用，形成稳定、经典的传统文化品牌；合理布局非物质文化遗产传承空间，为其提供生存、传播和发展的空间。

鼓励老字号原址、原貌保护。

第六十九条 市规划和自然资源主管部门组织建立统一信息平台，对纳入保护名录的保护对象建立保护档案和相关数据库，记载保护对象的历史、权属、测绘数据、利用情况、相关研究成果等信息；并将保护档案和相关数据信息通过互联网等平台向社会公开，展示历史文化资源，为组织和个人查阅信息、共享研究成果、开展保护利用提供便利；依法应当保密的除外。

鼓励通过现代科学技术手段，实现保护对象的展示与管理。

第六章　法律责任

第七十条　违反本条例第三十八条第一款规定，未履行历史建筑保护责任的，由规划和自然资源主管部门责令改正；逾期不改正的，对单位处五万元以上二十万元以下罚款，对个人处一万元以上十万元以下罚款；造成历史建筑损毁的，对单位处二十万元以上五十万元以下罚款，对个人处十万元以上二十万元以下罚款，并责令限期恢复原状，逾期不恢复原状的，指定有能力的单位代为恢复原状，所需费用由历史建筑保护责任人承担。

第七十一条　违反本条例第三十九条第（一）项至第（四）项规定的，由规划和自然资源主管部门依照国务院《历史文化名城名镇名村保护条例》的规定处罚。

违反本条例第三十九条第（五）项规定的，依照《北京市城乡规划条例》的规定处罚。

违反本条例第三十九条第（六）项、第（七）项规定的，由规划和自然资源主管部门责令限期恢复原状；逾期不恢复原状的，可以指定有能力的单位代为恢复原状，所需费用由违法者承担；造成不利后果的，对单位处五万元以上十万元以下罚款，对个人处一万元以上五万元以下罚款。

第七十二条　违反本条例第四十七条规定，未报批保护设计方案或者未按照批准的保护设计方案对历史建筑进行修缮的，由规划和自然资源主管部门对单位处一万元以上五万元以下罚款，对个人处五千元以上一万元以下罚款；造成不利后果的，责令限期恢复原状，对单位处五万元以上十万元以下罚款，对个人处一万元以上五万元以下罚款；逾期不恢复原状的，指定有能力的单位代为恢复原状，所需费用由违法者承担。

违反本条例第四十七条规定，施工方案未经批准擅自施工或者未按照批准的施工方案施工的，由住房和城乡建设主管部门依照前款规定对施工单位进行处罚。

第七十三条　违反本条例第二十四条第二款、第四十九条第一款规定，损坏、擅自迁移、拆除历史建筑或者预先保护对象的，由规划和自然资源主管部门责令限期恢复原状，对单位处十万元以上二十万元以下罚款，对个人处五万元以上十万元以下罚款；逾期不恢复原状的，指定有能力的单位代为恢复原状，所需费用由违法者承担，对单位处二十万元以上五十万元以下罚款，对个人处十万元以上二十万元以下罚款；无法恢复原状的，处历史建筑或者预先保护对象重置价三倍至五倍罚款。

损坏、擅自迁移、拆除历史建筑造成损失的，依法承担赔偿责任；损害公共利益的，法律规定的机关和有关组织可以依法对当事人提起民事公益诉讼，追究其损害赔偿责任。

第七十四条　违反本条例第五十二条第二款规定，擅自设置、移动、拆除或者损毁、涂改、遮挡保护标志的，由所在地的街道办事处或者乡镇人民政府责令限期改正；逾期不改正的，对单位处一万元以上五万元以下罚款，对个人处一千元以上一万元以下罚款。

第七十五条　违法行为人拒不承担本条例规定的应当由其承担的代为维护、修缮、恢复原状等费用的，执法机关依法加处滞纳金。实施加处滞纳金超过三十日，经催告当事人仍不履行的，执法机关应当向人民法院申请强制执行。

第七章　附则

第七十六条　本条例中下列用语的含义是：

（一）三山五园是对北京西北郊以清代皇家园林为代表的各历史时期文化遗产的统称。三山指香山、玉泉山、万寿山，五园指静宜园、静明园、颐和园、圆明园、畅春园。

（二）历史建筑，是指具有一定保护价值，能够反映历史风貌和地方特色，尚未公布为文物保护单位且尚未登记为不可移动文物的建筑物、构筑物。

（三）优秀近现代建筑，是指十九世纪中期至二十世纪七十年代建造的，现状遗存保存较为完整，能够反映北京近现代城市发展历史，具有较高历史、艺术和科学价值的建筑物（群）、构筑物（群）和历史遗迹。

（四）工业遗产，是指工业长期发展进程中形成的，具有较高的历史、文化、科学、艺术、社会、经济价值的建筑物、构筑物，以及设备、产品、工艺流程等。

（五）革命史迹，是指自一八四零年起，中国人民实现国家独立、民族解放和民主自由、建设社会主义现代中国的历史实践过程中形成的重要遗产。包括革命文物和各种纪念设施，如党、政、军、群机关驻地，革命活动、战役和战斗旧址（遗址），烈士陵园，纪念馆（堂、亭），纪念碑（像），党史人物和革命人物旧（故）居等物质遗产，也包括革命故事、歌曲等非物质遗产。

（六）历史文化街区，是指保留有一定数量的不可移动文物、历史建筑、传统风貌建筑以及传统胡同、历史街巷等历史环境要素，能够较完整、真实地体现历史格局和传统风貌，并具有一定规模的区域。

（七）特色地区，是指历史文化街区外，具有一定规模、代表一定时期城市规划建设探索实践，并能够比较完整、真实地反映当时城市风貌和社会生活的区域。

（八）历史文化名镇、名村，是指保存文物特别丰富、具有重大历史价值或者纪念意义，能较完整地反映一些历史时期传统风貌和地方民族特色的镇和村落。

（九）传统村落，是指拥有物质形态和非物质形态文化遗产，具有较高的历史、文化、科学、艺术、社会、经济价值的村落。

（十）历史河湖水系和水文化遗产，是指与北京城市沿革密切相关且具有历史文化价值的河道、水域以及井、桥、闸等水工建筑物、构筑物和遗址。

（十一）传统胡同，是指清代及以前形成的胡同。

（十二）历史街巷，是指二十世纪初期至二十世纪七十年代经整体规划形成的街巷。

（十三）街巷肌理，是指各历史时期形成的街巷、胡同以及沿线建筑物、构筑物所共同构成的，能够反映传统风貌的空间格局与结构。

（十四）传统地名，是指各历史时期流传下来或者曾使用过的地名，以街巷和胡同名称为主。

（十五）历史名园，是指具有突出的历史文化价值，并能体现传统造园技艺的园林，也包括依托文物古迹建设的园林。

（十六）成片传统平房区，是指集中体现北京传统风貌、面积在一公顷以上的尚未纳入历史文化街区的成片平房区。

（十七）大树，是指胸径在二十厘米以上的落叶乔木和胸径在十五厘米以上的常绿乔木。

第七十七条 本条例自 2021 年 3 月 1 日起施行。2005 年 3 月 25 日北京市第十二届人民代表大会常务委员会第十九次会议通过的《北京历史文化名城保护条例》同时废止。

附录 D

北京市生态涵养区生态保护和绿色发展条例

（北京市第十五届人民代表大会常务委员会
第三十次会议于 2021 年 4 月 16 日通过）

目　录

第一章　总则
第二章　生态保护
第三章　绿色发展
第四章　保障措施
第五章　法律责任
第六章　附则

第一章　总则

第一条　为了贯彻习近平生态文明思想，践行绿水青山就是金山银山理念，落实北京城市总体规划，推动生态涵养区生态保护和绿色发展，实施绿色北京战略，保障首都生态安全，促进区域协调发展，建设国际一流的和谐宜居之都，根据有关法律、行政法规，结合本市实际情况，制定本条例。

第二条　本条例适用于本市生态涵养区生态保护和绿色发展的相关活动。

本条例所称生态涵养区，包括门头沟区、平谷区、怀柔区、密云区、延庆区，以及房山区、昌平区的山区。

第三条　生态涵养区应当坚持新发展理念，保持战略定力，避免不合理的开发利用，实施山水林田湖草系统治理，扩大生态环境容量，提高生态环境质量，推进绿色发展，增强内生动力，建设展现北京美丽自然山水和历史文化的典范区、生态文明建设的引领区、宜居宜业宜游的绿色发展示范区。

第四条　生态涵养区生态保护和绿色发展工作，坚持生态优先、系统治理、绿色发展、强区富民的原则。

第五条 本市将生态涵养区生态保护和绿色发展工作纳入生态文明建设领导体制。

市、有关区人民政府应当加强对生态涵养区生态保护和绿色发展工作的领导和统筹，将其纳入国民经济和社会发展规划和计划，制定促进生态保护和绿色发展的政策措施，优化符合生态涵养区功能定位的产业和项目布局，建立健全绩效考核等工作机制。有关区人民政府对本行政区域生态保护和绿色发展工作负责。

有关乡镇人民政府、街道办事处做好本辖区生态保护和绿色发展的有关工作。

第六条 市、有关区发展改革部门负责协调指导生态涵养区生态保护和绿色发展工作。

教育、科技、经济和信息化、财政、人力资源和社会保障、规划和自然资源、生态环境、城市管理、交通、水务、农业农村、文化和旅游、卫生健康、应急管理、审计、园林绿化等部门应当按照职责做好生态涵养区生态保护和绿色发展的有关工作。

第七条 市、有关区人民政府应当建立健全专家咨询机制，组织对生态涵养区生态保护和绿色发展的战略、政策、规划、措施等重大事项开展咨询。

第八条 政府有关部门应当加强生态保护和绿色发展理念的宣传教育，提倡简约适度、绿色低碳的生活方式，采取多种措施促进全社会养成保护生态、绿色生活的习惯。

第九条 本市鼓励单位和个人通过投资、捐赠、志愿服务、科普宣传等方式，参与生态涵养区生态保护和绿色发展工作。

任何单位和个人有权依法获取生态涵养区相关信息；有权对破坏生态、污染环境的行为进行举报，有关部门应当依法处理。

新闻媒体应当开展相关公益宣传和舆论监督。

第二章 生态保护

第十条 本市建立生态涵养区自然资源调查监测评价制度。市规划和自然资源部门应当会同政府有关部门对土地、土壤、矿产、水流、湿地、森林、野生动植物等自然资源的数量、质量、分布、权属、保护、开发利用状况开展调查监测评价，建立自然资源数据库。

第十一条 本市实行生态涵养区自然资源确权登记制度，对生态涵养区内自然资源进行统一确权登记。

本市实行自然资源资产有偿使用制度。具体办法由市规划和自然资源部门会同市生态环境、水务、农业农村、园林绿化等部门制定，并向社会公布。

第十二条　市生态环境部门应当会同政府有关部门统一规划、整合优化生态环境质量监测点位，建设涵盖生态、大气、水、森林、土壤、噪声、辐射等要素，布局合理、功能完善的生态环境质量监测网络；按照统一的标准规范开展监测和评价，统一发布生态环境质量状况信息。

市、有关区人民政府可以组织统计、规划和自然资源、生态环境、水务、农业农村、园林绿化、气象等部门开展森林、耕地、草地、湿地等生态系统生态服务价值评估研究，建立测算指标体系和统计制度，为建立健全生态产品价值实现机制提供支撑。

第十三条　政府有关部门应当按照国家和本市有关规定，依法向社会公开自然资源调查、生态环境质量状况、执法管理等方面的数据、资料、报告、图表等信息，并将信息汇聚到本市大数据管理平台，实现信息共享。

第十四条　本市按照生态功能依法科学划定生态保护红线。市、有关区人民政府应当将生态保护红线作为编制国土空间规划及各专项规划的重要基础，确保生态保护红线生态功能不降低、面积不减少、性质不改变。

本市统筹自然保护地体系建设，对自然保护地实行统一设置，分级管理、分区管控，并按照国家规定将自然保护地划入生态保护红线。

第十五条　生态保护红线内自然保护地核心保护区，原则上禁止人为活动。法律、行政法规和国家另有规定的，从其规定。

生态保护红线内自然保护地核心保护区以外的其他区域，严格禁止开发性、生产性建设活动；在符合现行法律法规前提下，除国家重大战略项目外，仅允许开展国家规定的下列对生态功能不造成破坏的有限人为活动：

（一）必须且无法避让、符合区级以上国土空间规划的线性基础设施建设、防洪和供水设施建设与运行维护；

（二）不破坏生态功能的适度参观旅游和相关的必要公共设施建设；

（三）零星的原住居民在不扩大现有建设用地和耕地规模的前提下，修缮生产生活设施，保留生活必需的少量种植、放牧、捕捞、养殖；

（四）其他对生态功能不造成破坏的有限人为活动。

第十六条　本市建立健全生态涵养区生物多样性保护制度。市生态环境部门应当会同政府有关部门和有关区人民政府制定生态涵养区生物多样性保护规划。

第十七条 园林绿化部门应当加强天然林、古树名木、生态公益林等森林资源的保护，采取人工造林、封山育林、中幼林抚育、低质低效林改造等措施，增加森林资源面积，提高森林资源质量，培育森林生态系统。

第十八条 市水务部门应当会同市生态环境、农业农村、园林绿化等部门和有关区人民政府加强对密云水库、官厅水库、怀柔水库、白河堡水库等水库库区的生态保护，建设水库上游生态清洁小流域，加强水库周边地区污水、垃圾的收集处理，因地制宜建设水库入口湿地，削减入库污染源，完善禁渔期、禁渔区制度，依法查处非法捕捞、破坏水库周边环境和设施的行为。

市水务部门应当会同市规划和自然资源、生态环境等部门以及有关区人民政府定期调查评估生态涵养区地下水资源状况，系统推进地下水超采治理，采取压采、回补等措施，逐步回升地下水水位。

第十九条 市、有关区人民政府应当依照国家和本市有关河长制、湖长制的规定，组织政府有关部门加强河流和湖泊管理，开展排污口排查整治和小微水体治理，清理整治河湖管理保护范围内乱占、乱采、乱堆、乱建等危害水环境的行为。

生态环境、水务等部门应当根据国家水环境质量标准，采取有效措施，改善水环境质量。

水务部门应当会同生态环境、农业农村等部门因地制宜开展村庄污水收集处理，鼓励采用生态方式处理污水。

第二十条 市规划和自然资源部门应当会同政府有关部门制定生态涵养区国土空间生态修复规划，统筹开展生态修复。生态修复应当以自然恢复为主、人工修复为辅。

规划和自然资源部门会同生态环境、园林绿化、农业农村等部门落实矿山生态修复工作进度，消除地质灾害隐患；加强矿山生态修复技术研究，采取恢复植被、土地复垦等措施进行科学修复。

市水务部门会同政府有关部门和有关区人民政府划定生态涵养区水生态空间，加强水生态空间的修复和管理，制定河湖水系连通修复方案，改善河流上下游连通状况，逐步恢复河湖生态流量，维护河湖生态功能。

第二十一条 农业农村部门应当会同政府有关部门采取有效措施，指导农业生产者合理使用农药、兽药、肥料、饲料、农用薄膜等农业投入品，控制农药、兽药的使用量，鼓励使用有机肥料和生物、物理病虫害防治技术，推动农业废弃物、畜禽粪污的资源化利用，防治农业面源污染。

鼓励、支持单位和个人回收农用薄膜和农业投入品包装废弃物。

第二十二条　在生态涵养区从事开发土地、筑坝、修路、建设等活动的，应当采取措施保护生态环境，造成生态环境不利影响的，应当及时进行修复。

第二十三条　市、有关区人民政府建立健全生态涵养区突发事件应急管理体系，统筹应对洪涝、崩塌、滑坡、泥石流、森林火灾、动植物病虫害等突发事件。

第二十四条　本市建立健全针对森林、耕地、湿地、水流、空气等重点领域和生态保护红线、饮用水水源保护区等重点区域的生态保护补偿机制，确保生态保护主体得到合理补偿。

市财政部门应当会同市发展改革、规划和自然资源、生态环境等部门逐步建立完善生态涵养区综合性生态保护补偿机制；补偿机制依据有关区自然资源调查监测评价、生态环境质量状况评价，并可以结合生态服务价值评估成果确定。有关区人民政府可以统筹使用补偿资金。

市人民政府有关部门应当建立健全市场化生态保护补偿机制，推动用能权、用水权、碳排放权交易，促进符合条件的生态资源资产化、可量化、可经营。

第三章　绿色发展

第二十五条　市发展改革部门应当统筹组织政府有关部门制定生态涵养区适宜产业的发展政策，推动生态涵养区可持续发展。

有关区人民政府按照城市总体规划和分区规划确定的功能定位和产业发展方向，结合国民经济和社会发展规划和计划，因地制宜构建绿色发展产业体系。

第二十六条　市规划和自然资源部门应当会同市生态环境、水务、农业农村、园林绿化等部门和有关区人民政府组织对生态涵养区的资源环境承载能力和国土空间开发适宜性进行评价，并根据评价结果科学有度有序开发，促进人口、经济、资源环境协调发展。

第二十七条　有关区人民政府应当营造稳定公平透明、可预期的营商环境，提高区域发展的市场化、国际化水平；结合功能定位、自然禀赋和资源环境承载能力，承接中心城区疏解的适宜的功能和产业。

市人民政府有关部门应当推动适宜的活动和资源节约型、生态友好型的项目、企业总部等在生态涵养区集中建设区落地。

第二十八条 有关区人民政府应当依据绿色、低碳相关标准规范，明确产业园区设计、建设、准入、运营、退出标准并组织开展评估，根据评估报告对产业园区基础设施及产业方向进行优化调整；支持产业园区提升产业链、供应链现代化水平，推广应用节能、节水技术，完善高新技术应用场景。

第二十九条 农业农村部门应当会同政府有关部门推动生态涵养区农业结构调整，推行农业绿色生产方式，加强农业生态和资源保护，提升产地环境质量和资源利用效率，培育无公害、绿色、有机和地理标志农产品，推广特色农林产品品牌。

鼓励林菌、林禽、林药等立体复合种养经营模式，提高林地资源利用率和森林经济效益。

第三十条 科技、经济和信息化、规划和自然资源、商务、农业农村、文化旅游、园林绿化等有关部门应当制定支持政策，鼓励和引导生态旅游、精品民宿、森林康养、田园综合体、农村电商、智慧物流、数字经济、科创智能等适宜生态涵养区的新兴业态发展。

第三十一条 市人民政府有关部门、有关区人民政府应当挖掘生态涵养区文化资源价值，推动建设长城文化带、西山永定河文化带，保护文物古迹和历史文化名镇、名村、传统村落及工业遗存，建设红色革命教育基地，打造精品旅游线路，促进文化、旅游、生态等产业融合发展。

第三十二条 市、有关区人民政府应当采取措施发展壮大农村集体经济，建立现代农业产业体系、生产体系和经营体系，培育新型农业经营主体，实现农户生产和现代农业发展有机衔接，促进农村一二三产业融合发展。

第三十三条 本市强化生态涵养区城市公共空间风貌设计，优化休闲游憩设施、街道人性化设施，提升市政基础设施、商业服务设施、文化体育设施水平，建设海绵城市、韧性城市、智慧城市。

有关区人民政府应当根据生态涵养区特点，加强乡村风貌、房屋建筑风貌设计的引导和管理。

第三十四条 市规划和自然资源、发展改革、住房和城乡建设、交通等部门按照职责推进市郊铁路、轨道交通、骨干公路、乡村公路等路网建设，提高生态涵养区区内以及与其他区域的通达效率。

第三十五条 市和有关区教育、发展改革、财政、规划和自然资源等部门应当支持生态涵养区基础教育发展，改善办学条件，加强师资队伍建设，鼓励有关区与中心城区优质学校合作，提高基础教育质量和水平。

市教育、规划和自然资源、发展改革等部门和有关区人民政府应当推动高等院校向生态涵养区布局，实现每个区有高等院校。鼓励高等院校和科研院所在生态涵养区建立教学科研实践基地，推广应用相关科研成果。

第三十六条　市和有关区卫生健康、发展改革、财政等部门应当完善生态涵养区医疗卫生服务体系，加强基层全科医生队伍建设，提高中心镇的医疗卫生保障水平和院前医疗急救能力，实现医疗卫生服务全覆盖；推进高水平医疗服务能力建设，实现每个区有三级医院。

第三十七条　人力资源和社会保障部门应当会同政府有关部门通过扶持产业、提供就业岗位、开展职业技能培训等方式，促进生态涵养区劳动力就业。

政府有关部门应当优化社会公益性岗位设置，整合岗位职责，完善培训、管理、保障机制，统筹社会公益性岗位补贴资金，适度提高岗位补贴标准，建立动态调整机制。

第四章　保障措施

第三十八条　有关区人民政府应当按照国家和本市有关规定，严格执行新增产业禁止和限制目录，严守生态保护红线，加强全域空间用途管控，严控房地产开发建设，严控建设规模，通过盘活存量、优化结构、提升城乡建设用地合理配置和集约高效利用水平，确保生态涵养区生态空间只增不减、土地开发强度只降不升。

第三十九条　有关区人民政府应当依法加强农村集体土地的规划管控和用途管制，严格保护永久基本农田，禁止以农用地流转的名义进行非农业建设，严禁利用流转的农用地建设或者变相建设旅游度假村、高尔夫球场、别墅、私人会所等。

第四十条　市规划和自然资源部门制订土地利用年度计划，应当优先保障生态涵养区公益事业、市政基础设施、乡村产业、险村险户搬迁等项目的建设用地需求。

第四十一条　市规划和自然资源部门应当会同市生态环境、水务、农业农村、园林绿化等部门，根据生态涵养区农村产业发展需求，依照法律、行政法规和国家有关规定，按照减量、集约、富民的原则，探索制定点状供地等灵活供地新方式的政策，并对有关区给予支持和指导。

有关区人民政府应当根据北京城市总体规划、分区规划，依法制定农村集体建设用地点状供地规划，明确建设用地来源、分配原则和标准、实施步骤、适用产业类型等内容，加强后期评估与监督管理；点状供地规划应当与林地保护利用、河湖蓝线、基础设施等规划相协调。

第四十二条 市财政部门应当根据有关区的自然资源禀赋、经济社会发展状况等实际情况，制定差别化政策，合理安排对生态涵养区的转移支付资金，推进财权和事权相统一。有关区人民政府应当统筹市级财政转移支付资金和本区财政资金，加大促进生态保护和绿色发展的投入，提高资金配置效率和使用效益。

市发展改革、财政等部门应当会同政府有关部门建立健全生态涵养区涉及的生态环境、基础设施、基本公共服务、民生改善等领域建设及运营维护资金的支持政策，向生态涵养区倾斜。

第四十三条 本市建立生态涵养区与其他区区人民政府结对协作机制，通过给予财政资金、承接功能疏解、支持绿色产业发展、提升公共服务能力、交流干部人才等多种方式，推动区域优势互补、合作共赢。

第四十四条 本市根据生态涵养区的功能定位和发展需要，加强专业人才配备与培训，提升生态涵养区干部队伍素质。

第四十五条 市人民政府有关部门应当完善服务保障措施，鼓励和引导教育、医疗、科技、金融等各类专业人才向生态涵养区流动，鼓励高等院校毕业生、离退休人员和其他人才到生态涵养区创业就业。

市人力资源和社会保障、教育、农业农村等部门和有关区人民政府应当加强生态涵养区城乡居民的分类分级培训，重点培养规划、医疗、教育、产业发展和基层管理等方面的专业人才，有针对性地提高城乡居民职业技能技术。

第四十六条 本市鼓励金融机构通过创新融资产品、开辟授信审批快速通道等方式，加大对生态涵养区的支持力度；鼓励保险机构创新保险产品，支持生态涵养区生态保护和绿色发展。

第四十七条 市人民政府有关部门应当建立健全生态涵养区绩效考评机制。考评机制应当以生态保护和绿色发展为导向，突出生态环境类指标的权重设置。考评结果作为有关区市级财政转移支付额度分配的重要依据。

市发展改革部门会同政府有关部门对生态涵养区相关工作落实情况开展评估。

第四十八条　市和有关区审计部门应当开展政府资金使用和资源环境审计，推进有关区、乡镇主要负责人和区有关部门主要负责人自然资源资产离任审计全覆盖。

市和有关区发展改革、财政等部门应当分别加强固定资产投资和财政资金使用的事中事后监管和绩效评价。

第四十九条　法律规定的机关和有关组织可以依法对污染环境、破坏生态等损害社会公共利益的行为提起诉讼。

人民检察院在履行职责中发现破坏生态涵养区生态环境和资源保护的行为，依法可以提起或者支持相关机关或者组织提起诉讼。人民检察院在履行职责中发现生态环境和资源保护有关部门违法行使职权或者不作为，致使国家利益或者社会公共利益受到侵害的，应当向其提出检察建议，督促其依法履行职责；政府有关部门不依法履行职责的，人民检察院依法向人民法院提起诉讼。

第五十条　市、有关区人民政府应当将生态涵养区生态保护和绿色发展情况，分别纳入每年向同级人民代表大会常务委员会提交的国民经济和社会发展计划执行情况报告、环境状况和环境保护目标完成情况报告。

第五章　法律责任

第五十一条　本市各级人民政府及有关部门不依法履行推动生态涵养区生态保护和绿色发展有关职责的，由有权机关责令改正，对负有责任的主管人员和其他直接责任人员依法给予处分。

对突破生态保护红线、挤占生态空间、解决突出环境问题不力的责任人员，有关部门应当严肃问责、终身追责。

第五十二条　因污染环境、破坏生态造成生态涵养区生态环境损害的单位和个人，依法承担赔偿责任。

第五十三条　违反本条例第十五条第一款或者第二款第（一）项、第（二）项、第（四）项规定，开展国家禁止的人为活动，法律法规有相关规定的，从其规定；法律法规没有规定，经评估该行为已对生态系统的服务功能造成损害的，由生态环境部门处以生态修复成本一倍以上三倍以下罚款。

原住居民违反本条例第十五条第二款第（三）项规定，开展国家禁止的人为活动，由所在地乡镇人民政府责令其限期改正，并恢复原状。

第六章　附则

第五十四条　本条例下列用语的含义：

（一）房山区、昌平区的山区，包括房山区的周口店镇、大石窝镇、张坊镇、十渡镇、河北镇、韩村河镇、青龙湖镇、佛子庄乡、南窖乡、大安山乡、史家营乡、霞云岭乡和蒲洼乡，昌平区的南口镇、兴寿镇、流村镇、崔村镇、阳坊镇、延寿镇和十三陵镇；

（二）生态保护红线是指由政府依法划定的具有重要水源涵养、生物多样性维护、水土保持、防风固沙等功能的生态功能重要区域，水土流失、土地沙化等生态敏感脆弱区域，及其他经评估目前虽然不能确定但具有潜在重要生态价值的区域；

（三）自然保护地是指由政府依法划定或者确认，对重要的自然生态系统、自然遗迹、自然景观及其所承载的自然资源、生态功能和文化价值实施长期保护的区域。

第五十五条　本条例自 2021 年 6 月 5 日起施行。

重要术语索引

A

爱国主义教育 …………………… 059

B

保护规划 ……………………… 005
本土化 ………………………… 139
部门规章 ……………………… 170

C

产业转型 ……………………… 174
长城文化带 …………………… 020
城市规划 ……………………… 122
城市空间 ……………………… 152
城市总体规划 ………………… 020
传统村落 ……………………… 001
传统风貌 ……………………… 003
传统格局 ……………………… 004

D

大运河文化带 ………………… 020
地域特色 ……………………… 008

F

法理 …………………………… 140
法律 …………………………… 003
法律概念 ……………………… 003
法律体系 ……………………… 025
法律文化现代化 ……………… 138
法律移植 ……………………… 143
法律制度 ……………………… 139
法治 …………………………… 025
法治化 ………………………… 213
法治基础 ……………………… 212
非物质文化遗产 ……………… 005
风貌 …………………………… 002

G

工业化 ………………………… 008
公众参与 ……………………… 112
古村落 ………………………… 001

H

环境景观 ……………………… 043

J

建设性破坏 …………………… 017
建筑 …………………………… 002
建筑风格 ……………………… 022
建筑文化 ……………………… 026
建筑学 ………………………… 087
经济发展 ……………………… 003
经济价值 ……………………… 008
经济效益 ……………………… 002
精神世界 ……………………… 072
景观 …………………………… 002

K

科学价值 …………………… 004
可持续发展 …………………… 022
空间结构 …………………… 018

L

历史风貌 …………………… 006
历史文化保护区 …………………… 005
历史文化价值 …………………… 022
历史文化街区 …………………… 020
历史文化名城 …………………… 003
历史文化名村 …………………… 003
历史文化名镇 …………………… 003
历史文化遗产 …………………… 003
历史文脉 …………………… 018
历史信息 …………………… 002
绿色发展 …………………… 119

N

内涵 …………………… 012
农村 …………………… 001
农业 …………………… 006
农业现代化 …………………… 006

Q

全球化 …………………… 225

S

社会效益 …………………… 030
审美 …………………… 002
审美需求 …………………… 137
生活方式 …………………… 002
生态保护 …………………… 150
生态涵养区 …………………… 152

L

视线通廊 …………………… 022

W

文化传承 …………………… 024
文化概念 …………………… 139
文化景观 …………………… 007
文化遗产 …………………… 002
文旅融合 …………………… 166
文物保护 …………………… 007
物质形态 …………………… 179

X

西山永定河文化带 …………………… 005
乡村 …………………… 002
乡村精品酒店 …………………… 154
乡村景观 …………………… 007
乡村景观遗产 …………………… 007
乡村聚落 …………………… 003
乡村旅游 …………………… 026
乡村遗产酒店 …………………… 163
乡村振兴 …………………… 007
乡土建筑遗产 …………………… 017
乡镇 …………………… 009
行政村 …………………… 009
行政法规 …………………… 111
行政职能 …………………… 170

Y

遗产旅游 …………………… 027
有机体 …………………… 139

Z

整体性保护 …………………… 025
政府职能 …………………… 141
自然村 …………………… 002
自然景观和环境 …………………… 022

后　记

在完成书稿之际，回想整个过程，最幸福的事情就是写作过程中不断梳理调研时拍摄的照片和记录的要点。北京现有市级传统村落共44个，其中有22个传统村落已入选中国传统村落名录，与其他省市相比，数量并不是很多。这是大都市独有的特征，是城镇化急速发展带来的必然结果。回想每一次调研时驱车几十公里到达北京郊区的村落，越是离市区遥远，越给人一种“世外桃源”的宁静感。外面的世界如此精彩，“世外桃源”究竟是自我选择了慢速发展还是被动发展？每一个村落遇到的问题是不一样的。在调研中，给我留下深刻印象的并不是村落美丽的景观，而是景观里不可或缺的人，在很多村子里与村民留下的温馨的交流瞬间是这一次学术之旅最大的收获。我还切身感受到了乡村“熟人社会”的特性，通过友人介绍而去的调研，收获远远大于自己奔波访谈的收获。从开始关注文化遗产保护这项事业起，我投入了大量的时间、精力、物力和财力，“读书人”这个称谓的背后是沉甸甸的物质支撑和精神支柱，还要有足够的体力和情商来应对调研中出现的种种情形，但当研究工作即将结束，我对一些问题有了比较明朗的结论时，又觉得付出的所有辛劳都是有意义的。

蒋勋说，人生的最高境界是孤独。“孤独”这个词对大众而言是个奢侈品。我觉得爸爸妈妈、姐姐从来不希望我是“孤独”的，他们会定期找我聊聊家长里短，好在现在通信发达，微信视频聊天使人真切地感受着亲人间的温情。我先生也不喜欢孤独，他需要独处的空间，但在生活上很依赖我，至于儿子，就更不用说了，隔三岔五地要从我这里想办法弄些零花钱买买这买买那。人间的烟火气大抵如此。但是，从根本上说，我们又都是“孤独”的，在所谓的学术研究中，更是如此。你选择了一个领域，就要不断地深究下去，旁人未必理解你，大多数人习惯于浸润在物欲世界的欢乐和简单中，不是所有人都期待用“学术”来填补人生的空白。那么，学术是什么？

2020年11月去松阳调研的时候，因时间原因，我选择从北京出发到衢州再转高铁到松阳，高铁到达时间是晚上9：05。我在出行前和调研主办方联系了交通事宜，可能要拼车或者坐公交车，但公交车信息并不是很准确。在高铁上，我旁边坐着一个年轻人，我问他：“你也到松阳下车？那里有公交车吗？”小伙子特别热情，看我一身休闲装想必觉得我还很年轻，便回答：“我就是本地人，周末回家看看，这里公交车不太确定，我帮你问问我爱人。”话音刚落，就拿起手机给他爱人打电话，用的是我听不懂的松阳话，挂了电话之后告诉我不太确定，一会儿下车后再具体看看，他爱人说公交车还没通行。

小伙子在杭州工作，30岁出头。他问我来这里做什么，我说做传统村落调研，他又问我在哪里工作，我说我在大学教书。可以感觉到，他语气中明显多了尊重和一些说不太清楚的情绪。他说他老家房子也是古民居，地方政府都不让动了。我问他老家在哪里。他说在松阳何山头村。我查了查，是松阳县玉岩镇何山头村，入选第四批中国传统村落。言谈中可以感觉到他和他的家人对老村、老房子的深厚感情，以及对乡土的眷恋。现在，他们全家人都搬到县城里住了，老房子政府不让动，可能是“老屋计划”的一部分了。

出站后，我见到了他的爱人和他父亲，还有一个小朋友，小伙子特别热情地把我介绍给他的家人，然后说我是来调研传统村落的，要去松阳国际酒店，其他的我就听不太懂了。他爱人和他说了几句，他便告诉我，这个时候已经没有公交车了，只能拼车。他爱人主动和出租车司机砍价，也都是我听不懂的，总之谈妥了，顺利打到了车。告别的时候，我拥抱了年轻人的妻子，这种素不相识的淳朴的情感在大城市几乎绝迹了，大多数时候人与人之间出于善意的互帮互助都会被看作充满风险的有成本的举动，想想人类进化到这个地步，也是有些可悲。后来又上来一个拼车的女孩子，是和我一样去松阳国际酒店的。我们顺利抵达目的地。如果年轻人的妻子当时没那么热心帮我和司机讲价，我应该也能打到车子，至于会不会被司机敲竹杠就不得而知了。

到松阳的夜晚，既乘坐了专门为松阳开通的“绿巨人”号旅游专列这样的现代化庞然大物，也感受了来自乡土社会淳朴的温情。

北京工业大学副教授李华东老师曾经撰文《传统村落空心化：在失去中我们能得到些什么》，其基本观点我颇为认同。乡村是一个随着科技不断进步终将消失的事物，这不需要去否定，也不需要去证明，如果说乡村还没有完全消失，那只能说明科技还没有到达那样的高度。人类的本性是趋于便利，高科技基本上是基于“方便”“快捷”而产生。吃水果觉得麻烦，那就发明榨汁机；扫地辛苦，那就发明扫地机器人；铁锅柴火蒸米饭又慢又费燃料，那就发明电饭煲；上完洗手间希望洗洗干净，那就发明冲洗式坐便器……这些被标上现代化标签的器物的最终目的就是节省人力，使人类腾出时间和精力去做自己想做的事情。

我先生的老家在安徽省安庆市望江县鸦滩镇麦元乡下的一个小山村，2005 年我结婚后第一次和他回老家，搭乘了火车、大巴、“三蹦子”三种交通工具，崎岖的石子路走烂了我一双皮鞋的鞋底，从北京到他老家祖宅大约花了 24 个小时，车马劳顿，而这就是 15 年前边远山区农民走出乡村的常态路线，有的可能更艰苦。现在不同了，直达的高铁通了，往返的飞机在池州和九华山都有站点，先生的哥哥买了车，每次回去坐飞机的话，也不用担心回家的路程辛苦。十几年的时间，乡村的变化太大了。两年前，我先生把老家的房子翻新，我婆婆守寡多年，终于住上了自己的房子，也算是小儿子的一片孝心。新房子里空调、卫生间、厨房应有尽有，除了出门还是田野外，其他的和城里并无二致。村子里的青壮年劳力都出去打工了，年幼的孩子要不随父母一起外出，要不就是留在本村上学，村子里除了清明、春节外，大多数时候很安静，用我们的话说就是“空心化”。这不是必然规律吗？外面的世界那么精彩，为什么要阻止农民去寻找更好的生活、追求更好的物质享受，这些并不是城市的专利？那么，我们就有必要好好想想本书的主题了——为什么要保护传统村落？是因村落中蕴含的“传统”还是“传统”塑造着村落？不解决这个问题，保护大抵是一厢情愿。

在去松阳的高铁上遇到的年轻人叫何关平，我们加了微信好友，和在大多数场合我们遇到的新朋友一样，大家都期待下次还能相逢，但往往这样的新朋友只会留在微信通信录中。告别的时候，他说如果下次再来松阳，一定要去他们老家何山头村去看看，我许诺一定会再来松阳，因为我确实非常喜欢这里。如果说村落的空心化是早在20年前学者就已经预见的事实，那这个事实只会随着时间的推移更加真实。空心化没什么不好，这代表人们的生活水平在提高，在空心化的浪潮中，要被留下的不是村落的皮囊，村落的结构、村落的肌理、村落的风貌，而是曾经支撑了它千百年的精神内核，这才是村落的灵魂所在。

我和学生一起创办的“历史文化名城法律保护学术小组”的组长，北京建筑大学城市经济与管理学院法2016级唐珂同学，曾经在我们的微信公众号“历史文化名城法律保护”上发表了一篇《旧日老屋》，文中图文并茂地记录下了她从小长大的老屋的点点滴滴，以及后来她爷爷一砖一瓦盖起新房的故事。写作的时候，她就是一个20岁的小姑娘，但村落带给她的成长印迹是人文的、敦厚的。唐珂是个难得的好孩子，从不为眼前利益妥协，看到她的时候，我觉得乡村那些美好的时光真是令人羡慕。如果在村庄空心化的过程中，我们一定要留下些什么，那么留下一些经济大潮中幸存的村落的形骸当然是最佳的选择，这样至少可以让村民求生计的时候有一个非常好的载体，就是现在畅销的旅游业、民宿业等赖以生存的“村落”。其实，更多像何关平先生以及唐珂这样成长于村落、被村落中浓郁的乡土精神感染的人以及人的气质，才是我们所期待的最温润的乡村景观。

本书是“历史文化名城法治保护论丛”第二辑，在此深深感谢中国经济出版社赵静宜女士对我的学术研究的肯定和推崇，尤其感谢焦晓云编辑为本书的付梓付出的努力和辛劳，更从心底向我的同窗好友潘静女士致以真挚的谢意，同时向支持和鼓励我们“历史文化名城法律保护学术小组”工作的每一位学者致以崇高的敬意。书稿完成之时，我与数位志同道合的同人刚刚创办了“历史文化名城保护与发展法治研究中心”，致力于实现“依法护城、适度更新”的城市发展理念。在此深深感谢北京建筑大学法律系毕业生史楠先生、刘介群先生、李博斌女士对我研究工作的大力支持。我会一直努力，虽然我很普通，但我代表一种声音，一种法治的自发的力量。

石　磊

2021年10月于北京